家族企业
传承的动因与经济后果研究

李思飞／著

本书受到"中央高校基本科研业务费专项资金"北京外国语大学青年学术创新团队项目（2019JT004）资助

北 京

图书在版编目（CIP）数据

家族企业传承的动因与经济后果研究/李思飞著．
—北京：中国经济出版社，2019.5
ISBN 978-7-5136-5614-6

Ⅰ.①家… Ⅱ.①李… Ⅲ.①家族—私营企业—企业管理—研究—中国 Ⅳ.①F279.245

中国版本图书馆 CIP 数据核字（2019）第 056548 号

责任编辑	牛慧珍
责任印制	马小宾
封面设计	任燕飞

出版发行	中国经济出版社
印 刷 者	北京九州迅驰传媒文化有限公司
经 销 者	各地新华书店
开　　本	710mm×1000mm 1/16
印　　张	16.25
字　　数	249 千字
版　　次	2019 年 5 月第 1 版
印　　次	2019 年 5 月第 1 次
定　　价	78.00 元
广告经营许可证	京西工商广字第 8179 号

中国经济出版社 网址 www.economyph.com 社址 北京市西城区百万庄北街 3 号 邮编 100037
本版图书如存在印装质量问题，请与本社发行中心联系调换（联系电话：010-68330607）

版权所有　盗版必究（举报电话：010-68355416　010-68319282）
国家版权局反盗版举报中心（举报电话：12390）　　服务热线：010-88386794

前言

家族企业是在世界范围内广泛存在的一种组织形式,也是世界各国经济发展中的重要驱动力。我国在改革开放之后,涌现出第一代民营企业家,随着经济改革进程的不断加深,更多的企业家陆续创办了自己的家族企业。这些家族企业在四十年改革开放历程中为我国经济的高速发展提供了强大的动力。时至今日,很多家族企业已经发展成为所在行业的领军企业,在所在地区的经济发展中占据不可或缺的地位。

然而,随着这些家族企业的不断发展壮大,第一代的创业企业家们也步入人生的暮年,众多家族企业开始进入将企业从第一代创始人交接到第二代继承人的发展阶段。企业传承对于全球的家族企业来说都是一项重大的挑战。美国一项对于家族企业的调查显示,只有30%的家族企业可以顺利地完成第一代到第二代的传承,而只有12%的家族企业可以完成到第三代的传承。对于我国的家族企业来说,由于我国制度环境不够完善、经理人市场发育不成熟、家族企业内部治理架构不够规范、控股家族缺少家族治理制度等多种原因的存在,特别是计划生育政策造成的家族内部人力资本缺乏,使得企业传承对我国家族企业来说更是一项急迫而艰巨的任务。

在这样的现实背景下,众多学者都开始关注我国家族企业的传承问题,并且进行了众多有益的研究。本书在已有国内外对于家族企业研究的基础上,立足于我国商业文化、制度环境以及家族企业发展的实践,以家族企业传承为研究核心,构建出从动因到经济后果的分析框架,力图系统而全面地研究不同家族企业做出传承决策的影响因素,以及企业做出传承决策后对于企业其他经营决策和企业业绩所产生的影响。同时,本书在关注企业传承决策的同时,还特别关注了家族企业的传承规划,考察了影响企业传承意愿的动因和相应的经济后果。

本书主要采用理论研究和实证研究的方法，通过手工搜集数据的方式构建了我国上市家族企业的大样本数据库，同时采用了目前包含企业样本最多的全国私营企业调查数据，在家族企业传承决策的动因和经济后果方面主要得到以下的研究结论：

在传承决策的动因方面，家族企业的传承决策会受到宏观到微观一系列因素的影响。在宏观层面，家族企业所在地区的文化要素，包括传统文化、商业传统、家庭价值观念、商业传统等都会影响传承决策，同时所在地区的制度环境发展也会影响传承决策。在企业层面，企业的成立年限、治理结构、企业所在的行业都会影响企业的传承决策。在企业家个人层面，企业家的显性特征如年龄、教育程度、宗教信仰等因素，以及隐性特征如自我认同、政治关联、社会资本等都会影响企业的传承决策。

在传承决策的经济后果方面，家族企业的传承决策会对企业的各项重大决策都产生重要的影响，进而影响到企业的业绩。从总体上来说，家族参与管理企业会对企业的业绩产生正向影响，但是企业传承之后，这会对企业业绩有负向的影响。家族企业的传承意愿和最终的传承决策影响企业的决策有所不同。家族创始人的传承意愿和继承人的接班意愿会显著影响企业对社会资本的投资，以及对企业社会责任的投入。实际传承决策主要对企业财务决策影响显著。二代家族成员参与企业会抑制企业的非效率投资，但抑制效果弱于第一代家族成员。家族二代成员参与企业还会抑制企业的创新投入，而一代成员的参与会促进企业的创新投入。家族二代参与管理会降低企业的现金持有水平，也会增加企业发放现金股利的动机。

本书的研究成果具有一定的理论和现实意义。在理论方面，本书首先丰富和拓展了家族企业理论研究的体系，为我国家族企业研究提供关于传承决策的新证据；其次本书有助于明晰家族企业传承决策作用机理，结合我国情景下的传承决策分析将有助于理解不同家族企业做出不同传承决策的原因以及产生不同经济后果的作用机理；最后本书提供了对传承进行分析的理论框架，为后续研究提供了进一步深入研究的基础。

在现实方面，本书的研究内容首先回应了目前我国家族企业进行传承的迫切需要，实现企业的顺利传承和基业长青是目前众多第一代创业企业家的共同愿望，但是他们对于企业传承受到哪些因素影响以及对传承后企业的发展会有哪些影响认识得不够清晰，本书的研究可以在大样本的数据的基础上更好地认识企业传承这个家族企业发展中的重大事件；其次，本书为家族企业进行传承决策提供了参考的范式，在以企业传承为核心，影响因素与经济后果共同构成的分析框架下，家族企业家可以结合影响自身企业的不同因素和未来可能对决策的影响，"量体裁衣"地制定符合地区、企业和企业家特征的传承决策，从而保障企业的顺利传承；最后，本书将有助于实现我国家族企业的基业长青和可持续发展，不仅企业家可以借鉴本书的研究成果制定决策，政府和各个监管部门也可以进行借鉴，帮助我国的家族企业创造更好的制度环境，建立更好的政企关系，从而帮助企业实现长期的可持续发展。

对于本书的付梓，我要感谢众多师长、同事、亲友和学生，没有他们将不会有这本书的最终完稿。首先要感谢我的博士生导师，香港中文大学工商管理学院范博宏教授。我非常有幸能成为范教授的博士，并且在他的指导下开始有关家族企业这一主题的学术研究。在学习期间范教授教给我对学术问题思考的方法，让我受益终生。本书的大部分研究主题都是在这一思考方法驱动下产生的。同时，也要感谢我的硕士生导师，中国人民大学商学院王化成教授，他对我持续的帮助和关怀是我能坚持学术道路的重要动力。

我要感谢北京外国语大学国际商学院牛华勇教授，很荣幸能在毕业后进入国际商学院，在他持续的支持和鼓励下进行教学和科研工作。他和其他的几位学院领导刘鹏博士、孙文莉教授、张继红教授等老师为年轻教师创造了非常优越且自由的学术环境，可以让我们充分发挥所长。感谢国际商学院会计与财务管理系的同事们，宋衍蘅老师、王德宏老师、黄晓燕老师、浦令舒老师、崔慧洁老师、Carol Cui 老师，以及文雯老师，他们自我入职以来在教学和科研工作上都给予了各方面的支持和帮助。感谢国际商学院的范静老师、余静雯老师、李倩老师等各位同事，他们为我的教学和科研工作都给予了不懈的帮助和鼓励。

我还要感谢众多同门师兄对我的帮助，感谢北京航空航天大学经济管理学院的邓路师兄，他一直和我进行学术上的密切合作，取得了很多有益的成果，他的鼓励是我在学术道路上不断前行的动力。感谢中央财经大学会计学院的卢闯师兄，他对我的学术发展给予了强大的支持和帮助，并且对本书整体的架构提出了重要的建议。感谢北京理工大学管理与经济学院的佟岩师姐，在我入职以来她一直关心和帮助我在学术道路上的发展。

本书的最终完成还离不开我在执教以来所指导的众多学生投入的工作。我所指导的硕士研究生侯梦虹和裘泱，为本书的研究内容进行了大量理论研究和实证研究的工作，硕士研究生樊亚楠和王威也进行了部分研究和校对的工作。本书的部分章节内容也得到了我所指导的其他学生的支持，他们是赵廷美、郭轶凡、段嘉桐、虞邦幸和孙苗苗。在此我对他们的工作以及对本书的贡献表示衷心的感谢。

我还要感谢北京外国语大学科研处的李莉老师，本书作为我所主持的社科基金项目的结题成果，她在结题过程中给予了大量的帮助和支持。感谢负责本书编辑的牛慧珍老师，有她的辛勤工作才使得本书顺利出版。

本书得到了国家社会科学基金青年项目"家族企业传承动因与经济后果研究"（项目编号：12CGL032）以及"中央高校基本科研业务费专项资金资助"北京外国语大学青年学术创新团队项目（2019JT004）的支持。

最后，我把本书献给我的父母，是他们的爱与包容让我一路走到今天。

李思飞

2019年3月7日于北京

目录
CONTENTS

第1章 绪论 ·· 001

  1.1 研究背景 ·· 001

  1.2 研究内容 ·· 002

  1.3 研究方法 ·· 004

  1.4 主要观点 ·· 004

  1.5 研究意义和创新之处 ······························ 006

第2章 企业家个人特征、企业特征与家族企业传承意愿 ········ 007

  2.1 引言 ·· 007

  2.2 数据来源与说明 ·································· 008

  2.3 企业家个人特征与传承意愿 ······················· 010

  2.4 企业特征与传承意愿 ····························· 017

  2.5 研究结论 ·· 020

  本章主要参考文献 ···································· 021

第3章 社会文化动因与家族企业传承意愿 ···················· 023

  3.1 引言 ·· 023

  3.2 文献回顾与假设推导 ····························· 026

  3.3 研究设计 ·· 031

  3.4 实证结果与分析 ·································· 036

3.5 研究结论 ………………………………………………………… 051
本章主要参考文献 ………………………………………………… 051

第4章 家族企业传承意愿与社会资本投资 ………………………… 055

4.1 引言 ……………………………………………………………… 055
4.2 理论分析与研究假设 …………………………………………… 057
4.3 研究设计 ………………………………………………………… 060
4.4 实证结果与分析 ………………………………………………… 064
4.5 研究结论 ………………………………………………………… 070
本章主要参考文献 ………………………………………………… 070

第5章 家族企业传承意愿与企业社会责任履行 …………………… 074

5.1 引言 ……………………………………………………………… 074
5.2 文献回顾与假设推导 …………………………………………… 076
5.3 研究设计 ………………………………………………………… 080
5.4 实证结果与分析 ………………………………………………… 083
5.5 研究结论 ………………………………………………………… 086
本章主要参考文献 ………………………………………………… 087

第6章 家族企业传承决策的动因研究——宏观到微观的视角 ……………………………………………………………… 089

6.1 引言 ……………………………………………………………… 089
6.2 文献回顾与假设推导 …………………………………………… 090
6.3 研究设计 ………………………………………………………… 095
6.4 实证结果与分析 ………………………………………………… 097
6.5 研究结论 ………………………………………………………… 107
本章主要参考文献 ………………………………………………… 108

第7章 家族参与企业、家族传承与企业业绩 ……………………… 113

7.1 引言 ……………………………………………………………… 113

7.2 文献回顾与假设推导……………………………………………… 115
7.3 研究设计…………………………………………………………… 123
7.4 实证结果与分析…………………………………………………… 126
7.5 研究结论…………………………………………………………… 135
本章主要参考文献………………………………………………… 136

第8章 家族参与企业、家族传承与企业投资决策……………… 139

8.1 引言………………………………………………………………… 139
8.2 文献回顾与假设推导……………………………………………… 141
8.3 研究设计…………………………………………………………… 143
8.4 实证结果与分析…………………………………………………… 145
8.5 研究结论…………………………………………………………… 151
本章主要参考文献………………………………………………… 152

第9章 家族参与企业、家族传承与企业创新决策……………… 154

9.1 引言………………………………………………………………… 154
9.2 文献回顾与假设推导……………………………………………… 157
9.3 研究设计…………………………………………………………… 166
9.4 实证结果与分析…………………………………………………… 171
9.5 研究结论…………………………………………………………… 181
本章主要参考文献………………………………………………… 183

第10章 家族参与企业、家族传承与现金持有决策……………… 189

10.1 引言……………………………………………………………… 189
10.2 文献回顾………………………………………………………… 192
10.3 理论分析与研究假说…………………………………………… 196
10.4 研究设计………………………………………………………… 200
10.5 实证结果与分析………………………………………………… 203
10.6 研究结论………………………………………………………… 217
本章主要参考文献………………………………………………… 219

第 11 章　家族企业传承与现金股利政策 ……………………… 223

　　11.1　引言 …………………………………………………… 223

　　11.2　文献回顾与假设推导 …………………………………… 225

　　11.3　研究设计 ………………………………………………… 230

　　11.4　实证结果与分析 ………………………………………… 233

　　11.5　研究结论 ………………………………………………… 243

　　本章主要参考文献 …………………………………………… 244

后记 ……………………………………………………………… 248

重要术语索引表 ………………………………………………… 249

第1章 绪 论

1.1 研究背景

改革开放以来,民营经济在中国经济发展中发挥着越来越重要的作用。2018年11月,习近平总书记在民营企业座谈会上进一步明确了民营经济在我国经济中的重要地位,他指出:"我国的民营经济贡献了50%以上的税收,60%以上的国内生产总值,70%以上的技术创新成果,80%以上的城镇劳动就业,90%以上的企业数量。在世界500强企业中,我国民营企业由2010年的1家增加到2018年的28家。我国民营经济已经成为推动我国发展不可或缺的力量,成为创业就业的主要领域、技术创新的重要主体、国家税收的重要来源。"在民营经济中,以家族和自然人控股的家族企业是最为重要的组成部分。家族企业由于自身独特的治理特征,使得其在实际发展中所面临的各种问题引发了实务界和学术界的共同关注。由于我国大部分家族企业兴起于改革开放之后,如今众多第一代企业家已进入暮年,如何顺利地将企业传承下去,是我国家族企业所面临的急迫和关键的问题。但是,家族企业的传承是一项艰难而重大的决策,"富不过三代"的魔咒一直困扰着世界范围内面临传承的家族企业(Lee et al., 2003;Fan et al.,2007)。

在上述背景下,研究家族企业传承决策的驱动因素和相应的经济后果,就有着重要的理论和现实意义。已有学者已经开始在上述两个维度对家族企业的传承进行了一定的研究。在传承动因方面,现有文献从个人和家族两个层面进行了研究。在个人层面,在任者的个人特征和经历会对家族企业的传承决策产生影响(Lansberg,1988;Handler,1990;李先耀,2013;余向前等,2013;何晓斌等,2014);在家族层面,已有研究发现家族成员间的信任程度和关系融洽度、担任股东的家族成员数量及其在企业中拥有的权益等均会影响家族企业的传承决策（Churchill & Hatten, 1987；Morris et al., 1997；何晓斌等, 2014）。在传承的经济后果方面，已有文献主要集中在传承后企业绩效的变化，这些研究得到的结论较为一致，他们都发现，由于家族企业特有的无形资产无法在传承中实现其价值，家族企业在传承过程中通常面临着企业业绩的下降（Fan et al., 2007；Cucculelli & Micucci, 2008），这种效应在企业交由家族继承人管理的时候更为严重（Perez-Gonzalez, 2006；Bennedsen et al., 2007），因为选择家族成员可能会面临家族内部冲突（Lansberg, 1988），相比职业经理人家族经理人能力不足（Burkart et al., 2003）。

上述关于家族企业传承的相关研究，主要存在着以下不足：

（1）对于家族企业传承的动因方面，很多文献都着眼于企业家个人的特征，并且多以年龄、教育背景、工作经验等显性特征为主，缺少对于文化、社会资本、宗教信仰等隐性特征的研究，而近年来越来越多的研究发现这些隐性特征也会对企业家的决策有着非常重要的影响。

（2）对于家族企业传承动因的研究多着眼于个人或家庭的微观因素，对于企业所在地区层面的宏观因素的影响研究非常有限，对于家族企业层面，特别是企业治理结构的影响研究相对不足。

（3）对于家族企业传承的经济后果的相关研究主要集中于企业的绩效，对于传承之后企业具体决策变化研究较为不足，而这些决策的变化是最终导致企业绩效发生变化的动因。

（4）已有的大部分研究都将传承中的第一代和第二代的交接班作为研究对象，但是家族企业传承是一项需要长时间规划和执行的过程，目前文献对于家族企业传承中传承计划的研究非常有限。

1.2 研究内容

基于以上的理论和现实背景，本书立足于中国家族企业经营管理实践，系统研究了我国家族企业传承的动因以及经济后果。本书通过手工搜集上市家族企业数据，构建了家族企业治理与传承的独特数据库，同时结合全国民营企业调查数据,对上述研究主题进行了深入的研究。由于独特数据的支持,本书不仅将企业完成传承这一事件作为研究对象,还研究了传承计划中最为重要的企业家的传承意愿和其后代的接班意愿。在动因方面,本书构建了从宏观到微观的分析框架,系统界定了影响家族企业传承的影响因素;在经济后果方面,本书全面研究了家族成员参与管理对企业决策的影响。以此为基础,本书进一步从二代家族成员不同程度参与管理的多个维度刻画传承决策,并分析传承决策对企业各项重大决策的影响。全书具体分为以下三个部分:

第一部分即第1章绪论,主要介绍本书的研究背景和研究意义、主要研究内容、基本研究思路和研究方法等。

第二部分包括第2章至第5章。这一部分主要以全国民营企业调查这一独特数据为基础,以家族企业的传承意愿作为研究对象,研究了影响这一传承计划要素的动因与经济后果。由于这一数据可以很好地反映家族企业和企业家的特征,所以该部分首先以描述性数据分析的方式,分析了我国家族企业中企业家个人特征和家族企业的现状特征,然后在不同特征下考察了家族企业的传承意愿,力图对传承意愿有一个直观的描述。之后的章节分别详细研究了地区层面和企业家个人层面的社会文化要素对于传承意愿的影响。在经济后果方面,该部分研究了家族企业传承意愿对企业社会资本投资以及企业履行社会责任的影响。

第三部分包括第6章至第11章。这一部分主要以课题组手工搜集的上市家族企业数据为基础,以企业传承这一事件作为研究对象,从二代家族成员不同程度参与企业经营管理的多个维度来考察企业传承。该部分首先研究了从宏观到微观的一系列因素如何影响企业的传承决策,包括文化、制度环境、家庭观念、家族参与企业管理等多个因素。在研究经济后果的过程中,该部分不仅着眼于传承这一单一事件,而是从家族成员参与企业管理和家族控制的角度入手,分析家族参与对企业业绩和重大决策有怎样的影响。基于家族参与的影响,进一步将家族二代成员不同程度的参与管理作为传承的研究对象,分析传承如何影响企业业绩和重大决策。该部分不仅研究了对于业绩的影响,还研究了对于投资决策、创新决策、现金持有决策和股利决策的影响。

1.3 研究方法

本书综合运用公司财务、公司治理等相关理论，按照国内外学术界通行的做法，同时采用理论研究和实证研究两种主流研究范式，一方面用实证的结果来验证已存在的理论，另一方面为实证的结果寻找更为合理的理论解释。采用的主要研究方法如下：

（1）理论研究方法。本书在系统梳理国内外相关文献的基础上，结合中国家族企业经营管理的实践，构建了分析我国家族企业传承从动因到经济后果的分析框架。同时在已有文献的基础上，界定了影响传承的若干动因要素和传承的经济后果，为实证研究构建模型提供了基础。

（2）实证研究方法。在理论研究的基础上，本书按照"假说推导→模型构建→实证检验→结果分析"的研究路径，进行大样本实证研究，以传承决策为核心，考察了理论分析中动因对传承决策的影响因素，也验证了传承决策的经济后果。具体的实证方法包括参数和非参数检验、相关性检验、Logit模型、多元回归方程、两阶段最小二乘（2SLS）等多种研究方法。

1.4 主要观点

从本书的研究内容和目标出发，结合课题组所获取的独特数据，综合采用理论研究、实证研究和案例研究方法，形成如下观点：

（1）在家族企业中，企业家的个人特征，如企业家年龄、教育程度、自我认同程度、宗教信仰以及政治关联都会对企业家的交班意愿（Pass Intention，PI）以及其后代的接班意愿（Succeed Intention，SI）产生影响。同时，企业的特征，如所处的行业、企业年限以及治理结构等也都会对传承意愿产生影响。

（2）家族企业所在地区的社会文化要素，以及企业家自身的社会文化特征，都会显著地影响企业家的交班意愿，以及其后代的接班意愿。在传统文化影响深远地区的家族企业，其家族内部传承意愿更强；具有更强传

第 1 章 绪 论

统文化特征的企业家,其家族内部传承意愿更强。

（3）在家族企业中,企业家个人的社会资本是家族企业重要的无形资产,为了保留并实现社会资本的价值,有传承意愿的家族企业会投入更多的资源进行社会资本投资。同时,传统的商帮文化会增强传承意愿对社会资本投资的影响,而良好的商业信用环境会减弱传承意愿对社会资本投资的影响。

（4）有意愿进行家族传承的家族企业,为了更好地保有家族的声誉以及其无形资产,会投入更多资源履行企业社会责任。因此家族企业传承意愿与企业社会责任投入有着显著的正相关关系。

（5）家族企业所在地区的制度环境和文化因素都会显著影响家族企业的传承。家庭价值观念、宗教信仰文化、商帮文化、良好的制度环境对家族内部传承有正向影响的作用,而信任度则对其有负向影响的作用；家族成员参与企业经营管理也对家族内部传承有正向影响。

（6）家族成员参与企业经营管理会改善企业的业绩,但是当企业开始传承时,由于一代创始人的特殊资产不能被有效继承,二代家族成员参与经营管理则会损害企业的业绩。

（7）家族成员参与企业经营管理会抑制企业的非效率投资,当企业开始传承时,二代家族成员参与经营管理也会对企业的非效率投资有类似的抑制效果,但是抑制的效应相对较弱。

（8）家族成员参与企业经营管理会促进企业的创新投入,但是当企业开始传承时,二代家族成员参与经营管理则会抑制企业的创新投入；地区制度环境、政企关系和地区整体的研发强度对上述关系有调节效应。

（9）家族成员的参与会影响企业的现金持有决策,由于家族参与可以减弱第一类代理问题,因此家族参与管理会降低企业的现金持有水平,家族的超额控制也可以通过减弱第二类代理问题,发挥"联盟效应"降低现金持有水平,并且第二类代理问题对现金持有决策的影响大于第一类代理问题。家族企业传承之后第二代家族成员参与管理对现金持有的影响与第一代的影响相似。

（10）家族企业的代际传承对企业支付现金股利有显著的影响。当企业发生传承后,二代继承家族成员为了向投资者发出积极信号,会增加现金股利的发放,而在一代创始人不担任董事长的情况下,这种发放股利的意愿更为强烈。

1.5 研究意义和创新之处

本书的学术和实践意义主要体现在以下几个方面：

（1）对于家族企业传承动因的研究成果，本书构建了从宏观到微观的分析框架。这一分析框架包含了地区层面的制度和文化等要素，企业层面的治理结构要素，个人层面的企业家基本特征和社会资本等要素。这一框架可以为后续对家族企业传承决策的研究提供一定的借鉴，同时本书基于这一系统分析框架的研究成果，也补充了已有有关家族企业传承动因的研究。

（2）对于家族企业传承经济后果的研究成果，从企业业绩到重大决策本书都进行了全面的研究，弥补了已有文献只关注业绩的不足，进一步明确了家族企业传承影响企业业绩的作用路径。

（3）研究成果中所界定的相关动因以及经济后果，可以帮助正在面临传承问题的中国家族企业的企业家们更好地制定传承决策，并评估不同传承决策的后果。本书的研究成果为目前众多家族企业解决急迫的传承问题提供了一定的参考，将有助于家族企业制定更为科学的传承决策，从而保障家族企业的顺利传承。

本书的主要创新之处在于：

（1）从传承意愿和传承事件两个维度来研究家族企业传承，在传承事件方面采用多种方式度量，研究范围覆盖了家族传承从计划到实施，从家族成员参与到二代家族成员参与的全过程，拓展了家族企业传承的研究范畴。

（2）界定了众多从宏观到微观影响家族企业传承决策的影响因素。在宏观层面，补充了大量文化、制度、家庭观念等要素；在企业微观层面，补充了治理结构等要素；在企业家微观层面，补充了个人社会资本、个人社会文化特征等要素；为理解家族企业传承决策的驱动因素增添了新思路。

（3）以企业业绩为起始点，从企业各项重大决策入手，更为深入地研究了家族企业传承之后会对企业经营管理有哪些影响，为分析家族企业传承的经济后果相关研究提供了新视角。

第 2 章 企业家个人特征、企业特征与家族企业传承意愿

2.1 引言

家族企业的传承不是一个一蹴而就的过程,而是一个需要长时间规划的过程,需要对企业的若干项重大权利,包括所有权、控制权和经营权的转移进行系统而全面的规划(Sharma, 2003)。学术界和企业界都意识到家族传承规划的长期性和重要性,并且发现这一过程对于家族的基业长青和持续发展具有关键的意义(Trow, 1961; Sharma et al., 2003)。

在传承的进程中,传承意愿是开端,是传承开始的必要前提(Sharma et al., 2003)。只有家族企业在任者的交班意愿与其选定的继任者的接班意愿达成和谐统一,才能保证家族企业传承的顺利开展(陈凌和陈华丽, 2014)。一直以来,受"家文化"传统观念,以及由此形成的"差序格局"的影响,加之对外部职业经理人利己主义动机和非核心家族成员内部代理风险的考虑,我国家族企业创始人更倾向于将一手创办的心血交由自己的子女继续经营,即"子承父业"的代际传承模式,是我国家族企业交接班的主流模式(李新春和檀宏斌, 2010)。通常,研究我国家族企业传承事项时提及的"代际传承意愿",指的便是家族企业创始人交班给子女的意愿和创始人子女的接班意愿。虽然我国家族企业已逐渐步入第一次代际传承的高发期,但当前的传承形势并不明朗。《2016 中国家族企业健康指数报告》指出,50%的"企一代"尚未制定完善的传承规划,即未形成明确的交班意愿,25%的"企二代"不愿接手管理企业,即没有接班意愿。这便产生了交接班意愿的缺乏与不匹配问题,给迫在眉睫的家族企业传承增加了更多的不确定性。

基于以上分析，本书认为，在家族企业进行传承的周期内，家族企业的传承意愿对于家族企业的顺利传承有着非常重要的意义。因此，基于本书获取的目前可获得的最为全面调查家族企业传承意愿的《全国私营企业调查》，本书力图系统地对影响家族企业传承意愿的动因与经济后果进行研究。由于该数据可以全面地反映我国家族企业传承意愿的情况，所以本章将主要采用描述性数据分析的方式，首先通过数据从企业家特征和企业特征两个维度，系统而全面地刻画我国家族企业的现状。之后，在不同的企业家特征和企业特征下，从企业家交班意愿和后代接班意愿两个方面来考察这些不同特征对于企业传承意愿的影响。

2.2 数据来源与说明

在传承意愿的相关研究中，本书使用的主要是《中国私营企业调查》的数据。该调查主要由中国共产党中央委员会统一战线工作部、中华全国工商业联合会、原国家工商行政管理总局、中国民（私）营经济研究会四家机构共同进行。该项调查始于1992年，每两年进行一次，调查的主要目的在于跟随中国私营企业发展的历程，反映出私营企业发展的动态，并且据此为相关决策部门提供决策的支持。虽然该项调查是有关私营企业，但是按照调查问卷的设计，被调查的企业基本都符合学术界通用的有关家族企业的界定（Shen & Su，2018）。例如，被调查的企业的最终控制人都是个人或家族，并且接受调查提供数据的都是企业的创始人或最终控制人。在具体考察的内容上，该项调查主要分为对企业主个人特征的考察和企业特征的考察两个部分，每一次考察的内容会根据企业的发展状况进行调整，但是整体结构相对稳定。

在调查对象的选择上，该项调查是在全国私营企业的基础上，采用随机抽样调查的方式，按照万分之五的抽样比例抽取总体调查的企业数量。在抽取样本的时候综合考虑到私营企业的城乡分布以及行业分布等因素。在具体抽取过程中，调研课题组首先确定省级层面（各省、自治区、直辖市）抽样企业的调查户数（设为A）。其次在各个省、自治区、直辖市抽取省会或地级市一个，社会经济发展水平中、低的县一个或各一个。在每

第 2 章 企业家个人特征、企业特征与家族企业传承意愿

个市、县级别上抽取企业的数量（设为 B）主要由以下公式确定：

$$\text{每个市、县抽取企业数量 } B = A \times \frac{\text{本市或县的私营企业数量}}{\text{被抽中市、县私营企业的总数量}}$$

再次，根据城乡比例确定城、乡层面抽取调查企业的数量（C），主要依据以下公式确定：

$$\text{在城镇（农村）抽取企业的数量 } C = B \times \frac{\text{城镇（农村）私营企业数量}}{\text{本地区私营企业总数量}}$$

在城乡的基础上，进一步根据每个城乡的行业分布，确定各个行业抽取的企业的数量（$C_{城(乡)}$），主要依据以下公式确定：

$$\text{在城镇（农村）某行业抽取企业的数量 } C_{城(乡)} = C \times \frac{\text{城镇（农村）某行业私营企业数量}}{\text{本地区私营企业总数量}}$$

在计算出每个城镇每个行业具体所需要抽取的企业数量之后，将该城镇所有在册的私营企业编号，按照等距抽样的方法抽取最终参与调查的企业。

在调查的具体操作中，由各级课题组选取调查员，并统一接受培训。调查问卷以调查员直接访问被调查者的方式进行。在每份调查问卷完成之后由专人进行数据核查，确保每份问卷中适用问题的回答率在 90% 以上。审核之后，再由专人根据问卷内容进行数据编码，形成数据库。

以上科学和严密的调查过程，可以非常有效地确保所调查数据能真实可靠地反映我国私营企业的情况。因此，该项调查是目前为止以中国家族企业为样本，涉及地域最广，调查企业数量最多的调研项目，所形成的数据库也可以非常系统全面地反映我国私营企业的情况。该项调查的相关数据为决策机构提供了有益的支持，也吸引了大量学者使用此数据进行私营企业和家族企业相关的研究，并取得了大量有益的研究成果（陈凌和陈华丽，2014；何轩等，2014；李新春等，2016；曾建光等，2016；朱沆等，2016；Shen & Su.，2018；陈贵梧等，2018）。

基于上述分析和数据的基本情况，本书选取该调查问卷的数据集作为课题中主要的一部分研究数据。在具体数据指标的选取上，于 2010 年发布的第九次全国私营企业调查中特别考察了企业传承的相关内容，因此本书选取了该次调查的数据作为主要样本。具体来看，调查问卷主要调查了企

业家以下问题:

您是否考虑过子女接班问题?

(1) 让子女接班管理本企业;

(2) 子女不要在本企业工作;

(3) 让子女继承股权,但不要在本企业工作;

(4) 只给子女留一笔生活费;

(5) 其他(请写明);

(6) 目前没有考虑这个问题。

您的子女有没有接班的意愿?

(1) 有;

(2) 没有;

(3) 不知道。

本书针对以上问题,如果企业家对于子女接班问题选择"让子女接班管理本企业",则认为企业家有明确的交班意愿;选择其他选项则认为企业家没有明确的交班意愿。对于子女接班意愿的问题上,如果企业家选择"子女有接班意愿",则认为企业家后代有明确的接班意愿;选择其他选项则认为企业家后代没有明确的接班意愿。

在以上传承意愿的量化定义基础上,本章将重点从企业家个人特征和家族企业特征两个方面,通过描述性数据分析的方式,首先描绘家族企业家和企业的总体特征,以及传承意愿方面的分布特征,之后再从"交班意愿"和"接班意愿"两个维度初步分析哪些企业家个人和企业两个层面的哪些因素会最终影响家族企业的传承意愿。

2.3 企业家个人特征与传承意愿

Hambrick & Mason(1984)提出了高层梯队理论(upper echelon theory),该理论认为高层管理者基于自身经历、信念与价值观所形成的对事物的认知解读而采取行动,进而影响企业层次的战略与绩效。因此,高层管理团队的认知能力、感知能力和价值观等心理结构决定了战略决策过程和对应的绩效结果。一般情况下,认知能力、感知能力和价值观较难衡量,所以 Hambrick & Mason（1984）认为可以将高层管理的人员特征作为他们的认知和价值观的代表进行研究。因此，本章将结合调查数据对企业家个人特征的数据信息，采用描述性数据分析的方法分析不同特征下的传承意愿。

在具体数据分析的程序上，本章首先按照企业家个人特征将所有样本分组，分别计算不同特征类别下的样本占总体样本的百分比，由此考察总体样本中企业家的个人特征分布状况。其次，本章在每类特征的样本中，按照企业家交班意愿分为"企业家有交班意愿""企业家无交班意愿"两类；按照企业家后代的有无接班意愿分为"后代有接班意愿""后代无接班意愿"两类，再分别计算每类传承意愿下的企业占相应特征类别总体企业的百分比，由此考察不同类别下企业传承意愿的分布情况。最后，再通过不同特征类别的传承意愿的纵向对比，初步分析哪些个人特征可能会影响企业家的传承意愿。

在考察个人及企业特征之前，本章先考察了全部样本中传承意愿的分布情况。表2-1的数据显示，21.4%的企业家已经有了明确的交班意愿，但是超过3/4的企业目前还没有明确的交班意愿。对于接班意愿来说，有17.5%的企业家认为子女有明确的接班意愿，其余82.5%的企业家都不认为子女有明确的接班意愿。这一数据分布说明，从总体上来看，目前在家族企业中开始进行传承规划的企业家相对较少，更突显本书所研究主题的现实意义。

表2-1 全样本中企业家传承意愿的分布

企业家有交班意愿	企业家无交班意愿	后代有接班意愿	后代无接班意愿
21.4%	78.6%	17.5%	82.5%

本章首先考察企业家一些最基本的个人特征，包括企业家性别、年龄和教育背景。表2-2列示了样本中企业家的性别特征。从总体样本特征分布来看，家族企业中的企业家以男性占大多数，占全部企业家的83.8%，女性企业家仅占16.2%，这一结果与目前对于家族企业的国内外相关研究的数据结果相一致。在不同性别的企业家的传承意愿分布上，22.3%的男性企业家有交班意愿，16.5%的男性企业家的后代有明确的接班意愿。与之相对，18.2%的女性企业家有交班意愿，13.4%的女性企业家的后代有

明确的接班意愿。总体来看,女性企业家的交班意愿和后代的接班意愿都小于男性企业家。

表 2-2　企业家性别与传承意愿

	全样本性别分布	企业家有交班意愿	企业家无交班意愿	后代有接班意愿	后代无接班意愿
男	83.8%	22.3%	77.7%	16.5%	83.5%
女	16.2%	18.2%	81.8%	13.4%	86.6%

家族企业中企业家的年龄分布与传承意愿列示于表 2-3。从总体样本分布来看,只有 36.1% 的企业家年龄在 50 岁以下,而将近 50% 的企业家年龄已经超过 60 岁,进入即将退休的年龄。这一年龄分布与我国家族企业的发展历程相一致。我国的家族企业发展自私营企业,而私营企业自改革开放之后开始逐步发展,并逐渐成为我国经济中必不可少的力量。因此,我国的第一代企业家也自改革开放后开始发展企业的历程,到调查所进行的 2010 年,大多已到达 60 岁的年纪。在传承意愿的分布上,数据显示,小于 50 岁的企业家只有 16.3% 具有明确的交班意愿,11.3% 的企业家后代有明确的接班意愿。随着企业家年龄的增加,50 到 60 岁的企业家中,37% 的企业家有明确的交班意愿,31.8% 的企业家后代有明确的接班意愿。在年龄超过 60 岁的企业家中,有超过一半的企业家已经有明确的交班意愿,占到 53.4%,相应的 44.8% 的企业家后代有明确的接班意愿。通过不同年龄段企业家传承意愿的纵向对比,本章发现企业家的交班意愿以及后代的接班意愿是随着企业家年龄的增长而不断增加的,年纪越大的企业家传承意愿越强烈,这一结果初步说明了企业家年龄对于传承意愿有重要的影响。

表 2-3　企业家年龄与传承意愿

	全样本年龄分布	企业家有交班意愿	企业家无交班意愿	后代有接班意愿	后代无接班意愿
小于 50 岁	36.1%	16.3%	83.7%	11.3%	88.7%
50—60 岁	14.5%	37.0%	63.0%	31.8%	68.2%
60 岁以上	49.3%	53.4%	46.6%	44.8%	55.2%

表 2-4 列示了企业家的教育背景与传承意愿的分布情况。在总体分布上,大专及本科学历的企业家占了超过半数,达到 53%,其次为高中及以

下学历的企业家，占到全部样本的 37.8%，研究生学历的企业家相对较少，仅占全部样本的 7%。在不同学历的企业家中，高中及以下学历的企业家中有 28.9% 的企业家有明确的交班意愿，有 22.1% 的企业家后代有明确的接班意愿。在大专及本科学历的企业家中，有 17.5% 的企业家有交班意愿，12.5% 的企业家后代有接班意愿。在研究生学历的企业家中，仅有 11.8% 的企业家有交班意愿，仅有 9.7% 的企业家后代有接班意愿。纵向的对比来看，企业家的交班意愿随着企业家学历的增加而降低，学历越高的企业家，进行家族传承的意愿越弱，而企业家后代的接班意愿也有这样的趋势。

表 2-4 企业家学历背景与传承意愿

	全样本学历分布	企业家有交班意愿	企业家无交班意愿	后代有接班意愿	后代无接班意愿
高中及以下	37.8%	28.9%	71.1%	22.1%	77.9%
大专及本科	53.0%	17.5%	82.5%	12.5%	87.5%
研究生	7.0%	11.8%	88.2%	9.7%	90.3%

除了上述性别、年龄和学历等个人特征，企业家的其他一些个人特征也会影响企业家的重大企业决策。在本章所使用的调查数据中，对企业家的宗教信仰进行了详细的调查，这也是目前家族企业中最为全面和系统反映企业家个人宗教信仰的数据。表 2-5 列示了企业家的宗教信仰与传承意愿的分布情况。在宗教信仰的分布中，大部分企业家是没有宗教信仰的，占到全部样本的 78.8%。在有宗教信仰的企业家中，信仰佛教的企业家占比最多，达到全样本的 17.1%，其次是占比在 1% 左右的基督教和伊斯兰教，其他的宗教信仰占比相对较少。在传承意愿的分布上，本书将上述宗教信仰区分为东方宗教，包括佛教和道教；西方宗教，包括天主教、基督教和伊斯兰教；其他宗教；无宗教信仰四大类别。在信仰东方宗教和西方宗教的企业家中，均有 27% 左右的企业家具有明确的交班意愿，企业家后代有接班意愿的占比分别为 22.1% 和 25%，这两项的比例都显著地高于无宗教信仰的企业家。这一数据结果说明有宗教信仰的企业家有更强的家族传承意愿，这一结果与 Shen & Su（2018）的研究结论相一致。

表 2-5　企业家宗教信仰与传承意愿

	全样本宗教信仰分布		企业家有交班意愿	企业家无交班意愿	后代有接班意愿	后代无接班意愿
佛教	17.1%	东方宗教	27.0%	73.0%	22.1%	77.9%
道教	0.8%	西方宗教	27.6%	72.4%	25.0%	75.0%
天主教	0.3%	其他宗教	20.0%	80.0%	16.7%	83.3%
基督教	1.3%	无宗教信仰	20.4%	79.6%	14.3%	85.7%
伊斯兰教	1.0%					
其他	0.7%					
无宗教信仰	78.8%					
无宗教信仰且有信教打算	3.2%					

企业家的另一项影响企业决策的个人特征是企业家的政治关联。已有大量文献都发现家族企业的政治关联可以影响家族企业的融资、投资、信息披露等多项决策。同时，作为企业家所特有的一种无形资产，政治关联也会影响到家族企业的传承决策。本书将从两个维度来测度企业家的政治关联。一个维度是企业家的党员身份。自党的十六大以来，我国对私营经济的发展给予了大力的支持，并且鼓励私营企业主成为党员。近年来政府也出台了多项政策加强私营企业中党组织的力量，因此，企业家的党员身份是一项较为重要的政治关联。表 2-6 列示企业家党员身份与传承意愿的分布状况。从总体上看，样本中有党员身份的企业家占到全部企业家的 39.8%，而在没有入党的 60.2% 的企业家中有超过 80% 的企业家有意愿入党。在传承意愿的分布上，数据显示党员企业家和非党员的企业家交班意愿差距不大，分别占比为 22.3%，21.2%；在后代接班意愿上两者分别为 18.1% 和 14.6%，具有党员身份的企业家后代接班意愿更强烈。

表 2-6　企业家党员身份与传承意愿

	全样本党员分布	企业家有交班意愿	企业家无交班意愿	后代有接班意愿	后代无接班意愿
党员	39.8%	22.3%	77.7%	18.1%	81.9%
非党员	60.2%	21.2%	78.8%	14.6%	85.4%
有意愿入党	49.1%				

除了党员身份之外，家族企业的企业家还可以通过担任各级人大代表和政协委员的方式来参政议政并获取一定的政治身份。表 2-7 列示了企业家的人大代表和政协委员的政治关联和传承意愿之间的关系。数据显示，担任人大代表和政协委员在家族企业中较为常见，有 21.8% 的企业家担任了人大代表，30.5% 的企业家担任了政协委员。在传承意愿的分布上，数据显示担任人大代表的企业家中有 27.1% 的有明确的交班意愿，后代有 21% 有接班意愿；担任政协委员的企业家中有 22.3% 的有明确的交班意愿，但是后代的接班意愿相对较低，只有 11.7%。在没有任何政治关联的企业家中，只有 20% 的企业家有交班意愿，而后代有 13.9% 有接班意愿。通过不同政治关联类别的企业家的传承意愿对比，本章发现有政治关联的企业家比没有政治关联的企业家有更高的交班意愿，前者希望通过家族内部的传承来保持并实现政治关联这种无形资产的价值，因此会更倾向于将企业交给自己的子女。

表 2-7 企业家政治关联和传承意愿

	全样本政治关联分布	企业家有交班意愿	企业家无交班意愿	后代有接班意愿	后代无接班意愿
担任人大代表	21.8%	27.1%	72.9%	21.0%	79.0%
担任政协委员	30.5%	22.3%	77.7%	11.7%	88.3%
无政治关联	57.6%	20.0%	80.0%	13.9%	86.1%

调查问卷还进一步考察了企业家对于自己的自我认同。问卷按照经济地位、社会地位和政治地位三个维度，在 1—10 的阶梯状分数段上，请企业家为自己的相对地位进行打分。具体打分方式如下：

同周围其他社会成员相比，您认为自己在下列三种社会阶梯上处在什么位置？

（在三个阶梯数字的相应位置上划圈，1 表示最高，10 表示最低）

这一数据反映了企业家对于自己经济、社会、政治地位的认同，这些自我认同也会对企业家的决策制定有所影响。本书对应的阶梯分数，按照低（10-8），中（7-4），高（3-1）的三个类别进行分类统计。表 2-8 列示了企业家自我认同与传承意愿的分布。从总体上看，企业家对于自己的地位认同集中在中间的位置，三个方面的认同分别占 63.5%，63.6% 和 53.7%。在三个方面，企业家对自己的政治地位认同相对较低，认为自己

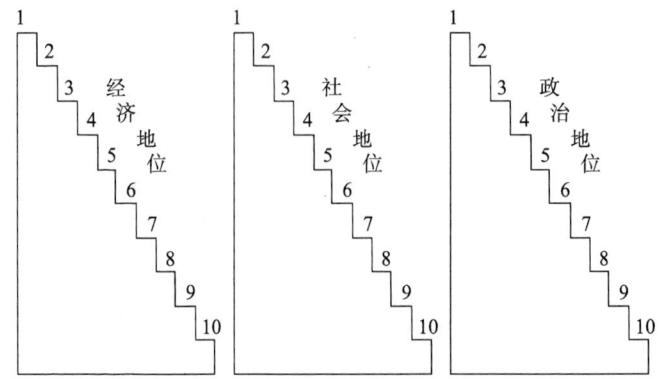

政治地位较低的占到全部样本的33.9%,其他两项占21.2%和21.5%。在总体分布之后,本章分别取三个方面中的认同较高组和认同较低组,考察认同状态高低不同的情况下传承意愿的分布。数据显示,在经济、社会、政治地位认同高的分组中,企业家的交班意愿分别占28.8%、27.1%以及26.1%,后代的接班意愿分别占22%、22.3%以及24.1%。而在认同较低的分组中,企业家的交班意愿分别占17.6%、18.3%,和17.3%,后代的接班意愿分别占10.5%、10.2%和10.1%。通过认同度高低组的对比,可以发现在三个方面自我认同高的企业家的交班意愿显著地高于自我认同较低的企业家,同时自我认同高的企业家其后代的接班意愿也显著高于自我认同较低的企业家。这一数据结果说明企业家的自我认同对于其传承意愿有一定的影响,自我认同越高的企业家,越倾向于进行家族内部传承。

表2-8 企业家自我认同与传承意愿

	低（10-8）	中（7-4）	高（3-1）
经济地位认同	21.2%	63.5%	15.3%
社会地位认同	21.5%	63.6%	14.9%
政治地位认同	33.9%	53.7%	12.4%

	企业家有交班意愿	企业家无交班意愿	后代有接班意愿	后代无接班意愿
经济地位认同高	28.8%	71.2%	22.0%	78.0%
经济地位认同低	17.6%	82.4%	10.5%	89.5%
社会地位认同高	27.1%	72.9%	22.3%	77.7%
社会地位认同低	18.3%	81.7%	10.2%	89.8%
政治地位认同高	26.1%	73.9%	24.1%	75.9%
政治地位认同低	17.3%	82.7%	10.1%	89.9%

2.4 企业特征与传承意愿

除了企业家个人的特征之外，家族企业本身的一些特征也可能会对家族企业的传承决策产生影响。因此本章将基于调查问卷数据，分析家族企业特征的分布以及不同企业特征下企业家传承意愿的分布。

企业的成立年限反映了企业家经营企业时间的长短。表 2-9 列示了企业成立年限与传承意愿的分布。从总体样本分布来看，目前我国家族企业普遍成立的时间超过了十年，占到全部样本的 68.7%，成立 5 到 10 年的企业占到 22.9%，只有很少的企业相对比较年轻，占到全部样本的 8.5%。在不同企业年限的分组中，大于 10 年的企业中有 22.7% 的企业家有明确的交班意愿，5 到 10 年的企业中这一比例为 21.9%，而小于 5 年的企业中这一比例只有 13%。在三类企业中后代接班意愿的比例分别为 16.1%，17.1% 和 12.2%。组间的数据对比可以发现，随着企业成立年限的增加，企业家将企业传给家族内部成员的意愿也是不断增强的。

表 2-9 企业成立年限与传承意愿

	全样本企业年限分布	企业家有交班意愿	企业家无交班意愿	后代有接班意愿	后代无接班意愿
小于 5 年	8.5%	13.0%	87.0%	12.2%	87.8%
5-10 年	22.9%	21.9%	78.1%	17.1%	82.9%
大于 10 年	68.7%	22.7%	77.3%	16.1%	83.9%

表 2-10 考察了样本中企业的行业分布状况。具体行业的分类以问卷中设置的行业分类为主，企业所属行业占比较少的都列入其他行业。从总体上看，目前家族企业还是主要分布在制造业和批发零售这两个主要的传统行业，属于这两个行业的家族企业占全样本比例达到 38.24% 和 18.32%，在交通运输和信息服务这些公共事业和新兴行业占比相对较少，仅占 3.27% 和 5.37%。在不同行业的传承意愿分布上，数据显示在传统行业的企业中有交班意愿的占比更多，如在农林牧渔业的企业中有 23.1% 的企业家有交班意愿，制造业和住宿餐饮行业这一比例为 26.1% 和 24.2%，

而在新兴的诸如信息服务业,有交班意愿的企业家仅占11.3%。在后代的接班意愿分布上,也具有相似的特征。这一结果说明家族企业所在的行业会对企业家的传承意愿有一定的影响,相对传统的企业会更倾向于将企业交接给家族内部成员。

表2-10 企业所处行业与传承意愿

	全样本行业分布	企业家有交班意愿	企业家无交班意愿	后代有接班意愿	后代无接班意愿
农林牧渔	7.7%	23.1%	76.9%	20.2%	79.8%
制造业	38.2%	26.1%	73.9%	20.5%	79.5%
建筑业	6.7%	19.9%	80.1%	16.3%	83.7%
交通运输	3.3%	22.1%	77.9%	13.1%	86.9%
信息服务	5.4%	11.3%	88.7%	12.0%	88.0%
批发零售	18.3%	17.7%	82.3%	10.6%	89.4%
住宿餐饮	5.0%	24.2%	75.8%	14.3%	85.7%
房地产	3.1%	19.9%	80.1%	14.0%	86.0%
其他	12.3%	18.9%	81.1%	15.1%	84.9%

企业的经营绩效可能也会影响企业家的传承决策。由于短期一年的绩效可能不会对传承决策产生重要的影响,因此本章在数据上选取了近三年的平均业绩分布,选取的指标主要是销售净利润率,按照5%和15%进行分组,同时还考察了企业净利润变化的趋势,表2-11列示了相关的数据结果。从总体样本分布来看,有39.3%的企业业绩较差,销售净利润率只有不到5%,23.9%的企业销售净利润率在5%~15%的区间;有75.4%的企业净利润是上升的,而13.9%的企业净利润是下降的。在三个不同销售净利润率区间企业家的交班意愿并没有明显的差异,企业家有明确交班意愿的企业分别占到全部样本的22.8%,22.9%和19.6%,相应的后代的接班意愿占比为17.1%,17.3%和14%。而在净利润上升和下降两类企业中,企业家交班意愿占比为23.6%和21.5%,企业家后代接班意愿占比为17.9%和15.4%。以上数据分析显示,企业一定时期内的经营业绩对于企业家的传承意愿影响较为不显著,这可能是和本章所使用的业绩区间相对较短有关。

表 2-11　企业经营业绩与传承意愿

	全样本业绩分布	企业家有交班意愿	企业家无交班意愿	后代有接班意愿	后代无接班意愿
销售净利润率小于5%	39.3%	22.8%	77.2%	17.1%	82.9%
销售净利润率5%~15%	23.9%	22.9%	77.1%	17.3%	82.7%
销售净利润率大于15%	36.8%	19.6%	80.4%	14.0%	86.0%
净利润上升	75.4%	23.6%	76.4%	17.9%	82.1%
净利润下降	13.9%	21.5%	78.5%	15.4%	84.6%

在企业层面，另一项影响企业重大决策的就是企业的治理结构。本书所采用的调查问卷对于企业内部的治理结构有非常详细的考察。因此本章也从治理结构的角度进行描述性的数据分析，从而对目前家族企业内部的治理结构有一个直观的了解。表 2-12 列示了家族企业内部的治理机构、家族成员参与企业管理和传承意愿的分布。本书首先考察了企业的重要决策机制，包括股东会、董事会、监事会、党组织、工会和职工代表大会，数据显示，有 57.1% 的家族企业设有股东会，57.9% 的企业设有董事会，52.4% 的企业设有工会。相应的，设立监事会、党组织、职工代表大会的企业相对较少，占全部样本的比例为 32.1%、34.7% 和 31.9%。家族成员参与企业管理是家族企业较为普遍的一种现象，在设立董事会的家族企业中，有超过 95% 的企业董事会中家族成员比例都超过了 30%，其中超过 50% 的家族企业占到全部设立董事会家族企业的 65.4%。超过 90% 的家族企业中董事长都由创始人担任，仅有 4.4% 的企业由其他家族成员担任董事长，2.8% 的企业由非家族成员担任董事长，82.8% 的企业由创始人担任总裁。在不同治理结构下，本章进一步考察了传承意愿的分布。总体来看，在不同治理结构下传承意愿和接班意愿基本相似，没有特别显著的区别。主要的差异是来自董事会中家族成员的比例，家族成员参与董事会较多的企业有更高的家族内部传承意愿，而家族成员参与较少的企业相对传承意愿会更低。

表 2-12 企业治理结构与传承意愿

	全样本治理结构分布	企业家有交班意愿	企业家无交班意愿	后代有接班意愿	后代无接班意愿
企业有股东会	57.1%	19.8%	80.2%	15.0%	85.0%
企业有董事会	57.9%	22.3%	77.7%	17.3%	82.7%
企业有监事会	32.1%	20.2%	79.8%	15.2%	84.8%
企业有党组织	34.7%	21.7%	78.3%	18.9%	81.1%
企业有工会	52.4%	23.2%	76.8%	18.6%	81.4%
企业有职工代表大会	31.9%	23.2%	76.8%	19.0%	81.0%
董事会中家族成员占比0%-30%	3.1%	19.3%	80.7%	18.7%	81.3%
董事会中家族成员占比30%-50%	31.5%	25.8%	74.2%	20.0%	80.0%
董事会中家族成员占比超过50%	65.4%	23.4%	76.6%	17.1%	82.9%
董事长由创始人担任	92.8%	22.7%	77.3%	17.2%	82.8%
董事长由其他家族成员担任	4.4%	24.6%	75.4%	21.3%	78.7%
董事长由非家族成员担任	2.8%	20.1%	79.9%	14.2%	85.8%
总裁由创始人担任	82.8%	21.6%	78.4%	15.6%	84.4%

2.5 研究结论

家族企业的传承需要系统的计划，而企业家的传承意愿是计划开始并持续施行的关键。基于目前可得的最为全面反映家族企业主和企业特征的调查数据，本章采用描述性统计的方法对家族企业中企业家个人和企业的基本特征进行了分析，在此基础上进一步考察了不同类型下企业家的交班意愿和企业家后代的接班意愿是否有所差异。

数据结果显示，企业家性别、年龄、教育背景等基本个人特征都会对家族企业的传承意愿有影响，男性企业家更有意愿进行家族传承，年龄越大的企业家进行家族传承的意愿更强烈，学历越低的企业家越倾向于进行家族传承。此外，企业家的宗教信仰、政治关联以及自我认同都对其传承意愿有显著的影响，有宗教信仰的企业家更倾向于家族内部传承，企业家的政治关联也对企业家的家族传承意愿有正向影响，自我认同越高的企业家传承意愿越强。

第 2 章 企业家个人特征、企业特征与家族企业传承意愿

除了企业家的个人特征会对传承意愿有影响之外，企业层面的特征也会对传承意愿产生影响。成立年限越长的企业，家族内部传承意愿会更强。从事传统行业的企业家族传承意愿会强于从事较新行业的家族企业。企业过往的经营业绩会对传承意愿产生一定的影响，但差异并不显著。企业的治理结构会对传承意愿产生影响，主要产生差异的因素来自家族成员参与企业管理的程度，家族成员参与企业管理越深，则家族内部传承意愿越强。

本章的研究为后续的实证研究提供了基础性的结论，由于企业家个人和企业的一些特征都会影响企业的传承决策，因此在后续的研究中需要对相关的变量进行控制。同时，由于政治关联对于家族企业的重要性，后文将有专题研究考察以政治关联为要素的企业家社会资本如何影响企业家的传承意愿。

本章主要参考文献

［1］Hambrick, D.C., Mason P.A., 1984. Upper echelons: Organization as a reflection of its managers. Academy of Management Review 9 (2), 193-206.

［2］Sharma, P, Chrisman J.J., Chua J.H., 2003. Succession planning as planned behavior: Some empirical results. Family Business 16 (1), 1-15.

［3］Shen, N., Su, J., 2018. Religion and succession intention-Evidence from Chinese family firms. Journal of Corporate Finance 45, 150-161.

［4］Trow, D.B. Executive succession in small companies. Administrative Science Quarterly 6 (2): 228-239.

［5］陈贵梧，胡辉华．加入行业协会的民营企业慈善捐赠更多吗？——基于全国民营企业调查数据的实证研究．财经研究，2018（1）：33-46.

［6］陈凌，陈华丽．家族涉入、社会情感财富与企业慈善捐赠行为——基于全国私营企业调查的实证研究．管理世界，2014（8）：90-101.

［7］何轩，宋丽红，朱沆，李新春．家族为何意欲放手：制度环境感

知、政治地位与中国家族企业主的传承意愿.管理世界,2014(2):90-110.

[8] 李新春,叶文平,朱沆.牢笼的束缚与抗争:地区关系文化与创业企业的关系战略.管理世界,2016(10):88-102.

[9] 曾建光,张英,杨勋.宗教信仰与高管层的个人社会责任基调——基于中国民营企业高管层个人捐赠行为的视角.管理世界,2016(4):97-110.

[10] 朱沆,Eric Kushins,周影辉.社会情感财富抑制了中国家族企业的创新投入吗?管理世界,2016(3):99-114.

第3章 社会文化动因与家族企业传承意愿[①]

3.1 引言

改革开放四十年来,民营经济高速发展并在经济格局中占据相当重要的地位。其中,家族企业更是我国民营经济发展的中坚力量。截至2017年第三季度,中国民营企业总数占全国企业总数的90%,A股中超过80%的民营企业是家族企业。在众多家族企业中,未来5至10年,约四分之三的家族企业将面临交接班问题。"基业长青"是家族企业追求持续经营和长久发展的长远目标,目前我国正处于经济转型时期,民营经济体竞争激烈,家族企业想在激烈市场竞争环境中保持良好的发展势头,顺利地继承并实现发展则显得尤为重要。家族企业的代际传承是企业持续成长和发展的关键,甚至从战略高度上看,对我国的非公有制经济乃至国内经济的发展具有重大影响。

但家族企业代际传承决策仍是当今大多数家族企业所面临的巨大的难题,根据 Birley(1986)和 Handler(1989)研究显示,只有30%的家族企业可以顺利过继到第二代,而能够成功延续到第三代的家族企业仅为10%~15%。"家业长青"的长久追求目标与"富不过三代"的魔咒形成鲜明的反差,也吸引了国内外众多学者的研究目光。而近年来,正值我国大多数家族创始企业主迈入人生暮年,迎来我国家族企业代际传承的关键时刻,因此,探究我国家族企业代际传承意愿(包括企业主的交班意愿与子女接班意愿)的影响因素,可以为目前全国范围内面临交接问题的家族企

[①] 本章内容中,赵廷美在作者指导下进行了文献研究和数据分析的主要工作。

业提供参考。本书特别强调从文化或社会学角度，以及地区及个人层面，来探讨家族企业传承时企业交班意愿与子女接班意愿的影响因素，包括家庭价值注重度、宗教信仰（民间信仰）、信任度、十大商帮文化等影响因素。目前关于影响家族企业代际传承意愿的研究中，主要从企业因素、个人因素、家庭因素、宏观经济因素以及政治因素等探讨了企业传承时企业主与子女交接班的情况。

关于家族企业代际传承意愿的影响因素，已经有学者做出了一些研究，在1996年至2007年期间所发表的有关家族企业传承问题的研究论文中，将传承问题作为主要研究内容的占20%，作为次要研究内容的论文数量也占到了8%（Chrisman et al., 2003）。其中，窦军生和贾生华（2007）在大量梳理前人的文献基础上，针对相关研究文献中出现频率较高的因素进行提炼，总结出个体、人际、组织和社会/环境四个分析层面。Morris（1997）通过大量的访谈和从家族企业二代延续到三代进行实证研究后发现，家庭成员关系的和谐度，以及共同愿景对家族代际传承具有强烈的正相关影响。王呈斌（2014）在梳理影响家族企业代际传承意愿因素相关文献时提到，家族和企业所处的社会文化环境，比如社会习俗规范、父权制、子承父业模式等必然会对家族企业传承有所影响。因此，研究时要充分考虑到社会文化方面的因素（Handler，1994）。此外，通过访谈调查发现经济环境对家族企业代际传承意愿的影响，尤其是在金融危机或经济危机时，由于视野有限，精力不足，年长的企业主明显感觉难以应付复杂变幻的经济环境，想加快代际传承进程。Jun et al.（2006）首次研究了根植于中国传统文化的儒家思想对家族企业代际传承意愿的影响。中国学者张兵（2005）研究了中国传统文化和传统观念对家族代际传承意愿的影响，从差序信任取向、传统家庭价值观念、光宗耀祖等几个因子探讨了家族文化对代际传承意愿的影响。

有关家族企业子女接班意愿的影响因素研究领域也有不少成果。Stavrou（1998）在前人的研究理论基础上进行相关分析，总结出了影响家族企业主子女接班意愿的四因素分析模型，即个人因素、商业因素、家族因素和市场因素，比如个人因素主要是指接班人的个人兴趣、爱好、职业规划以及需求和能力等方面的因素；商业因素则主要指接班意愿与企业所在行业、本身运行情况相关，一些子女不愿意接手管理家族企业，很大程度上是因为企业未来的不确定性。Breton-Miller et al.（2004）在前人研究影响家族企业代际传承过程的基础上，详细归纳出了影响家族企业子女接班意愿的直接影响因素（包括在任者、接班人、家族内容和家族企业内容）和间接影响因素，即行业内容和社会内容，其中社会内容提到了社会文化、社会准则、种族和宗教等。

关于家族企业主的交班意愿的相关研究文献中，家族企业主在接班人问题的选择上，首选还是子女或家族亲属，但对继任者的能力有一定要求（韩朝华等，2005）。王呈斌和伍成林（2011）通过归纳整理发现，从在任者的角度，影响因素分为客观因素（在位者的年龄、健康以及不可抗力因素）和主观因素（经营理念、管理水平以及战略远见等）。何轩等（2014）从家族企业主的政治地位以及对制度环境的感知，来研究家族企业主的交班意愿问题，比如家族企业主的制度环境感知与其交班意愿呈正向影响，不利的制度环境感知会减弱其交班意愿。

由此可见，目前学者对于家族企业代际传承意愿（企业主交班意愿与子女接班意愿）已有一些理论研究。虽然对中国传统文化比如儒家文化有所涉及，但目前并没有足够的文献对中国环境背景下社会文化因素与家族企业代际传承意愿的相关关系做出研究。本章的理论研究意义在于：其一，本章区别于现有研究，分别从地区层面以及个人层面来探讨社会文化因素，立足于中国的传统文化和社会理念，利用可靠数据进行实证研究，以中国家族企业为研究对象，寻求社会文化因素与家族企业交接班意愿之间的联系。其二，本章首次将具有中国特色的文化环境背景下的宗教信仰（民间信仰）、十大商帮文化、信任度以及开放度与家族企业主和子女的交接班意愿联系起来，开辟家族企业代际传承研究的新方向，并提供实证证据支持。其三，进一步完善关于中国家族企业代际传承的相关理论研究，找出此类社会文化环境下影响企业主与子女交接班意愿的内在规律，使中国家族企业能够顺利度过传承期。

本章基本框架如下：第二部分将以家族企业代际传承意愿的已有研究文献为基础，对社会文化因素影响家族企业代际传承意愿做出理论分析及推导，并提出合理的假设；第三部分将针对提出的主要假设选取合适的样本变量，阐释各个变量的设置，并建立合理的模型，阐明模型验证方法及工具；第四部分进行描述性统计和变量相关系数分析以及对主要假设进行

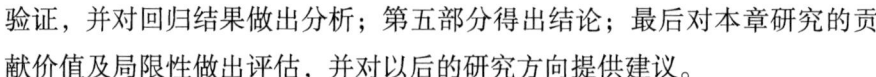

验证，并对回归结果做出分析；第五部分得出结论；最后对本章研究的贡献价值及局限性做出评估，并对以后的研究方向提供建议。

3.2 文献回顾与假设推导

3.2.1 已有文献回顾

中国学者窦军生和贾生华（2007）在大量梳理前人的文献基础上，针对相关研究文献中出现频率较高的因素进行提炼，总结出个体、人际、组织和社会/环境四个分析层面。王呈斌（2014）在梳理影响家族企业代际传承意愿因素相关文献时提到，家族和企业所处的社会文化环境，比如社会习俗规范、父权制、子承父业模式等必然会对家族企业传承有所影响，因此，研究时要充分考虑到社会文化方面的因素（Handler，1994）。

Stavrou（1998）在前人的研究理论基础上进行相关分析，总结出了影响家族企业主子女接班意愿的四因素分析模型，即个人因素、商业因素、家族因素和市场因素。Miller（2003）在前人研究影响家族企业代际传承过程的基础上，详细归纳出了影响家族企业子女接班意愿的直接影响因素（包括在任者、接班人、家族内容和家族企业内容）和间接影响因素，即行业内容和社会内容。

关于社会文化因素与家族代际传承意愿的关系，之前已经有一定的研究成果，但研究成果总体数量较少，尤其是关于中国传统的社会文化因素。其中，关于家庭价值度因素，国内学者孙厚权等（2005）提到了中国家族企业管理充分体现了"家本位"思想。储小平（2000）也提到在相对不发达的经济体中，家族企业多根据特殊主义（亲情规则）安排经济职务或岗位，针对个人层面引入了高层梯队理论，该理论提出管理者的个人背景特质会影响其决策行为。关于宗教信仰（民间信仰）因素，笔者着眼于具有中国特色的本土传统文化。陈婉婷和罗牧原（2015）指出在这种具有中国传统特色的文化下，企业主的宗教信仰带有现实功利性色彩，比如求佛祖办事、祈求神灵保佑香火兴旺。国外学者 Miller & Hoffmann（1995）

研究出有宗教信仰的人的行为决策更为保守；关于十大商帮文化因素，张光忠提到，中国人注重亲缘、地缘、神缘、业缘与物缘特质，是产生商帮文化的社会文化基础，并且根据费孝通的差序格局理论，组织（比如商帮）沿着血缘、亲缘、地缘、关系缘等形成；关于信任度因素，福山（1998）在其著名的社会信任理论中提出，在信任度水平高的社会或文化中，社会交往发达，人们不会仅局限于信任家族或血缘关系内部成员或更多地依赖所谓"熟人"圈子内的人员。姚清铁（2010）从家族企业研究层面来说，信任度水平影响着家族企业代际传承行为决策，比如从委托代理机制层面上分析，信任程度越高，越容易建立委托代理机制，比如家族企业会向外部寻求有能力的职业经理人来管理其企业；若信任度水平低，在家族企业委托代理机制中看到的是更多的不信任，家族企业的代际传承意愿也更多地集中于以血缘关系为核心的家庭内部成员。

目前对于社会文化因素和家族企业代际传承意愿已有一些理论研究，但国内关于具有中国特色的社会文化因素研究甚少。本章将以社会文化因素与家族企业代际传承意愿（企业主与子女交接班意愿）领域的已有研究文献为基础，对社会文化因素与代际传承意愿两者之间的相关关系和作用机理做出理论分析及推导，并提出合理的假设。

3.2.2 关于家族企业代际传承意愿的界定

著名家族企业理论研究专家盖尔西克（Gersick）提出了有关家族企业代际传承三环经典模型，并详细说明了家族企业代际传承的主要内容：企业、家庭和所有权；并于1999年在此前构建的家族企业三环模型的基础上，提出了著名的家族企业三级发展模型（窦军生和贾生华，2007），并且此后关于传承内容的研究主要是以家族企业的所有权为主。布鲁诺（Bruno）接力赛跑模型认为家族代际传承的主要内容是家族的所有权和管理权。除了家族企业所有权和管理权的传递，国外学者后续研究中将使命、价值观（Drozdow，1998）、内隐知识（Cabrera-Suarez et al.，2001）、网络和社会资本（Steier，2001）以及创新精神（Litz & Kleysen，2001）等内容也纳入家族企业代际传承内容中（窦军生和贾生华，2007）。张兵

(2005)将家族企业代际传承内容主要定义为家族企业向下一代传承家族的经营权,笔者也延续其对家族企业代际传承内容的具体定义,以下部分主要探讨家族企业经营权/管理权的代际传承。

本书代际传承意愿的界定参照陈凌和陈华丽(2014),传承意愿包括企业主的交班意愿与子女的接班意愿,交接班意愿和谐统一是传承意愿得以实现的理想状态。

3.2.3 理论分析与假设推导

中国传统文化一直强调注重家庭价值,注重"家"的观念,其中儒家思想中的"家本位"最为体现这一特征。孙厚权等(2005)认为中国家族企业管理充分体现了"家本位"思想,在发展和引导企业成长的过程中,这种具有深刻影响的儒家思想很自然地被引入企业中。因此,在中华民族自古以来重视家庭、重视亲情的"家文化"熏陶下,"子承父业"是中国家族企业在面临代际传承问题时最为普遍的选择,任人唯亲的用人制度是该文化的一大特征(许叶枚,2011)。储小平(2000)提到历史研究的结果表明:在相对不发达的经济体中,家族企业多根据特殊主义(亲情规则)安排经济职务或岗位。西方研究家族企业代际传承的著名学者Morris(1997)也曾提出家族关系的和谐度与家族代际传承意愿呈显著相关性。从个人因素层面来看,著名学者Hambrick(1984)提出的"高层梯队理论"认为公司管理者的背景特征会影响他们的决策行为,并进而影响他们领导的公司所采取的行动,因为管理者不可能对其所有方面进行全面认识,这样,管理者既有认知结构和价值观决定了其对相关信息的解释力。换句话说,管理者特质影响着他们的战略决策行为,并进而影响企业的行为。笔者认为,越注重家庭主义的家族企业,越有意向在家族成员内完成传承过程。因此,笔者提出如下假设一:

H1a1:在其他条件不变的情况下,越注重家庭价值的地区家族企业主交班意愿越强。

H1a2:在其他条件不变的情况下,越注重家庭价值的家族企业主交班意愿越强。

H1b1：在其他条件不变的情况下，越注重家庭价值的地区家族企业子女接班意愿越强。

H1b2：在其他条件不变的情况下，越注重家庭价值的家族企业子女接班意愿越强。

目前国内外学者关于民营企业家的本土化的宗教信仰（民间信仰）问题研究甚少，因此，本书主要探讨家族企业成员的本土宗教信仰。甘满堂（2011）将传统宗教文化的范畴界定为制度化的佛教、道教、儒教和非制度化的民间信仰，如祖先崇拜与神明（社区神）信仰等。目前我国信奉宗教信仰的民营企业家群体人数不断上涨（李向平和杨凤岗，2008），在个人因素层面，宗教信仰势必会对企业家的行为有所影响（林立强，2010）。因此，家族企业代际传承的行为决策作为企业主的重要行为之一，也会被打上企业主个人的宗教信仰烙印。企业主的宗教信仰一般带有现实功利性色彩，比如求佛祖办事、祈求神灵保佑香火兴旺、发财、平安、健康、事业兴旺、光宗耀祖等（陈婉婷、罗牧原，2015）。此外，Hilary & Hui（2009）发现，在某一国家内，某地区宗教信仰程度的高低对该地区公司的行为决策会有所影响，比如宗教信仰程度越高的地区越表现出风险规避的态度，所做的决策更为保守，其中，Miller & Hoffmann（1995）通过大量的研究，发现宗教信徒的信仰与其对待风险的态度具有负相关关系。笔者认为，越保守的风险态度以及祈求神灵保佑香火兴旺的家族企业，越倾向家族成员来继承。因此，笔者提出以下假设二：

H2a1：在其他条件不变的情况下，有宗教（民间）信仰的地区家族企业主交班意愿越强。

H2a2：在其他条件不变的情况下，有宗教（民间）信仰的家族企业主交班意愿越强。

H2b1：其他条件不变的情况下，有宗教（民间）信仰的地区家族企业子女接班意愿越强。

H2b2：在其他条件不变的情况下，有宗教（民间）信仰的家族企业子女接班意愿越强。

十大商帮文化是中国传统文化与商业活动孕育出的具有中国古典特色的商业文化。十大商帮文化是指明清十大商帮，主要有徽商、晋商、闽商、广商、宁波商、洞庭商、龙游商、江西商、山东商、陕西商，合称"十大商帮"（卢君，2012），是以地域为中心，以血缘、地缘（乡谊）为纽带，以"相亲相邻"为宗旨，以会馆、公所为其在异乡的联络、计议之所的一种既亲密又松散的自发形成的商人群体（辜胜阻）。张光忠（2008）曾在书中写到，中国是一个注重亲缘、地缘、神缘、业缘与物缘的国度，这也正是产生商帮文化的社会文化基础。根据费孝通的差序格局理论，组织的形成（比如商帮）沿着血缘、亲缘、地缘、关系缘等，由近及远、由亲及疏地扩散，形成一个个的同心圆。因此，笔者认为地域性的商帮文化会给当地的民营企业家行为带来一定的影响，对家族企业的代际传承行为会有一定的引导作用，提出如下假设三：

H3a1：在其他条件不变的情况下，有十大商帮文化的地区家族企业主交班意愿越强。

H3a2：在其他条件不变的情况下，受十大商帮文化影响的家族企业主交班意愿越强。

H3b1：在其他条件不变的情况下，有十大商帮文化的地区家族企业子女接班意愿越强。

H3b2：在其他条件不变的情况下，受十大商帮文化影响的家族企业子女接班意愿越强。

美国学者福山（1998）在其著名的社会信任理论中提出，社会成员间的信任是文化对实体经济影响的表现途径和方式，在不同水平下的经济差异会影响信任度的高低，并划分为高信任度社会和低信任度社会。在信任度水平高的社会或文化中，社会交往发达，人们不会仅局限于信任家族或血缘关系内部成员或更多地依赖所谓"熟人"圈子内的人员。从家族企业研究层面来说，信任度水平影响着家族企业代际传承行为决策，比如从委托代理机制层面上分析，信任程度越高，越容易建立委托代理机制，比如家族企业会向外部寻求有能力的职业经理人来管理其企业；若信任度水平低，在家族企业的委托代理机制中看到的是更多的不信任，家族企业的代际传承意愿也更多地集中于以血缘关系为核心的家庭内部成员（姚清铁，2010）。福山在其研究文献中还指出，中国是典型的低信任度文化产物，中国人普遍不相信外人，强调"熟人"圈子和关系网络，任人唯亲的用人制度便是这一特征的体现。因此，笔者提出假设四：

H4a1：在其他条件不变的情况下，信任度越低的地区家族企业主交班意愿越强。

H4a2：在其他条件不变的情况下，对他人信任度越低的家族企业主交班意愿越强。

H4b1：在其他条件不变的情况下，信任度越低的地区家族企业子女接班意愿越强。

H4b2：在其他条件不变的情况下，对他人信任度越低的家族企业子女接班意愿越强。

3.3 研究设计

3.3.1 数据来源及样本选择

本章以中共中央统战部、中华全国工商业联合会、原国家工商行政管理总局、中国民（私）营经济研究会 2010 年研制的私营企业调查表有效回收的数据结果为样本（此次调查范围覆盖了我国境内 31 个省、自治区和直辖市的私营企业），笔者在总样本中筛选出家族持股 50% 以上的企业作为家族企业样本，去除了那些信息不完整的数据，最后进入分析的样本数据共有 3291 家，提取家族企业代际传承意愿（企业主交班意愿与子女接班意愿）等相关数据进行研究。其中，衡量地区注重家庭价值度等数据来源于中国统计局数据库；地区信任度衡量来源于"中国企业家调查系统"；地区宗教信仰数据来源于中国统计年鉴，民间信仰数据来源于中国寺庙网；地区层面十大商帮文化来源于邓俏丽和章喜为（2009）中国商帮文化和特征综述的文中总结。

3.3.2 变量设置

企业主交班意愿指的是创业者将企业交予子女管理的意向，仅将那些打算将家族企业管理权传递给子女的界定为具有传承意愿的企业，而无意让子女接班及仅有意传承财富（股权）的企业为无传承意愿的企业。参考何轩等（2014），如果企业主子女有接班意愿，则接班意愿为1，否则为0。

地区层面的社会文化要素主要定义如下：

（1）注重家庭价值度，采用我国境内31个省、自治区和直辖市的粗离婚率作为代理变量进行衡量，该地区粗离婚率越低，则表明该地区注重家庭价值度越高；反之，则表明注重家庭价值度越低。

（2）宗教信仰，根据中国统计年鉴记载我国境内31个省、自治区和直辖市的宗教组织占法人单位比例或宗教社团占社团总数的比例作为代理变量进行衡量，若该数值越大，则表明该地区宗教信仰氛围浓厚；反之，则表明宗教信仰水平低。

民间信仰，根据中国寺庙网记载我国境内31个省、自治区和直辖市的庙宇作为代理变量进行衡量，若该地区庙宇数越多，则表明该地区宗教（民间）信仰氛围浓厚；反之，则表明宗教（民间）信仰水平低。参考古志辉（2015）在文中衡量儒家思想的影响力，用该地区的儒家官方学校或书院作为代理变量。

（3）十大商帮文化，根据邓俏丽和章喜为（2009）中国商帮文化和特征综述的文中总结，若该省、自治区和直辖市属于明清十大商帮文化的经济区域内，则设为1；反之，则设为0。

（4）地区信任度，"中国企业家调查系统"对全国企业进行问卷调查，覆盖我国31个省、自治区和直辖市，调查对象主要是一些企业和企业领导人，其中信任度的测度根据总样本中有多少比例的人认为该地区最值得信任（以及第二信任、第三信任等）来确定，参考张维迎和柯荣住（2002）。

个人层面的社会文化要素主要定义如下：

（1）注重家庭价值度，根据2010年民（私）营企业调查研究表中，问题10：和您同收入共支出、同住共食的家人有几位？

（2）宗教信仰，根据2010年民（私）营企业调查研究表中的数据结果显示，有宗教信仰的（包括佛教、道教、天主教、基督教、伊斯兰教、其他等）则设为1，其他则为0。

民间信仰，根据2010年民（私）营企业调查研究表中的数据结果显

第3章 社会文化动因与家族企业传承意愿

示，有民间信仰的（包括佛教和道教）则设为1，其他则为0。

（3）十大商帮文化，根据2010年民（私）营企业调查研究表中，问题35：您是否参加了工商联主管的下属行业商会或同业公会？若参加则设为1，没参加则设为0。

（4）信任度，根据2010年民（私）营企业调查研究表中，问题24：其他企业是否拖欠您企业的货款、借款？拖欠多少万元？用该数值除以当年销售收入。该项指标反映的是在交易过程的销售成本或交易成本，其中刘凤委等（2009）研究发现，若该地区信任度越低，企业主或个人则承担更高的交易成本。

在控制变量方面，本章选取了企业主个体层面（包括教育程度、性别）；企业层面（包括企业年龄、企业规模、前一年企业绩效）；经济市场环境变量（各省、自治区、直辖市的国民生产总值、市场化指数以及所在行业等）等作为控制变量。

表3-1 变量定义

被解释变量	变量名称	原始条目来源于变量编码
交班意愿	pw	来源：您是否考虑过子女接班问题？（1=让子女接班管理本企业，2=子女不要留在本企业工作，3=让子女继承股权，但不要在本企业工作，4=只给子女留一笔生活费，5=其他，6=目前没有考虑过这个问题）
		编码：重新编码为哑变量，若选择1赋值为1，选择2-6则赋值为0
接班意愿	sw	来源：您的子女有没有接班的意愿？（1=有，2=没有，3=不知道）
		编码：重新编码为哑变量，若选择1赋值为1，选择2、3则赋值为0
解释变量：		
地区层面		
注重家庭价值度	family_value	来源：中国统计局2010年统计的我国31个省、自治区、直辖市的粗离婚率
		数据处理：根据调查问卷的邮政编码，运用STATA软件将数据划分到各个行政区并乘以-1
宗教信仰	religion	来源：中国统计年鉴的我国31个省、自治区、直辖市的宗教组织占法人单位比例或宗教社团占社团总数的比例
		数据处理：根据调查问卷的邮政编码，运用STATA软件将数据划分到各个行政区

续表

民间信仰	folk belief	来源：中国寺庙网统计的我国31个省、自治区、直辖市的庙宇数量
		数据处理：根据调查问卷的邮政编码，运用STATA软件将数据划分到各个行政区
十大商帮文化	gang	来源：根据中国商帮文化和特征综述的文中总结——我国该省、自治区和直辖市属于明清十大商帮文化的经济区域
		数据处理：属于该区域则设为1，反之则设为0
地区信任度	trust_index	来源：中国企业家调查系统对全国企业进行问卷调查，得出地区信任度
		数据处理：根据调查问卷的邮政编码，运用STATA软件将数据划分到各个行政区并乘以-1
个人层面		
注重家庭价值度	ifamily_value	来源：和您同收入共支出、同住共食的家人有几位？
		设计编码：直接用该数值
宗教信仰	ireligion	来源：您的宗教信仰是什么？（1=佛教，2=道教，3=天主教，4=基督教，5=伊斯兰教，6=其他（请写），7=没有宗教信仰）
		编码：重新编码为哑变量，若选择1-6赋值为1，若选择7则赋值为0
民间信仰	ifolk belief	来源：您的宗教信仰是什么？（1=佛教，2=道教，3=天主教，4=基督教，5=伊斯兰教，6=其他（请写），7=没有宗教信仰）
		编码：重新编码为哑变量，若选择1-2赋值为1，若选择3-7则赋值为0
十大商帮文化	iGang	来源：您是否参加了工商联主管的下属行业商会或同业公会？
		编码：重新编码为哑变量，若参加赋值为1，若没参加则赋值为0
信任度	itrust_index	来源：（1）其他企业是否拖欠您企业的货款、借款？拖欠多少万元？（2）您企业2009年底的销售收入有多少万元？
		设计编码：（1）/（2）
控制变量：		
地区国民生产总值	gdp	来源：中国统计局2010年统计的我国31个省、自治区、直辖市的GDP值
		数据处理：去GDP值的对数，根据调查问卷的邮政编码，运用STATA软件将数据划分到各个行政区
市场化指数	mindex	来源：由樊纲、王小鲁、朱恒鹏编写的《中国市场化指数》
		数据处理：根据调查问卷的邮政编码，运用STATA软件将数据划分到各个行政区

续表

企业家年龄	age	来源：出生年份：_年
		设计编码：2010减去出生年份
企业家性别	gender	来源：您的性别是（1=男，2=女）？
		设计编码：重新编码为虚拟变量，若选择2则赋值为0，若选择1，则仍为1
企业家教育程度	education	来源：您的文化程度是（1=小学及以下，2=初中，3=高中及中专，4=大专，5=大学，6=研究生）？
		设计编码：重新编码为虚拟变量，若选择1-4则赋值为0，若选择5-6，则赋值为1
企业规模	size	来源：您企业2009年企业全年雇佣的员工有多少？
		设计编码：取对数
前一年企业绩效	roa	来源：（1）您企业2009年底的利润有多少万元？（2）您企业2009年底所有者权益是多少万元？
		设计编码：（1）/（2）
企业年龄	year	来源：您的企业在哪一年登记注册为私营企业？
		设计编码：2010年减去企业登记注册为私营企业的年份
所在行业	industry	设计编码：根据企业主要从事的行业进行虚拟变量的转换

3.3.3 回归模型建立

本书建立以下回归模型：

模型一：$Y = \beta_1 + \beta_2 X + \sum \beta_i \text{Control} + \varepsilon$

模型二：$Y = \beta_1 + \beta_2 Xi + \beta_3 Xii + \beta_4 Xi^* Xii + \sum \beta_i \text{Control} + \varepsilon$

其中，模型一等式左边的被解释变量Y表示家族企业代际传承意愿（包括家族企业主交班意愿pw与家族企业子女接班意愿sw）。等式右边的解释变量X表示社会文化影响因素，以地区层面和个人层面两个维度进行衡量，分为family_value（家庭价值），religion（家族企业家宗教信仰），folk belief（家族企业家民间信仰），gang（十大商帮文化）以及trust_index（信任度）这五个解释变量；Control指该模型中设置的所有控制变量，包括gdp（各地区2010年GDP的对数），mindex（市场化指数），year（企业年龄），gender（企业家性别），age（企业家年龄），education（企业家学历），roa（企业上一年绩效），industry 1-18（行业变量）（具体定义参见表 3-1 控制变量）。

模型二表示将地区层面与个人层面的数据进行交互，β 为样本数据进行线性回归后得出的系数估计值；ε 表示随机误差。

3.4 实证结果与分析

3.4.1 主要变量数据描述性统计

此处将模型中涉及的主要变量的基本数据特征汇总，包括变量的观测值、均值、标准差、最小值、最大值（见表 3-2）。

从数据特征可以看出，企业主年龄的平均值为 45.88，即将步入退休年龄，正如笔者在研究背景所提到的，我国家族企业近年来面临代际传承的高峰期；并且从数据中可以看出家族企业在考虑家族企业代际传承问题时，越来越表现出目标规划不清晰，针对家族企业主交班意愿与子女接班意愿问题时，超过 70% 的调查者选择目前没有考虑过这个问题或不知道。其中家族企业领导者多以男性为主，女性较少；平均受教育程度水平低于本科生及研究生学历的居多；家族企业平均成立时间为 8.78 年，说明我国家族企业随着经济改革及转型逐步发展起来，成立发展时间不长；其中地区民间信仰标准差为 53.15，差异较大；地区信任度为 0.1-27.7，说明我国各地区的社会信任差别范围大。此外，上述特征性数据经异常值检验，未发现极端异常值。

表 3-2 主要变量描述性统计

变量	样本数	平均值	标准差	最小值	最大值
pw	3291	0.242	0.428	0	1
sw	3291	0.178	0.383	0	1
family_value	3291	0.002	0.001	0.001	0.004
ifamily_value	3201	3.900	1.571	1	10
religion_1	3291	0.007	0.014	0.000	0.080
religion_2	3291	0.017	0.005	0.008	0.030
ireligion	3291	0.204	0.403	0	1

续表

变量	样本数	平均值	标准差	最小值	最大值
trust_index	3291	5.612	7.406	0.1	27.7
itrust_index	2830	0.094	0.257	0	1.8
folk belief	3291	82.160	53.150	11	246
ifolk belief	3291	0.166	0.372	0	1
Gang	3291	0.462	0.499	0	1
iGang	3291	0.616	0.486	0	1
gdp	3291	28.080	0.819	25.63	29.16
mindex	3291	8.548	2.152	3.25	11.8
age	3261	45.88	8.584	25	68
gender	3280	0.850	0.357	0	1
education	3291	0.264	0.441	0	1
year	3105	8.781	4.767	1	20
size	3185	3.703	1.579	0.693	7.592

3.4.2 主要变量间相关性检验

表3-3对主要变量进行Spearman相关性检验，初步观察被解释变量与解释变量之间的关系（见表3-3）。

由表3-3可初步观察得出，设置的五个解释变量（注重家庭价值度、宗教信仰、民间信仰、十大商帮文化与信任度）与被解释变量（家族企业主交班意愿与子女接班意愿）间有较显著的相关性关系（除地区层面的宗教信仰和信任度）。注重家庭价值度（个人层面）、宗教信仰（个人层面）、民间信仰（地区与个人层面）以及十大商帮文化（个人层面）与家族企业代际传承意愿呈正相关关系，注重家庭价值度（地区层面）与子女接班意愿等呈正相关关系，这些都符合预期假设，但信任度（个人层面）与家族代际传承意愿呈正相关关系，不符合预期假设，后文将进一步进行深入分析。在解释变量内部虽然有些变量间存在较为显著的相关关系，但相关系数最大不超过0.75，表明解释变量间的多重共线性问题并不严重。

表 3-3 Spearman 相关性检验

	pw	sw	family-v	family-i	religion1	religion2	religion(i)	trust	trust(i)	Budd	Budd~(i)	Gang	Gang(i)	gdp	mindex	age	gen	edu	year	size
pw	1																			
sw	0.6555*	1																		
family-v	0.0367*	0.027*	1																	
ifamily-v	0.0886*	0.0872*	0.1760*	1																
religion1	-0.0062	0.032	0.0656*	0.0234	1															
religion2	-0.0066	0.013	0.1274*	0.0548*	0.0847*	1														
ireligion	0.0535*	0.0586*	0.0989*	0.0646*	0.1302*	0.0854*	1													
trust	0.0039	0.0096	0.0761*	-0.0193	-0.5335*	0.2015*	-0.0614*	1												
itrust	0.0733*	0.0725*	-0.0208	0.0564*	-0.0024	-0.0324	0.0457*	0.0385*	1											
folk belief	0.0489*	0.0489*	0.2369*	0.1649*	0.2459*	0.2430*	0.0807*	0.3695*	0.0528*	1										
ifolk belief	0.0410*	0.0440*	0.0833*	0.0496*	0.0987*	0.0810*	0.8833*	0.0430*	0.0471*	0.1077*	1									
Gang	0.0308	0.0584*	0.3476*	0.1078*	-0.1239*	0.2251*	0.0632*	0.5110*	0.0825*	0.5313*	0.0845*	1								
iGang	0.0592*	0.0895*	0.0601*	0.1084*	-0.0747*	0.0777*	0.0909*	0.1620*	0.0636*	0.0955*	0.0719*	0.1576*	1							
gdp	0.0483*	0.0400*	0.1265*	0.1042*	-0.2572*	0.0780*	-0.0246	0.7184*	0.0485*	0.7493*	0.0135	0.6244*	0.1279*	1						
mindex	0.0350*	0.0243	0.1172*	0.0312	-0.3211*	0.1750*	0.0107	0.6933*	0.0540*	0.5560*	0.0530*	0.6621*	0.1138*	0.7543*	1					
age	0.2554*	0.3031*	0.0529*	0.0676*	-0.0115	0.0255	0.0106	0.0554*	0.0845*	0.0263	0.2837	0.0553*	0.1569*	0.0456*	0.0396*	1				
gender	0.0459*	0.0278	0.0494*	0.1287*	-0.0279	0.0063	0.0348*	0.0508*	0.0679*	0.0674*	0.0410*	0.0912*	0.1065*	0.0730*	0.0538*	0.0822*	1			
education	0.0859*	0.0866*	0.0355*	0.1214*	-0.1142*	-0.0525*	-0.0547*	0.0551*	-0.0016	-0.0549*	-0.0390*	-0.019	0.0409*	-0.0241	0.0051	0.1282*	-0.0199	1		
year	0.1395*	0.1381*	-0.0324	0.0971*	-0.0857*	0.0686*	0.0757*	0.1486*	0.0971*	0.0782*	0.0652*	0.1407*	0.3837*	0.1159*	0.1234*	0.2717*	0.0653*	0.0122	1	
size	0.0625*	0.0834*	0.0136	0.1244*	0.0131	0.0571*	0.0897*	0.0620*	0.1006*	0.1090*	0.0726*	0.1217*	0.4634*	0.0740*	0.0949*	0.2167*	0.0874*	0.1019*	0.3087*	1

注：N=2560，* 表示显著性超过 10%。

3.4.3 回归结果及分析

为了检验假设，我们将企业主交班意愿与子女接班意愿设为因变量，首先控制了企业主和企业特征变量以及宏观市场经济环境变量，回归结果如表3-4至表3-10所示。从表中可以看出，在企业主层面，企业主年龄有强烈的正向影响（p<0.01），说明企业主年龄越大，越表现出强烈的交班意愿，即家庭企业主越倾向将家族企业交予子女管理；企业主的所受教育程度有强烈的负向影响（p<0.01），即企业主所受教育程度越低，将企业交予子女管理的意向越强烈，与之对应，其子女也表现出方向一致的接班意愿。从数据回归结果中可以看出，家庭企业主的性别对家族代际传承的交班意愿有一定的正向影响。在对其子女的接班意愿没有明显影响。在企业层面，家族企业成立时间越长，与家族企业代际传承意愿（包括企业主的交班意愿与子女接班意愿）越显著正相关（p<0.01），但家族企业的规模和企业绩效与家族代际传承意愿无明显相关关系。在宏观经济市场环境层面，各省、自治区及直辖市的国民生产总值以及市场化指数对家族企业主的交班意愿与子女的接班意愿也并无明显作用。

为了检验假设一，表3-4做了注重家庭价值度与家族企业主的交班意愿与子女接班意愿的回归分析。注重家庭价值度分别用地区层面和个人层面的数据来表示。

首先看地区层面的注重家庭价值度对于家族企业代际传承意愿的影响。第一列是注重家庭价值度与企业主的交班意愿的回归结果，二者之间有显著正相关关系（p<0.01），该指标使用我国各地区的粗离婚率乘以-1来衡量，说明离婚率越低的地区，其越注重家庭价值，则该地区的家族企业主交班意愿越强。第二列是注重家庭价值度与子女接班意愿的回归结果，二者也具有显著的正相关关系。个人层面的注重家庭价值度与家族企业代际传承意愿呈显著正相关，说明企业主越以家庭为重，越倾向于将管理权交予家族内部的子女；子女越是注重家庭，也越倾向于主动去管理家族企业。从以上实证结果看，符合预期假设。最后两列反映的是地区层面与个人层面注重家庭价值度的交互作用，从实证结果可以看出，其交互项对于企业主的交班意愿无明显作用，但对于子女的接班意愿具有强烈正影

响,则说明对于交班意愿来说,该地区注重家庭价值的程度与个人注重家庭观念从而对企业主是否将管理家族企业的重任交给子女无明显相关关系;但对于接班意愿来说,该地区是否注重家庭价值度对个人关于家庭的行为和观念是有强烈正向影响,说明该地区越注重家庭价值,则该地区的个人行为和观念也会越注重家庭,进而加强子女去接手管理该企业的意愿。

综合以上结果我们可以看出,家族企业主与子女在中华民族自古以来重视家庭、重视亲情的"家文化"熏陶下,在面临家族企业代际传承问题时,企业主与子女的交接班意愿显现得更为强烈。因此,样本数据较好地验证了第一个假设(即注重家庭价值度对家族企业代际传承意愿起积极影响作用)的合理性。

表 3-4 注重家庭价值度与家族企业代际传承意愿回归结果

被解释变量	地区层面		个人层面		地区与个人层面交互项	
	pw	sw	pw	sw	pw	sw
family_value	141.164*** (-3.34)	97.372** (-2.09)	0.072*** (3.80)	0.078*** (3.84)	6.836 (0.90)	15.902** (1.97)
gdp	-0.062 (-1.09)	0.046 (0.71)	-0.062 (-1.07)	0.045 (0.70)	-0.045 (-0.79)	0.070 (1.07)
mindex	0.014 (0.66)	-0.016 (-0.66)	0.017 (0.77)	-0.015 (-0.60)	0.011 (0.52)	-0.022 (-0.89)
age	0.034*** (9.36)	0.045*** (11.11)	0.035*** (9.40)	0.046*** (11.15)	0.035*** (9.37)	0.046*** (11.08)
gender	0.129 (1.44)	0.059 (0.59)	0.114 (1.26)	0.042 (0.41)	0.148 (1.64)	0.076 (0.77)
education	-0.252*** (-3.54)	-0.240*** (-3.02)	-0.216*** (-3.00)	-0.192** (-2.38)	-0.243*** (-3.39)	-0.215*** (-2.68)
year	0.024*** (3.69)	0.025*** (3.62)	0.022*** (3.39)	0.023*** (3.25)	0.023*** (3.55)	0.024*** (3.38)
size	-0.000 (-0.00)	0.019 (0.88)	-0.005 (-0.25)	0.016 (0.71)	0.002 (0.08)	0.021 (0.92)
roa	0.021 (0.53)	0.041 (0.95)	0.014 (0.35)	0.034 (0.78)	0.011 (0.27)	0.031 (0.71)

续表

	地区层面		个人层面		地区与个人层面交互项	
Constant	−0.719 (−0.49)	−4.393*** (−2.63)	−1.305 (−0.89)	−4.893*** (−2.93)	−1.542 (−1.04)	−5.370*** (−3.19)
Industry	Control	Control	Control	Control	Control	Control
Observations	2,425	2,425	2,393	2,393	2,393	2,393
r2_a	0.0653	0.0956	0.0688	0.1027	0.0635	0.0976

注：*表示显著性程度，*表示在10%的水平上显著，**表示在5%的水平上显著，***表示在1%的水平上显著。括号里是t值。

为了检验假设二，表3-5、表3-6做了宗教信仰和民间信仰与家族企业主的交班意愿与子女接班意愿的回归分析。其中宗教信仰里除了包含本土化的宗教信仰（儒、释、道教）外，也包含了具有西方文化背景的宗教信仰（如基督教、伊斯兰教等），而民间信仰的衡量主要为具有中国传统文化特色的宗教信仰以及民间信仰的社区神明等。这两个衡量指标分别用地区层面和个人层面的数据来表示。

首先看表3-5地区层面的宗教信仰对于家族企业代际传承意愿的影响。第一、二列宗教信仰的指标使用该地区宗教组织占法人单位比例来衡量，第一列宗教信仰与企业主交班意愿之间有显著正相关关系，但与子女接班意愿之间无明显关系；第三、四列宗教信仰的指标使用该地区宗教社团占社团总数的比例来衡量，结果显示宗教信仰与子女接班意愿呈显著正相关关系，而与企业主的交班意愿无明显影响，综合说明，该地区有无宗教信仰或宗教信仰的氛围程度确实对家族企业代际传承意愿有强烈正向影响关系，即说明有宗教信仰的地区或宗教信仰氛围浓厚的地区，企业主更愿意将企业托付给子女管理，子女也更愿意接受管理该企业。从个人层面的数据结果来看，有宗教信仰对家族企业代际传承意愿具有积极正向影响作用。最后通过交互项的实证结果可以看出，若该地区有宗教信仰或宗教信仰氛围浓厚会对个人的宗教信仰行为有正向影响关系，进而加强家族企业代际传承的意愿，其中对于子女的接班意愿来说，其加强效果更为显著。

表 3-5 宗教信仰与家族企业代际传承意愿回归结果

被解释变量	地区层面				个人层面		地区与个人层面交互项			
	pw	sw	pw	sw	pw	sw	pw	sw	pw	sw
religion	15.674***	-1.322	2.821	7.607***	0.172**	0.308***	4.799*	6.663*	10.215***	13.999***
	(-2.59)	(-0.20)	(1.19)	(2.90)	(2.37)	(3.99)	(1.77)	(1.75)	(3.56)	(3.46)
gdp	-0.078	0.058	-0.026	0.097	-0.016	0.152**	-0.014	-0.029	0.140**	0.098
	(-1.33)	(0.87)	(-0.45)	(1.50)	(-0.26)	(2.09)	(-0.24)	(-0.51)	(2.04)	(1.50)
mindex	0.023	-0.018	0.005	-0.030	0.010	-0.024	0.008	0.006	-0.026	-0.029
	(1.01)	(-0.72)	(0.23)	(-1.22)	(0.45)	(-0.97)	(0.37)	(0.29)	(-1.06)	(-1.19)
age	0.034***	0.045***	0.034***	0.045***	0.033***	0.045***	0.033***	0.034***	0.045***	0.045***
	(9.29)	(11.00)	(9.20)	(11.12)	(9.15)	(11.05)	(9.13)	(9.17)	(11.01)	(11.07)
gender	0.151*	0.076	0.148*	0.072	0.147	0.062	0.144	0.148*	0.057	0.070
	(1.69)	(0.77)	(1.65)	(0.73)	(1.64)	(0.63)	(1.60)	(1.65)	(0.58)	(0.71)
education	-0.258***	0.242***	-0.246***	0.226***	-0.248***	-0.224***	-0.245***	0.248***	-0.221***	-0.229***
	(-3.63)	(-3.04)	(-3.46)	(-2.83)	(-3.48)	(-2.81)	(-3.45)	(-3.49)	(-2.77)	(-2.87)
year	0.025***	0.026***	0.024***	0.024***	0.024***	0.026***	0.024***	0.024***	0.025***	0.025***
	(3.82)	(3.68)	(3.65)	(3.46)	(3.79)	(3.68)	(3.73)	(3.71)	(3.57)	(3.52)
size	0.001	0.019	-0.004	0.013	-0.001	0.018	-0.001	-0.003	0.017	0.013
	(0.05)	(0.87)	(-0.19)	(0.58)	(-0.03)	(0.83)	(-0.06)	(-0.15)	(0.79)	(0.60)
roa	0.018	0.040	0.018	0.037	0.020	0.036	0.021	0.020	0.041	0.039
	(0.44)	(0.93)	(0.46)	(0.85)	(0.50)	(0.84)	(0.53)	(0.51)	(0.95)	(0.92)
Constant	-0.404	4.886***	-1.940	5.973***	-2.263	7.571***	-2.283	-1.847	-7.171***	-5.976***
	(-0.27)	(-2.82)	(-1.31)	(-3.54)	(-1.39)	(-3.94)	(-1.48)	(-1.24)	(-3.99)	(-3.53)
Industry	Control	Control	Control	Control	Control	Control	Control	Control	Control	Control
Observations	2,425	2,425	2,425	2,425	2,425	2,425	2,425	2,425	2,425	2,425
r2_a	0.0631	0.1007	0.0615	0.0973	0.0635	0.0935	0.0621	0.0621	0.0992	0.0989

注：* 表示显著性程度，* 表示在 10% 的水平上显著，** 表示在 5% 的水平上显著，*** 表示在 1% 的水平上显著。括号里是 t 值。

表 3-6 民间信仰与家族企业代际传承意愿回归结果

被解释变量	地区层面		个人层面		地区与个人层面交互项	
	pw	sw	pw	sw	pw	sw
folk belief	0.002*** (2.70)	0.002*** (3.00)	0.169** (2.17)	0.315*** (3.82)	0.001 (1.30)	0.002*** (2.98)
gdp	-0.034 (-0.60)	0.082 (1.26)	-0.082 (-1.40)	0.020 (0.30)	-0.043 (-0.75)	0.068 (1.06)
mindex	0.006 (0.27)	-0.028 (-1.15)	0.002 (0.08)	-0.031 (-1.27)	0.007 (0.31)	-0.029 (-1.18)
age	0.034*** (9.20)	0.046*** (11.13)	0.034*** (9.21)	0.045*** (11.09)	0.034*** (9.19)	0.045*** (11.12)
gender	0.148* (1.65)	0.071 (0.72)	0.144 (1.61)	0.065 (0.66)	0.149* (1.67)	0.070 (0.71)
education	-0.249*** (-3.50)	-0.232*** (-2.91)	-0.238*** (-3.35)	-0.224*** (-2.80)	-0.247*** (-3.48)	-0.225*** (-2.82)
year	0.024*** (3.71)	0.025*** (3.55)	0.025*** (3.93)	0.027*** (3.84)	0.024*** (3.79)	0.026*** (3.68)
size	-0.003 (-0.14)	0.015 (0.65)	-0.006 (-0.29)	0.013 (0.58)	-0.002 (-0.11)	0.014 (0.62)
roa	0.019 (0.47)	0.036 (0.84)	0.022 (0.56)	0.041 (0.96)	0.021 (0.52)	0.040 (0.92)
Constant	-1.715 (-1.17)	-5.547*** (-3.31)	-0.456 (-0.30)	-3.906** (-2.29)	-1.479 (-1.01)	-5.145*** (-3.08)
Industry	Control	Control	Control	Control	Control	Control
Observations	2,425	2,425	2,425	2,425	2,425	2,425
r2_a	0.0637	0.0976	0.0627	0.1001	0.0616	0.0975

注：*表示显著性程度，*表示在10%的水平上显著，**表示在5%的水平上显著，***表示在1%的水平上显著。括号里是t值。

其次从表3-6可以看出，无论从地区层面来说还是个人层面来说，在显著性水平为1%的情况下，民间信仰对于企业主与子女的交接班意愿都呈显著正相关关系，即表明具有中国传统特色的宗教文化信仰对企业主将企业管理权授予子女与子女接受管理家族企业的意向起积极作用，与上述宗教信仰的实证结果也一致，符合预期假设二；从交互项上也可以看出，该地区的本土化宗教信仰氛围浓厚会对个人的宗教信仰观念产生引导作用，进而促进子女去主动接手管理其家族企业，但对企业主的交班意愿无明显作用。

综合以上分析结果得出，宗教信仰（民间信仰）文化会对家族企业主及其子女的个人行为有所影响。中国传统的宗教信仰文化往往带有功利主义色彩，比如求佛保佑香火兴旺、光宗耀祖等，正是在这种文化背景下，在面临家族企业代际传承时，企业主与子女的交接班意愿都更为强烈。因此，样本数据较好地验证了第二个假设（即宗教信仰（民间信仰）对家族企业代际传承意愿起积极影响作用）的合理性。

为了检验假设三，表3-7做了十大商帮文化与家族企业主的交班意愿与子女接班意愿的回归分析。明清十大商帮文化分别用地区层面和个人层面的数据来表示。

表3-7 十大商帮文化与家族企业代际传承意愿回归结果

被解释变量	地区层面		个人层面		地区与个人层面交互项	
	pw	sw	pw	sw	pw	sw
gang	-0.001 (-0.01)	0.179** (2.07)	-0.001 (-0.02)	0.158** (2.03)	-0.001 (-0.02)	0.158** (2.03)
gdp	-0.045 (-0.78)	0.038 (0.58)	-0.045 (-0.79)	0.061 (0.95)	-0.043 (-0.74)	0.042 (0.65)
mindex	0.010 (0.44)	-0.038 (-1.48)	0.010 (0.47)	-0.020 (-0.82)	0.012 (0.52)	-0.029 (-1.18)
age	0.033*** (9.15)	0.045*** (10.99)	0.033*** (9.15)	0.045*** (11.00)	0.033*** (9.15)	0.045*** (11.01)
gender	0.151* (1.69)	0.061 (0.62)	0.152* (1.69)	0.063 (0.63)	0.153* (1.71)	0.061 (0.62)
education	-0.253*** (-3.57)	-0.238*** (-2.99)	-0.253*** (-3.58)	-0.241*** (-3.02)	-0.254*** (-3.58)	-0.240*** (-3.01)
year	0.024*** (3.78)	0.025*** (3.54)	0.025*** (3.65)	0.022*** (3.00)	0.025*** (3.78)	0.024*** (3.32)
size	-0.000 (-0.00)	0.017 (0.77)	0.000 (0.00)	0.002 (0.10)	0.001 (0.04)	0.012 (0.53)
roa	0.021 (0.52)	0.041 (0.95)	0.021 (0.52)	0.042 (0.98)	0.021 (0.52)	0.043 (0.99)
Constant	-1.438 (-0.96)	-4.222** (-2.48)	-1.436 (-0.98)	-4.972*** (-2.99)	-1.514 (-1.01)	-4.371*** (-2.59)
Industry	Control	Control	Control	Control	Control	Control
Observations	2,425	2,425	2,425	2,425	2,425	2,425
r2_a	0.0609	0.0955	0.0609	0.0954	0.0610	0.0951

注：*表示显著性程度，*表示在10%的水平上显著，**表示在5%的水平上显著，***表示在1%的水平上显著。括号里是t值。

首先从地区层面来看明清十大商帮文化对于家族企业代际传承意愿的影响。第一列是十大商帮文化与企业主的交班意愿的回归结果，二者之间没有明显的相关关系，与预期假设不相符；第二列是十大商帮文化与子女接班意愿的回归结果，在显著性水平为5%的情况下，二者具有较为显著的正相关关系；第三、四列是受十大商帮文化影响的个人层面因素，与地区层面数据结果相似，十大商帮文化影响与企业主交班意愿无明显关系，但受十大商帮文化影响的家族企业子女与其接班意愿有较为明显的正相关关系；从交互项来看，同样地，对其子女接班意愿有较为明显的加强作用，即表明该地区若属于明清十大商帮文化区域，则对个人受商帮文化影响有正向的作用，进而加强子女管理本家族企业的意向。

为了检验假设四，表3-8做了信任度与家族企业主的交班意愿与子女接班意愿的回归分析。信任度分别用地区层面和个人层面的数据来表示。

首先看地区层面的信任度对于家族企业代际传承意愿的影响。第一列是信任度与企业主的交班意愿的回归结果，在显著性水平为1%的情况下，二者之间有显著正相关关系，该数值经过乘以-1的数据处理方式，说明该地区信任度越低，则该地区的家族企业主交班意愿越强；第二列是信任度与子女接班意愿的回归结果，同样地，二者也具有显著的正相关关系，说明该地区信任度越低，其子女主动管理本家族企业的意向越强烈；第三、四列是个人层面的信任度数据，该数据使用企业间商业信用模式的间接交易成本作为代理变量来衡量，刘凤委、李琳和薛云奎（2009）研究发现，若该地区信任度越低，则企业主或个人承担更高的交易成本。该项指标与家族代际传承意愿呈显著正相关关系，说明企业主或个人的间接交易成本越高，则该地区信任度越低，企业主越倾向于将管理权交予子女，同样地，子女也越倾向于主动去管理家族企业。从以上实证结果看，符合预期假设。其中第五、第六列反映的是地区层面与个人层面信任度的交互作用，从实证结果可以看出，其交互项对于子女的接班意愿无明显作用，但对于企业主的交班意愿具有强烈正影响，说明该地区信任度的高低对个人层面的信任度是有影响的，即表明该地区信任度越低，则该地区的企业主或个人间接交易成本越高，进而加强企业主将管理权交予子女的意愿。

综合以上结果可以看出，信任度水平低的社会或文化中，人们会局限于信任家族或血缘关系内部成员或更多地依赖所谓"熟人"圈子内的人员，因此在面临家族企业代际传承问题时，企业主与子女的交接班意愿显现得更为强烈。因此，样本数据较好地验证了第四个假设（即信任度对家族企业代际传承意愿起积极影响作用）的合理性。

表3-8 信任度与家族企业代际传承意愿回归结果

被解释变量	地区层面		个人层面		地区与个人层面交互项	
	pw	sw	pw	sw	pw	sw
trust	0.022*** (-4.23)	0.016*** (-2.92)	0.338*** (2.89)	0.266** (2.14)	0.024** (2.26)	0.004 (-0.28)
gdp	-0.059 (-1.02)	0.049 (0.76)	-0.069 (-1.17)	0.055 (0.82)	-0.064 (-1.08)	0.060 (0.90)
mindex	0.051** (2.13)	0.012 (0.46)	0.020 (0.86)	-0.019 (-0.76)	0.014 (0.63)	-0.020 (-0.79)
age	0.034*** (9.33)	0.045*** (11.11)	0.034*** (8.95)	0.048*** (11.17)	0.034*** (8.96)	0.048*** (11.23)
gender	0.151* (1.68)	0.073 (0.74)	0.147 (1.55)	0.085 (0.81)	0.154 (1.63)	0.092 (0.88)
education	-0.223*** (-3.12)	-0.218*** (-2.72)	-0.196*** (-2.66)	-0.206** (-2.48)	-0.200*** (-2.71)	-0.204** (-2.45)
year	0.027*** (4.12)	0.027*** (3.88)	0.025*** (3.70)	0.025*** (3.38)	0.025*** (3.75)	0.026*** (3.50)
size	-0.003 (-0.16)	0.017 (0.79)	-0.003 (-0.14)	0.014 (0.59)	-0.004 (-0.21)	0.011 (0.49)
roa	0.019 (0.49)	0.039 (0.89)	0.031 (0.76)	0.046 (1.03)	0.028 (0.70)	0.040 (0.91)
Constant	-1.346 (-0.91)	-4.881*** (-2.92)	-0.910 (-0.60)	-4.967*** (-2.87)	-0.994 (-0.66)	-5.106*** (-2.95)
Industry	Control	Control	Control	Control	Control	Control
Observations	2,425	2,425	2,216	2,216	2,216	2,216
r2_a	0.0681	0.0976	0.0641	0.1005	0.0627	0.0984

注：*表示显著性程度，*表示在10%的水平上显著，**表示在5%的水平上显著，***表示在1%的水平上显著。括号里是t值。

为了探究市场化指数与各解释变量的影响关系进而分析对企业主的交班意愿与子女接班意愿的作用，表3-9、表3-10做了各解释变量与市场化指数的交互项与家族代际传承意愿回归分析，并且从地区层面和个人层面来展示回归结果。从表3-9可以看出,从地区层面来看,fv*mindex、religion_2*mindex、folk belief*mindex、trust*mindex具有较强显著性,而gang*mindex呈现不显著,说明在市场化进程下,相比十大商帮文化,注重家庭价值度、宗教信仰(民间信仰)以及信任度与家族企业主的交班意愿相关性更大。其中fv*mindex与trust*mindex显著为正,因为地区层面的家庭价值是用各地区粗离婚率和信任度乘以-1来衡量的,即说明在市场化进程下,越注重家庭价值的地区或地区信任度越低,该地区企业主越愿意将企业交予子女管理;religion_2*mindex、folk belief*mindex显著为正,表明在市场化进程下,有宗教信仰(民间信仰)或宗教(民间)文化越浓厚的地区,该地区企业主的交班意愿越强烈;gang*mindex虽然系数为正,但不显著,即说明市场化水平不会影响商帮文化与企业主的交班意愿。同样地,个人层面因素与市场化指数的交互项与上述地区层面的实证结果呈高度一致性。

从表3-10可以看出,从地区层面来看,fv*mindex、religion_2*mindex、folk belief*mindex、trust*mindex、gang*mindex都具有较强显著性。说明在市场化进程下,注重家庭价值度、宗教信仰(民间信仰)、十大商帮文化以及信任度与家族企业子女的接班意愿相关性更大。其中fv*mindex与trust*mindex显著为正,同样地,说明在市场化进程下,越注重家庭价值的地区或地区信任度越低,该地区家族企业子女越愿意主动接手管理本家族企业;religion_2*mindex、folk belief*mindex、gang*mindex显著为正,表明在市场化进程下,有宗教信仰(民间信仰)或宗教(民间)文化以及十大商帮文化越浓厚的地区,该地区企业子女的接班意愿越强烈;同样地,个人层面因素与市场化指数的交互项(除了十大商帮文化因素)与上述地区层面的实证结果呈高度一致性。个人层面的十大商帮文化因素,显著性水平不高,即说明在市场化进程下,十大商帮文化对个人的影响对其子女接班意愿无明显影响。

表 3—9 各解释变量与市场化指数的交互项与企业主交班意愿回归结果

被解释变量	pw	pw	pw	pw	pw	pw	pw	pw	pw
地区层面交互项									
fv*mindex	17.427*** (-3.11)								
religion_1*mindex		0.619 (1.33)							
religion_2*mindex			2.470*** (-3.29)						
folk belief*mindex				0.000*** (2.92)					
gang*mindex					0.006 (0.63)				
trust*mindex						0.002*** (-4.21)			
个人层面交互项									
ifv*mindex							0.008*** (3.54)		
ireligion*mindex								0.019** (2.30)	
ifolk belie*mindex									0.018** (2.13)

第3章 社会文化动因与家族企业传承意愿

续表

被解释变量	sw	pw	sw	pw	sw	pw	sw	pw	sw	pw	sw	pw	sw	pw
igang*mindex											-0.001 (-0.19)			
itrust*mindex														0.045*** (3.37)
Controls	CONTROL	CONTROL	CONTROL	CONTROL	CONTROL	CONTROL	CONTROL	CONTROL	CONTROL	CONTROL	CONTROL	CONTROL	CONTROL	CONTROL
Constant	-0.535 (-0.36)	-0.903 (-0.61)	-1.731 (-1.18)	-2.297 (-1.43)	-0.472 (-0.32)	-0.649 (-0.44)	-1.258 (-0.84)	-1.452 (-0.99)	-1.047 (-0.71)	-0.839 (-0.55)				4.927** (2.02)
Observations	2,425	2,393	2,425	2,425	2,425	2,425	2,425	2,425	2,425	2,216				2,425
r2_a	0.0647	0.0681	0.0630	0.0616	0.0652	0.0642	0.0611	0.0610	0.0681	0.0654				0.0650

注：*表示显著性程度，*表示在10%的水平上显著，**表示在5%的水平上显著，***表示在1%的水平上显著。括号里是t值。

表3-10 各解释变量变量与市场化指数的交互项与子女接班意愿回归结果

被解释变量	sw	pw	sw	pw	sw	pw	sw	pw	sw	pw	sw	pw
地区层面交互项												
fv*mindex	12.268** (-1.98)	1.676*** (3.25)										
religion_1*mindex		-0.522 (-0.65)										
religion_2*mindex												

续表

被解释变量	sw	sw	sw	sw	sw	sw	sw	sw	sw	sw	sw
folk belief*mindex			0.000*** (3.35)								
gang*mindex					0.027*** (2.72)						
trust*mindex						0.001*** (-2.72)					
个人层面交互项											
ifv*mindex							0.007*** (3.20)				
ireligion*mindex								0.033*** (3.91)			
ifolk belie*mindex									0.035*** (3.88)		
igang*mindex										0.016* (1.82)	
itrust*mindex											0.027* (1.89)
Controls	CONTROL	CONTROL	CONTROL	CONTROL	CONTROL	CONTROL	CONTROL	CONTROL	CONTROL	CONTROL	CONTROL
Constant	-4.259** (-2.53)	-4.549*** (-2.70)	-5.568*** (-3.33)	-7.777*** (-4.07)	-4.741*** (-2.79)	-4.163** (-2.47)	-4.190** (-2.49)	-4.866*** (-2.93)	-4.661*** (-2.79)	-4.946*** (-2.86)	0.994 (0.36)
Observations	2,425	2,393	2,425	2,425	2,425	2,425	2,425	2,425	2,425	2,216	2,425
r2_a	0.0954	0.1006	0.1004	0.0983	0.0937	0.0986	0.0970	0.0951	0.0970	0.1001	0.0970

注:*表示显著性程度,*表示在10%的水平上显著,**表示在5%的水平上显著,***表示在1%的水平上显著。括号里是t值。

3.5 研究结论

本章通过提出假设，建立模型，数据回归处理，进行了实证研究，利用有效数据证实了社会文化因素［注重家庭价值度、宗教信仰（民间信仰）、十大商帮文化与信任度］分别在地区与个人层面与中国家族企业代际传承意愿（企业主的交班意愿与子女接班意愿）呈现出较显著的相关关系；其中，注重家庭价值度、宗教（民间）信仰文化、明清十大商帮文化对其传承意愿有积极影响的作用，而信任度则对其有消极影响作用。此外，在以往文献的基础上，本章更进一步地分析了中国传统社会文化因素对于家族企业代际传承意愿影响的作用机理，为社会文化因素对中国家族企业代际传承行为决策的影响提供实证证据，从社会文化因素方面来进一步探寻中国家族企业代际传承的内在规律及理解其行为。

企业主与子女的交接班意愿和谐统一是家族企业能够顺利传承的理想状态。中国传统社会文化因素对人们行为的影响是不可忽视的，家族企业的代际传承行为作为企业主与子女的关于家族企业重要决策行为之一同样受到中国传统社会文化的影响，并且从战略高度上讲，家族企业代际传承的成功引导有利于我国家族企业的可持续发展。因此，研究社会文化因素对家族企业代际传承意愿的影响对我国民营经济的长远发展具有重要意义。

本章主要参考文献

［1］Birley, S., 1986. Succession in the family firm: the inheritor's view. Journal of Small Business Management 24 (3), 156-171.

［2］Bjuggren, P., Sund, L., 2001. Strategic decision making in intergenerational successions of small - and medium - size family - owned businesses. Family Business Review 35 (4), 123-147.

［3］Breton-Miller, I., Miller, D., Steier, L. P., 2004. Towards an integrative model of effective fob succession. Entrepreneurship Theory & Practice 29 (2), 305-328.

[4] Bruno, Dycka., Mauwsb, M., Frederick, A. S., 2002. Passing the baton theimportance of sequence, timing, technique and communication in executive succession. Journal of Business Venturing 17 (2), 143-162.

[5] Cabrera-Suarez, K., Saa-perez, K., 2001. The succession process from a resource and knowledge-based view of the family firm. Family Business Review 14 (3), 37-47.

[6] Chrisman, J. J., Chua. J. H., Sharma, P., 2003. Current trends and future direction in family business management studies, toward a theory of the family firm [DB/OL]. http://www.usasbe.org/knowledge/Whitepapers/chrisman, 1-62.

[7] Davis, J. A., Tagiuri, R., 1989. The influence of life stage on father-son work relationships in family companies. Family Business Review 15 (3), 57-66.

[8] Doug, B., Derek, P., 2006. Making succession a success, perspectives from Canadian small and medium-sized enterprises. Journal of Small Business Management (2), 12-21.

[9] Drozdow, N., 1998. What is continuity? Family Business Review 11 (4), 337-347.

[10] Fausto, P., Mike, C., Burkart, M., Shleifer, A., 2002. Family firm. Institute Research Paper No. 1944; Harvard University; NBER.

[11] Goldberg, S. D., 1996. Effective successors in family-owned businesses, significantelements. Family Business Review 9 (2), 185-197.

[12] Hambrick, D. C., Mason, P. A., 1984. Upper eche-lons: Organization as a reflection of its managers. Academy of Management Review 9 (2), 193-206.

[13] Handler, W. C., 1989. Methodological issues and considerations in studying familybusinesses. Family Business Review 2 (3), 12-20.

[14] Handler, W. C., 1994. Succession in family business, a review of the research. Family Business Review 7 (2), 133-157.

[15] Hilary, G., Hui, K. W., 2009. Does religion matter in corporate decision making in America. Journal of Financial and Economics 93 (3), 455-473.

[16] Jun, Y., Sorenson, R., 2005. The effect of confucian values on

succession in family business. Family Business Review 19 (3), 235-250.

[17] Korczynski, M., 2000. The political economy of trust. Journal of Management Studies 23 (2), 566-572.

[18] Lee, K. H., Lim, G. H., Lim, W. S., 2003. Family business succession, appropriation risk and choice of successor. Academy of Management Review 28 (4), 657-666.

[19] Morris, M. H., Williams, R. O., Allen, J. A., Avila, R. A., 1997. Correlates of success in family business transition. Journal of Business Venturing 12 (5), 385-401.

[20] Stavrou, E. T., 1998. A four factors model: A guide to planning next ceneration involvement in the family. Family Business Review 11 (2), 135-141.

[21] Sharma, P., Chrisman, J. J., Chua J. H., 2003. Succession planning as planned behavior: Some empirical results. Family Business Review 16 (1), 1-15.

[22] Sharma, P., 2004. An overview of the field of family business studies: Current status and directions for the future. Family Business Review 17 (1), 1-36.

[23] Yan, J., Sorenson, R., 2006. The effect of Confucian values on succession in family business. Family Business Review 19 (3), 235-250.

[24] 陈凌, 陈华丽. 家族涉入、社会情感财富与企业慈善捐赠行为. 管理世界, 2014 (8): 90-100.

[25] 陈婉婷, 罗牧原. 信仰·差序·责任: 传统宗教信仰与企业家社会责任的关系研究——基于福建民营企业家的调查. 民俗研究, 2015 [119 (1)]: 140-148.

[26] 储小平. 家族企业研究: 一个具有现代意义的话题. 学术述评, 2000 (5): 51-58.

[27] 窦军生, 贾生华. 家族企业代际传承研究演进探析. 外国经济与管理, 2007 (29): 11, 45-50.

[28] 窦军生, 贾生华. 家族企业代际传承理论研究前沿动态. 外国经济与管理, 2007 (2): 45-50.

[29] 窦军生, 贾生华. 家族企业代际传承研究的起源、演进与展望. 外国经济与管理, 2008 (1): 45-54.

［30］邓俏丽，章喜为. 中国商帮文化特征综述. 中国集体经济，2009（10）：140-142.

［31］福山. 信任：社会道德和繁荣的创造（中译本）. 远方出版社，1998.

［32］费孝通. 乡土中国生育制度. 北京：北京大学出版社，1998：26-27.

［33］甘满堂. 传统宗教文化与中国企业家慈善事业. 世界宗教文化，2011（2）：1-5.

［34］辜胜阻. 商帮是区域经济发展的基本力量. 董事会，2007（3）：74-76.

［35］韩朝华，陈凌，应丽芬. 传亲属还是聘专家——浙江家族企业接班问题考察. 管理世界，2005（2）：133-145.

［36］何轩，宋丽红，朱沆，李新春. 家族为何意欲放手：制度环境感知、政治地位与中国家族企业主的传承意愿. 管理世界，2014（2）：90-110.

［37］刘凤委，李琳，薛云奎. 信任、交易成本与商业信用模式. 经济研究，2009（8）：60-70.

［38］林立强. 民营企业家的宗教信仰与企业文化建设. 经济管理，2010（3）：86，89.

［39］卢君. 我国商帮文化的比较研究. 商业时代，2012（2）：142-143.

［40］卓新平，许志伟. 基督宗教研究：第十二辑. 北京：宗教文化出版社，2009.

［41］孙厚权，刘淑红，阳义. 浅谈儒家思想的"家本位"对中国家族企业的影响. 学科视野，2005（6）：108-109.

［42］王呈斌，伍成林. 内部因素对家族企业传承影响的实证分析——基于在任者的视角. 经济理论与经济管理，2011（8）：34-41.

［43］张光忠. 中华民族商帮文化的全球意义——基于中国企业的国际化经营战略研究. 中南财经政法大学学报，2008（166）：109-113.

［44］张维迎，柯荣住. 信任及其解释——来自中国的跨省调查分析. 经济研究，2002（10）：9-70.

［45］张新芝. 中国传统家文化对企业家行为的影响. 华东经济管理，2010（1）：34-42.

第4章 家族企业传承意愿与社会资本投资①

4.1 引言

民营经济在我国国民经济中发挥着重要作用,而家族企业是民营经济中最重要的组成部分,在吸纳就业人数、国民经济总量比重和税收贡献等关键指标方面都表现突出,因此,家族企业的持续健康发展是保持中国经济活力的重要源泉之一。我国第一代的家族企业家大部分在改革开放初期开始创业,众多家族企业已经开始进入到第一代创业者向第二代继承者传承的阶段(李维安,2013)。已有文献对家族企业的传承问题进行了大量系统而深入的研究。目前大部分文献普遍关注家族企业在传承之后业绩的变化(Perez-Gonzalez, 2006;Fan et al., 2012;靳来群和李思飞,2015),部分文献关注家族企业完成传承之后相应决策的变化(Tsoutsoura, 2015;Fan et al., 2012),但是对第一代企业家的传承意愿对于企业相关决策的影响的研究相对有限。由于传承对于家族企业来说是一项需要长期规划的重要事项,因此第一代企业家的传承计划会对相应的企业决策产生重要的影响。基于这样的理论和现实背景,本章将以家族企业创始人传承意愿为主要研究对象,研究家族企业传承意愿与家族企业构建社会关系网络的一项重要决策——社会资本投资之间的关系。

在我国目前的商业环境中,家族企业仍在一定程度上依赖于非市场体系来获得资源,很多企业的交易并非在公开市场进行而是依靠由亲缘或地缘等关系形成的关系网络(Peng & Heath, 1996)。这些社会关系网络对于

---

① 本章主要内容发表于《金融评论》,2018(2),44-55. 作者为李思飞、裘泱。

家族企业的发展非常重要，对于企业的采购、销售、投融资决策都有着重要的影响。因此，企业会将一部分资源投入到构建社会关系网络、增强社会资本方面。由于这些关系网络相对依属于企业家或其家族本身，因此，为了保存这些社会资本并最大化地实现其价值，企业家在安排传承的过程中，也必然会做出相关的决策，从而尽可能地保证社会关系网络这种关系可以继续传承到下一代。余向前（2013）以企业家调研数据为基础，发现了企业家社会关系网络对于家族企业的成功传承有着显著的正向影响。已有文献在研究家族企业的社会关系网络构建方面，大多从企业政治关联（陈凌和王昊，2013；徐业坤等，2013）、企业与银行关系（陈爽英等，2010）以及企业进行慈善捐赠（高勇强等，2011；戴亦一等，2014）等路径进行研究。但是由于数据的局限，对于家族企业构建社会关系网络路径，也即相关社会资本投资行为的研究相对有限。

在已有文献的基础上，本章采用第九次全国私营企业调查数据，将企业公关相关的支出作为家族企业长期投资导向构建社会关系网络进行社会资本投资的度量指标，从企业家传承意愿的维度讨论这一重要决策。具体而言，本章关心的问题是：中国家族企业进行社会资本投资的动因以及普遍面临的传承问题在其间发挥的作用。同时，本章从特有的解释家族企业相关决策的社会情感财富理论（Social Economic Wealth，SEW）出发，立足于当前中国的商业信用环境和传统商帮文化，将其引入相应地区社会资本背景下考察。

本章的主要贡献体现在以下方面：首先，主要从传承意愿（包括交班意愿与接班意愿两个维度）的角度出发，研究传承意愿对于企业决策的影响。这不仅补充了目前企业传承只关注传承结果而相对忽视传承前的具体规划的相关研究，也为我国家族企业进行传承安排和计划提供了有益的参考。其次，主要研究企业用于社会资本的投资，已有文献较少关注这一企业决策，而更多是关注企业所具有的社会资本的经济后果，而这方面的投资是目前我国家族企业中需要大量现金流的一项重要决策，本章结论将有助于理解家族企业构建关系网络的动因与路径。最后，将地区社会资本这一非正式制度引入具体的分析框架中，进一步丰富了不同社会资本环境下家族企业进行决策的相关文献。

本章余下部分的结构安排如下：第二部分是理论分析与研究假设；第

三部分是样本选取与研究设计；第四部分是实证检验结果与分析；最后是本书的研究结论与启示。

4.2 理论分析与研究假设

4.2.1 传承意愿与社会资本投资

社会资本投资是指企业为了建立和维护与各个利益相关方的关系而付出的各种费用（黄玖立等，2013）。这类投资会减少公司的现金流量，增加企业的运营成本，降低企业短期绩效（魏下海等，2015），从短期来看是非经济的。但是在我国目前的商业环境中，家族企业仍将大量的资金投入到增强社会资本上。

家族企业的相关研究表明，重视家族的非经济收益（如满足归属和情感需求、家族价值观的延续、家族王朝的保存和企业社会资本的保护等）是家族企业战略决策的关键特征。Gomez-Mejia et al.（2007）首次提出"社会情感财富（SEW）"的概念，将家族从企业取得的满足自身情感需要的非经济效用统称为 SEW，保存和增强社会情感财富是家族企业战略决策的首要参照点。当有潜在社会情感财富损失或者收益时，家族企业会做出并非由经济逻辑驱动的决定，甚至愿意接受对企业经济效益具有一定风险的行为。企业的社会资本投资虽然在短期内减少了企业的现金流，不利于企业业绩，但从保存和增强社会情感财富的角度衡量，有利于通过构建社会关系网络的方式，保存企业的社会资本并实现其价值，有利于家族企业未来的长期经营。Miller et al.（2014）提出延伸型社会情感财富（Extended SEW），认为这类 SEW 趋向长期导向，强调家族利益和外部相关者利益的兼容，重视维护家族声誉及与合作伙伴和社区的长久关系，会为了企业成长、家族和企业的声誉而投资，从而使家族、企业与利益相关者共赢。家族代际传承是延伸型 SEW 的核心，因为延伸型 SEW 的满足需要企业的长期生存。与此同时，代际传承是家族未来导向和长期导向的清晰表达（Chrisman et al.，2012；Lumpkin & Brigham，2011；Chua et al.，2003），从而引导了决策者的长期导向。企业的长期生存往往需要家族平衡自身与企业内外部利益相关者的利益，与各类利益相关者保持长期合作关系（Miller & Le Breton-Miller，2006）。在中国，跨代延续家族控制会有效激励决策者进行远期战略投资（何轩等，2014）。因此具有传承意愿的控制家族会更重视企业的长期生存与发展，会具有更长远的投资视野，为增强企业的长期竞争能力、保持企业各个利益相关方的关系资源加大社会资本投资。

家族为了实现保存和增强社会情感财富的动机，会影响企业的重要战略决策，传承意愿作为社会情感财富的一个关键维度，会影响企业社会资本投资。一方面，企业家的传承意愿意味着企业不仅仅是一项可以出售的资产，而是会向后代延续的家族遗产，因而企业决策者更可能会采取长期投资导向。同时，由于社会资本投资建立和维护的社会关系带来的收益可能并不能在短期内实现，社会资本的积累需要长久持续的投入，企业社会资本投资是长期投资导向的反映，而有传承意愿的家族企业战略决策的长期视野将有助于对构建社会关系网络行为的投入。另一方面，具有传承意愿表明企业更具有长期导向且没有短期绩效的压力，因此更可能积极响应各个利益相关者的诉求，与供应商、客户、银行、社区等建立和保持长期的良好互信关系，以积累社会资本、储备商誉（Carney，2005），这种关系可以作为一种社会保险，在危机时保护企业资产。因此，企业家的传承意愿对家族企业的社会资本投资决策有正向影响。

传承意愿包括企业主的交班意愿与其子女的接班意愿。大量研究表明，家族企业的传承过程大都是在高层管理者尤其是在任企业家的控制下进行的（Brady et al.，1982；Davis & Tagiwri，1989；Lansberg，1988），他们决定未来企业管理权或所有权所属、传承过程启动时间以及传承过程中的相关决策等（Beckhard & Dyer，1983）。此外，家族企业接班问题是家族企业持续发展中薄弱的环节，如果继任企业家不愿意接手企业，即使勉强进行权力移交，由于继任过程是在违背继任企业家意愿的状态进行的，家族企业传承的过程就不会那么顺利（Handler，1990），相关推动企业交接的决策也会受到负面影响。因此，一旦家族企业在任企业家决定继续使企业的领导权维持在家族内部，那么有着积极接班意愿的二代将获得合法的地位和权力，进而影响传承过程中的布局和决策。

基于以上分析，本章提出如下假设：

H1a：企业主交班意愿对家族企业社会资本投资决策有正向影响。

H1b：企业主子女接班意愿对家族企业社会资本投资决策有正向影响。

4.2.2 地区社会资本、传承意愿与社会资本投资

地区的社会资本（community's social capital）是社会组织的特征，例如信任、规范和网络等，可以促进行动协调，提高社会的效率（Putnam，1993；Guiso，2010）。研究发现基于信任的地区社会资本对商业交易、企业生存乃至地区经济发展都发挥着重要作用（Fukuyama，1995；Guiso，2004）。本章主要引入两项地区层面的社会资本，即商业信用环境代表的地区信任和传统商帮文化代表的亲缘内部信任进行考察。

信任是嵌入社会结构和制度中的一种功能化机制。Uslaner（2000）将信任机制划分为特殊信任与普遍信任，前者指仅有血亲关系的群体才可以信任，后者指大多数人都可以相信；有学者从社会学视角出发进一步将信任机制区分为人际信任和制度信任，人际信任是基于人与人交往中建立情感关系形成的信任，而制度信任则通过在人与人交往中设立规范制度、法纪准则等约束形成的信任。在中国社会的情境下，中国传统的信任不是建立在信仰共同体基础上的普遍信任，而是建立在血缘关系共同体基础之上的特殊信任，这种基于血缘关系的特殊信任是建立在儒家文化和农耕文化的交互作用基础上的，而随着中国市场经济的发展，作为市场经济基础的信用经济必然会对中国传统的基于血缘关系的信任文化产生冲击。传统的仅存在于血缘关系的信任会逐渐扩散，社会信用环境从低信任度社会逐渐向高信任度社会过渡。

中国传统文化中的信任关系对地域商业文化有深远影响。以中国传统商帮文化为例，商帮文化以地域为中心，以血缘、地缘（乡谊）为纽带，以"相亲相邻"为宗旨，是中国传统文化与商业活动孕育出的具有中国古典特色的商业文化。中国的商帮文化非常讲究血缘和宗族关系，如徽商强调在宗族子弟中选拔经理和伙计，依赖隐含契约、族规家法治理商帮内部的代理关系。因此受传统商帮文化影响的家族企业可能更重视家族的声誉与企业的传承，将家族企业视为实现家族愿景的载体，传承意愿更为强烈，能够提供更为长期的投资（Sirmon & Hitt，2003）。由此可见，中国传

统商业文化对于血缘和亲缘的强调会增强企业的传承意愿，使企业家更加关注社会情感财富的保持和增加，因而家族企业更有动力进行社会资本的长期投入。

在现代社会市场经济发展中，合同履行的可靠性与容易性是私有产权保障的主要方面（Acemoglu & Johnson，2005），在公开市场中商业合同更多的是基于普遍信任的保障。在商业信用环境较差、社会信用水平较低的地区，企业更可能会将资源用于维系特殊信任关系下的私有交易（Banalieva et al.，2015）。因此，在社会资本比较高的社会里，企业家对于未来有相对稳定的心理预期，传承过程和传承决策中的不确定性相对较低，因此可以降低对于基于亲缘和地缘的社会关系网络的依赖，从而降低社会资本的投资。

基于上述理论推导，本书提出如下假设：

H2a：传统商帮文化会增强传承意愿对家族企业社会资本投资决策的正向影响。

H2b：良好的现代商业信用环境可以减弱传承意愿对家族企业社会资本投资决策的正向影响。

4.3 研究设计

4.3.1 数据来源及样本选择

本研究的数据来自我国私营企业研究课题组私营企业调查。本章以2010年进行的第九次调查为主要数据来源，在剔除主要变量缺失以及对数据异常进行处理后，共获得2250个观测样本。

4.3.2 变量定义

在社会资本投资的度量上，本章根据数据的可得性，主要考虑企业两个方面的投资。一方面是企业和供应商、客户等业务利益相关方的构建关系的支出，用企业用于"公关和招待活动"的费用来体现；另一个方面是企业和社区构建关系的支出，用企业用于"向社会组织支付"的相关费用来体现。基于此，本章把被解释变量分为维护社区关系的相关投资（Community Fee）、公关招待支出（Entertainment Fee）以及两项的总投资（Total Fee）三个方面进行度量，分别构建支出金额的连续变量以及支出金额的虚拟变量。对于连续变量使用 OLS 回归模式，虚拟变量采用 Logit 模型。连续变量分别定义为 CF、EF、TF，表示企业实际支出的相应金额取自然对数。虚拟变量分别定义为 CF_Dum、EF_Dum、TF_Dum，如若企业发生了相关支出，则取值为 1，否则为 0。

传承意愿包括企业主的交班意愿和子女的接班意愿。在对于交班意愿的度量上，调查问卷要求被访企业家回答"您是否考虑过子女接班问题？"，选项包括"让子女接班管理本企业；子女不要在本企业工作；让子女继承股权，但不要在本企业工作；只给子女留一笔生活费；其他（请写明）；目前没有考虑这个问题"。如果受访企业家选择"让子女接班管理本企业"，则认为有交班意愿，PI 取值为 1，选择其他选项取值为 0。在对于接班意愿的度量上，调查问卷要求被访企业家回答"您的子女有没有接班的意愿？"，选项包括"有；没有；不知道"。这里是从第一代企业家的视角来评价其子女是否有接班意愿，如果选择"是"，则认为其认同子女有接班意愿，SI 取值为 1，否则取值为 0。

根据已有的文献（Guiso et al., 2010），本章主要采用两个指标来度量普遍信任和特殊信任。第一个指标是地区商业信用环境，这是基于社会总体信用水平的普遍信任，采用在城市商业信用环境指数课题组 2012 年发布的《CEI 蓝皮书：中国城市商业信用指数》中各省（包括 31 个省、自治区和直辖市）商业信用环境的七个方面的综合得分为衡量指标，指数越大表示地区商业信用越高，信任状况越好。第二个指标采用商帮文化指标，这一指标基于传统的商业传统构建的关系网络所产生的特殊信任，根据张海鹏（1999）《中国十大商帮》一书划分商帮所属地域，若该省、自治区和直辖市属于明清十大商帮文化的经济区域内则取值为 1；反之则为 0。

根据已有的文献（Seker & Yang, 2012；何轩等，2014），企业主和企业层面的一些特征会影响企业的社会资本投资行为。本章设置了家族企业主的年龄（CEOage）、教育背景（CEOeducation）、性别（Gender）、自信程度（EV）等有关家族企业主背景的特征变量。这些指标反映了家族企业主进行社会资本投资的意愿和能力。一般来说，年龄较大或自信程度越高的企业主积累的社会资本越多,在企业传承过程中的不确定性更小,进而减少在社会资本方面的投资。企业层面特征包括总资产回报率（ROA）、企业规模（Size）、资产负债率（Dar）、企业创办至今的年份（Age）等,反映了企业自身进行社会资本投资的能力和意愿。根据调查问卷对于行业的分类,加入行业虚拟变量以控制行业的影响。主要变量定义见表4-1。

表4-1 主要变量定义

变量名称	变量符号	变量定义
社区投资额度	CF	2009年企业向社会组织支付的费用金额（万元）取自然对数
社区投资行为	CF_Dum	虚拟变量,企业有向社会组织的相关支出则取值为1,否则取0
公关支出额度	EF	2009年企业公关招待支出金额（万元）取自然对数
公关支出行为	EF_Dum	虚拟变量,企业有公关招待支出则取值为1,否则取0
社会资本投资总额	TF	2009年企业社会资本投资总额（万元）取自然对数
社会资本投资行为	TF_Dum	虚拟变量,企业有社会资本投资则取值为1,否则取0
企业主交班意愿	PI	虚拟变量,如果企业主考虑交班让子女管理本企业则取值为1,否则取0
子女接班意愿	SI	虚拟变量,如果企业主子女考虑接班管理本企业则取值为1,否则取0
商帮文化	Group	若该地区属于明清十大商帮文化的经济区域内则设为1;否则为0
城市商业信用环境指数	CEI	《CEI蓝皮书：2012中国商业信用环境指数》中各省得分
企业主性别	Gender	企业主性别男取1,女取0
企业主年龄	CEOage	企业主在2009年的年龄
企业主教育背景	CEOeducation	本科及以上取1,本科以下取0
企业主自信程度	EV	经济、社会、政治地位自我评价均分高于整体均值取1;否则取0
企业年龄	Age	企业自成立起到样本期间的年份
企业规模	Size	企业总资产的自然对数
资产负债率	Dar	企业2009年底资产负债率
总资产回报率	ROA	净利润总额除以资产总额
行业	Industry	按照《国民经济行业分类》标准,设置18个行业虚拟变量

4.3.3 描述性统计

表 4-2 列示了上述主要变量的描述性统计结果。从表中可以看出,目前社会资本投资在家族企业中较为普遍,2009 年度有 54.7% 和 64.6% 的企业在构建社会关系网络方面有投入。从传承意愿的变量来看,我国家族企业中还是有过半数的第一代企业家希望可以将企业交给子女继承。但是企业家们对于子女接班意愿的评价和他们的交班意愿有较大出入,只有 17.2% 的企业家认为他们的子女有交班意愿。商业信用环境描述性统计显示,不同地区制度环境和传统文化环境存在较大差异,表现为商帮文化变量和城市商业信用环境指数标准差较大。从描述性统计中也可以看出,我国的家族企业在企业规模、投资回报和公司年龄等指标上都显示了较大的差异性。

表 4-2 主要变量描述性统计

变量	样本数	均值	标准差	最小值	最大值
CF_Dum	2250	0.547	0.497	0	1
EF_Dum	2250	0.646	0.424	0	1
TF_Dum	2250	0.772	0.420	0	1
CF	2250	0.512	1.068	1.609	4.605
EF	2250	1.360	1.455	1.204	5.298
TF	2250	1.586	1.531	1.204	5.666
PI	2250	0.551	0.497	0	1
SI	2250	0.172	0.378	0	1
Group	2250	2.386	12.07	0	72.30
CEI	2250	72.24	12.90	0.692	85.19
Gender	2250	0.842	0.365	0	1
CEOage	2250	45.11	9.060	24	76
CEOeducation	2250	0.275	0.446	0	1
EV	2250	0.495	0.500	0	1
Dar	2250	0.159	0.248	0	0.940
Size	2250	6.534	2.230	1.335	11.52
ROA	2250	0.313	2.713	−0.370	4.987
Age	2250	2.134	1.403	0	7.605

4.3.4 研究方法与研究模型

基于上文分析,本章对所做假设分别采用不同维度的变量进行实证检验。其中,采用 Logistic 回归方法检验影响社会资本投资行为的因素;采用 OLS 回归方法检验影响社会资本投资额度的因素。

为了检验假设一,本书设定待检验回归方程(1)如下:

$$\text{Investment} = \alpha_0 + \alpha_1 PI/SI + \alpha_i \text{Control} + \varepsilon \tag{1}$$

其中,PI/SI 为上文界定的传承意愿的虚拟变量,在实证检验中分为交班意愿和接班意愿两个维度进行检验;Investment 为上文界定的社会资本投资的度量。其他控制变量定义参见表4-1。根据假设一,预计 α_1 显著为正。

在考察社会资本投资与传承意愿的关系基础上,本章引入地区社会资本与传承意愿的交互项,来分析地区社会资本是否会增加企业家传承意愿对企业社会资本投资的影响。本章将采用如下回归方程(2)进行检验:

$$\text{Investment} = \beta_1 PI + \beta_2 \text{Trust} + \beta_3 PI^* \text{Trust} + \beta_i \text{Control} + \varepsilon \tag{2}$$

在模型(2)中,各主要变量与模型(1)相同。Trust 包括以商帮文化为代表的传统商业信用环境和现代商业信用环境两个维度。根据文中假设,如果机制均有效的话,预计商帮文化(Group)与交班意愿交互项的系数显著为正;城市商业信用环境(CEI)与交班意愿交互项的系数显著为负。

4.4 实证结果与分析

4.4.1 传承意愿与企业社会资本投资

表4-3列示了企业主交班意愿与企业社会资本投资的回归结果,Model 1 以虚拟变量——家族企业的社会资本投资行为,采用 Logit 模型回归。实证结果显示,企业主交班意愿 PI 的估计系数在 1% 或 5% 的水平下显著为正,与预期一致,说明企业主有交班意愿的企业由于更重视社会情感财富的积累,更可能进行社会资本投资,从而构建对于企业长久发展有利的社会关系网络,支持了假设 H1a。为了保证研究结论的稳健性,

Model 2 是连续变量——家族企业 2009 年社会资本投资的金额取对数作为因变量进行回归，同样显示企业主交班意愿与企业社会资本投资之间有显著的正相关关系，进一步增强了假设 H1a 的结论。控制变量——企业主个人特征中，年龄（CEOage）和自信程度（EV）的系数显著为负，说明企业主年龄越大、自信程度越高，社会资本积累越丰富，越可能减少对企业社会资本投资的依赖。控制变量——企业特征中，企业资产回报率（ROA）、企业规模（Size）和企业经营时间（Age）的系数与企业社会资本投资呈显著正相关性，即企业业绩越好、规模越大、经营持续时间越长，发生社会资本投资的可能性越高、金额越大。

表 4-3　企业主交班意愿与企业社会资本投资回归结果

	Model1			Model2		
	CF_Dum	EF_Dum	TF_Dum	CF	EF	TF
PI	0.567***	0.295**	0.271**	0.187***	0.120**	0.174***
	(0.105)	(0.128)	(0.130)	(0.048)	(0.057)	(0.060)
Gender	−0.072	0.133	0.158	−0.019	0.029	−0.020
	(0.150)	(0.175)	(0.176)	(0.069)	(0.082)	(0.086)
CEOage	−0.021***	−0.017**	−0.018**	−0.002	−0.006	−0.007*
	(0.006)	(0.008)	(0.008)	(0.003)	(0.003)	(0.004)
CEOeducation	0.110	−0.079	−0.051	0.162***	0.136**	0.169**
	(0.120)	(0.150)	(0.152)	(0.055)	(0.066)	(0.069)
EV	−0.432***	−0.196	−0.204	−0.145***	−0.161***	−0.232***
	(0.109)	(0.136)	(0.138)	(0.050)	(0.060)	(0.063)
Dar	−0.572***	0.014	0.054	−0.180*	0.095	0.017
	(0.221)	(0.273)	(0.277)	(0.100)	(0.119)	(0.125)
Size	0.134***	0.218***	0.206***	0.153***	0.355***	0.362***
	(0.028)	(0.035)	(0.035)	(0.013)	(0.015)	(0.016)
ROA	0.115	0.423***	0.458***	0.131***	0.134***	0.162***
	(0.075)	(0.140)	(0.147)	(0.034)	(0.040)	(0.042)
Age	0.133***	0.068	0.087*	0.040**	0.033	0.053**
	(0.040)	(0.051)	(0.052)	(0.018)	(0.022)	(0.023)
Industry	Controlled	Controlled	Controlled	Controlled	Controlled	Controlled
Constant	−0.402	0.538	0.677	−0.553***	−0.793***	−0.579**
	(0.398)	(0.488)	(0.496)	(0.182)	(0.219)	(0.229)
Observations	2250	2250	2250	2250	2250	2250
Adj/PseudoR^2	0.059	0.087	0.088	0.162	0.368	0.364

注：括号内为标准误差，*，**，*** 分别表示相应系数在 10%、5% 以及 1% 水平上显著。

表 4-4 是子女接班意愿与企业社会资本投资的回归结果。与表 4-3 相似，被解释变量也从投资行为和投资额度两个方面衡量。实证结果显示，子女接班意愿 SI 与社会资本投资行为（CF_Dum、EF_Dum、TF_Dum）和社区投资金额（CF）的系数在 10% 的水平下显著为正，表明子女接班意愿对企业决策也有一定影响，有积极接班意愿继承人的企业可能在社会资本投资方面投入更多，为企业的顺利交接进行长远的谋划和布局，因此假设 H1b 得到了部分验证。但并不是所有回归方程的子女接班意愿 SI 都有显著正的系数，且显著性水平明显低于企业主交班意愿，这与前文的描述性统计结论一致。一方面，相比交班意愿，第一代企业家在评价子女接班意愿时更少地认为子女准备进行接班。另一方面，由于通过问卷反映的数据只是第一代企业家对于子女行为的评价，在一定程度上可能与子女的真实意愿有所偏差，因此在解释企业行为时解释力度相对较弱。

表 4-4　子女接班意愿与企业社会资本投资回归结果

	Model1			Model2		
	CF_Dum	EF_Dum	TF_Dum	CF	EF	TF
SI	0.266* (0.138)	0.060* (0.077)	0.059* (0.180)	0.111* (0.064)	−0.009 (0.077)	0.030 (0.081)
Gender	−0.067 (0.148)	0.130 (0.175)	0.155 (0.176)	−0.018 (0.069)	0.030 (0.082)	−0.018 (0.087)
CEOage	−0.020*** (0.006)	−0.016** (0.008)	−0.017** (0.008)	−0.002 (0.003)	−0.005 (0.003)	−0.006* (0.004)
CEOeducation	0.104 (0.119)	−0.090 (0.150)	−0.062 (0.152)	0.162*** (0.055)	0.130* (0.066)	0.163** (0.070)
EV	−0.401*** (0.108)	−0.187 (0.136)	−0.196 (0.138)	−0.137*** (0.050)	−0.158*** (0.060)	−0.226*** (0.063)
Dar	−0.517** (0.219)	0.054 (0.273)	0.092 (0.277)	−0.162 (0.100)	0.104 (0.120)	0.031 (0.125)
Size	0.126*** (0.028)	0.213*** (0.035)	0.203*** (0.035)	0.151*** (0.013)	0.354*** (0.015)	0.361*** (0.016)
ROA	0.128* (0.074)	0.438*** (0.141)	0.473*** (0.147)	0.135*** (0.034)	0.138*** (0.040)	0.167*** (0.042)
Age	0.143*** (0.040)	0.076 (0.051)	0.095* (0.052)	0.043** (0.018)	0.037* (0.022)	0.058** (0.023)
Industry	Controlled	Controlled	Controlled	Controlled	Controlled	Controlled

续表

	Model1			Model2		
	CF_Dum	EF_Dum	TF_Dum	CF	EF	TF
Constant	-0.228 (0.395)	0.612 (0.487)	0.746 (0.495)	-0.492*** (0.183)	-0.768*** (0.219)	-0.535** (0.230)
Observations	2250	2250	2250	2250	2250	2250
Adj/PseudoR^2	0.068	0.084	0.086	0.155	0.366	0.361

注：括号内为标准误差，*，**，***分别表示相应系数在10%、5%以及1%水平上显著。

综合表4-3、表4-4的发现，被解释变量"投资行为"和"投资额度"的分析结果一致，都证明了传承意愿与企业社会资本投资正相关。我国家族企业中，传承意愿会影响企业的决策。家族内部传承的意愿越强，则企业越会投入资金到增强企业资本中，从而构建对企业长期发展有利的关系网络，进一步保持控制家族对于企业实现的社会情感财富。

4.4.2 传承意愿、地区社会资本与企业社会资本投资

传承意愿会影响家族企业社会资本投资决策，但是地区社会资本也会发挥外部的诱导或制约作用，对用于建立社会资本关系的投入产生影响。因为中国社会文化环境下，在任企业家在家族企业决策和传承过程中占主导地位，上文回归结果也验证了这一现象，因此主要考察企业主的传承意愿与地区社会资本的交互作用。本书将利用模型（2）设置交互项 PI x Trust，检验在以商帮文化为代表的基于亲缘的特殊信任和现代商业信用的普遍信任下，传承意愿对企业社会资本投资的影响是否有差异。

表4-5是企业家交班意愿、传统商帮文化与企业社会资本投资回归结果。实证结果显示，企业家交班意愿与传统商帮文化交互项系数为正，这一结果支持了假设H2a。与已有的研究结论一致，结果说明传统商帮文化基于血缘和亲缘的特殊信任促使有传承意愿的企业更多地在社会资本投资方面投入，通过积累社会资本减少传承过程中的不信任和不确定性（陈凌等，2014）。

表4-5 企业家交班意愿、传统商帮文化与企业社会资本投资回归结果

	Model1			Model2		
	CF_Dum	EF_Dum	TF_Dum	CF	EF	TF
PI	0.564*** (0.106)	0.228* (0.131)	0.212 (0.132)	0.186*** (0.049)	0.091 (0.058)	0.149** (0.061)
Group	0.006 (0.006)	-0.025*** (0.007)	-0.022*** (0.007)	0.001 (0.003)	-0.012*** (0.004)	-0.011*** (0.004)
PI*Group	0.003* (0.109)	0.028*** (0.011)	0.025** (0.011)	0.001 (0.054)	0.013*** (0.005)	0.012** (0.005)
Gender	-0.073 (0.150)	0.120 (0.176)	0.146 (0.178)	-0.019 (0.069)	0.024 (0.082)	-0.023 (0.086)
CEOage	-0.022*** (0.006)	-0.017** (0.008)	-0.018** (0.008)	-0.002 (0.003)	-0.006 (0.003)	-0.007* (0.004)
CEOeducation	0.113 (0.120)	-0.072 (0.151)	-0.044 (0.153)	0.163*** (0.055)	0.137** (0.066)	0.170** (0.069)
EV	-0.435*** (0.109)	-0.180 (0.137)	-0.189 (0.139)	-0.146*** (0.050)	-0.156*** (0.060)	-0.228*** (0.063)
Dar	-0.554** (0.221)	-0.045 (0.274)	0.003 (0.278)	-0.176* (0.100)	0.069 (0.119)	-0.008 (0.125)
Size	0.133*** (0.028)	0.230*** (0.035)	0.217*** (0.036)	0.153*** (0.013)	0.359*** (0.015)	0.367*** (0.016)
ROA	0.113 (0.074)	0.456*** (0.146)	0.490*** (0.152)	0.131*** (0.034)	0.137*** (0.040)	0.164*** (0.042)
Age	0.133*** (0.040)	0.067 (0.051)	0.086* (0.052)	0.040** (0.018)	0.033 (0.022)	0.053** (0.023)
Industry	Controlled	Controlled	Controlled	Controlled	Controlled	Controlled
Constant	-0.380 (0.399)	0.551 (0.490)	0.688 (0.498)	-0.549*** (0.182)	-0.786*** (0.218)	-0.574** (0.229)
Observations	2250	2250	2250	2250	2250	2250
Adj/PseudoR^2	0.060	0.094	0.093	0.162	0.372	0.367

注：括号内为标准误差，*、**、***分别表示相应系数在10%、5%以及1%水平上显著。

表4-6引入市场商业信用环境，以现代商业信用环境与传承意愿作交互项。根据上文假说，企业主把家族控制传递下去的长期导向会加大社会资本投资，但是良好的市场商业信用环境可以缓解传承过程和未来经营的不确定性，进而减少企业用于建立社会资本的投入，因此预期交互项系数

显著为负。表 4-6 结果显示企业家交班意愿系数显著为正，城市商业信用环境指数的系数显著为负，与分析一致，而两者交互项系数上也显著为负，表明有较好的市场信用环境时，可以弱化传承意愿对企业社会资本投资的影响，证明了假设 H2b。

表 4-6　企业家交班意愿、城市商业信用环境与企业社会资本投资回归结果

	Model1			Model2		
	CF_Dum	EF_Dum	TF_Dum	CF	EF	TF
PI	0.566** (0.143)	2.041*** (0.736)	1.810** (0.738)	0.169* (0.078)	1.071*** (0.334)	0.999*** (0.351)
CEI	-0.013** (0.006)	-0.021*** (0.006)	-0.019*** (0.006)	-0.004 (0.003)	-0.012*** (0.003)	-0.010*** (0.003)
PI*CEI	-0.016* (0.109)	-0.024** (0.010)	-0.021** (0.010)	0.000 (0.004)	-0.013** (0.005)	-0.011** (0.005)
Gender	-0.073 (0.150)	0.119 (0.176)	0.144 (0.177)	-0.021 (0.068)	0.023 (0.082)	-0.025 (0.086)
CEOage	-0.022*** (0.006)	-0.017** (0.008)	-0.017** (0.008)	-0.002 (0.003)	-0.005 (0.003)	-0.007* (0.004)
CEOeducation	0.130 (0.120)	-0.087 (0.151)	-0.058 (0.153)	0.167*** (0.055)	0.124* (0.066)	0.161** (0.069)
EV	-0.429*** (0.109)	-0.176 (0.137)	-0.185 (0.139)	-0.138*** (0.050)	-0.155** (0.060)	-0.222*** (0.063)
Dar	-0.537** (0.223)	-0.054 (0.275)	-0.007 (0.279)	-0.181* (0.100)	0.067 (0.120)	-0.020 (0.126)
Size	0.135*** (0.028)	0.228*** (0.035)	0.216*** (0.036)	0.154*** (0.013)	0.358*** (0.015)	0.366*** (0.016)
ROA	0.111 (0.074)	0.454*** (0.145)	0.488*** (0.151)	0.130*** (0.034)	0.139*** (0.040)	0.165*** (0.042)
Age	0.134*** (0.040)	0.069 (0.051)	0.089* (0.053)	0.042** (0.018)	0.033 (0.022)	0.054** (0.023)
Industry	Controlled	Controlled	Controlled	Controlled	Controlled	Controlled
Constant	0.546 (0.611)	-1.032 (0.682)	-0.741 (0.691)	-0.278 (0.272)	-1.685*** (0.326)	-1.319*** (0.342)
Observations	2250	2250	2250	2250	2250	2250
Adj/PseudoR^2	0.063	0.093	0.093	0.165	0.372	0.367

注：括号内为标准误差，*，**，*** 分别表示相应系数在 10%、5% 以及 1% 水平上显著。

综上，表 4-5、表 4-6 的回归结果验证了假设二，即地区社会资本会影响传承意愿对企业社会资本投资的作用，具体而言，传统商帮文化增强了传承意愿对家族企业社会资本投资决策的正向影响；现代社会中良好的市场商业信用环境可以减弱传承意愿对家族企业社会资本投资决策的正向影响。

4.5 研究结论

本章以我国私营企业研究课题组 2010 年进行的第九次私营企业调查数据为样本，实证检验了传承意愿与家族企业社会资本投资的关系。实证结果证实了企业主及其子女的传承意愿可以显著地影响企业社会资本投资决策。当跨代延续家族控制成为重要目标时，家族会更重视企业的长期生存与发展，为增强企业的长期竞争能力、积累社会关系资源加大社会资本投资，构建对企业有长期价值的社会关系网络。但外部的地区社会资本也可以对企业社会资本投资行为产生诱导或制约作用，传统以血缘为纽带的商帮文化更重视家族企业内部控制，因此增强传承意愿对社会资本投资的影响，而现代市场经济中，良好的商业信用环境会减缓这种影响。

本章研究的主要意义在于，从企业具体决策制定的角度解释了传承意愿对企业社会资本投资的影响机制，有助于为家族企业在传承阶段进行相关支出决策时提供一定的理论参考。同时，为了促进家族企业的顺利交接和持续发展，应该进一步完善市场信用环境，降低企业家感觉到的不确定性，防止过多的资金用于社会资本投资而影响企业经营业绩。

本章主要参考文献

[1] Acemoglu, D., S. Johnson, 2005. Unbundling institutions. Journal of Political Economy 113, 949-995.

[2] Banalieva, E. R., K. A. Eddleston, T. M. Zellweger, 2015. When do family firms have an advantage in transitioning economies? Toward a dynamic institution-based view. Strategic Management Journal 36, 1358-1377.

[3] Beckhard, R., G. Dyer, 1983. Managing change in the family firm-issues and strategies. Sloan Management Review 24 (3), 221-226.

[4] Brady, G. F., R. M. Fulmer, D. L. Helmich, 1982. Planning executive succession: The effect of recruitment source and organizational problems on anticipated tenure. Strategic Management Journal 3, 269-275.

[5] Carney, W. J., 2005. Corporate finance: Principles and practice. New York, NY: Foundation Press.

[6] Chrisman, J. J., J. H. Chua, A. W. Pearson, T. Barnett, 2012. Family involvement, family influence, and family-centered non-economic goals in small firms. Entrepreneurship Theory and Practice 36, 267-293.

[7] Chua, J. H., J. J. Chrisman, P. Sharma, 2003. Succession and non-succession concerns of family firms and agency relationship with nonfamily managers. Family Business Review 16, 89-107.

[8] Davis, J. A., R. Tagiuri, 1989. The influence of life stage on father-son work relationships in family companies. Family Business Review 2 (1), 47-74.

[9] Fan, J. P. H., T. J. Wong, T. Y. Zhang, 2012. Founder succession and accounting properties. Contemporary Accounting Research 29, 283-311.

[10] Fukuyama, F., 1995. Trust: The social virtues and the creation of prosperity. New York: Free Press.

[11] Guiso, L., P. Sapienza, L. Zingales, 2010. Civic capital as the missing link. Social Economics Handbook Nowhere: Cambridge Massachussetts.

[12] Guo, D., K. Jiang, B. Y. Kim, C. Xu, 2014. Political economy of private firms in China. Journal of Comparative Economics 42, 286-303.

[13] Handler, W. C., 1990. Succession in family firms: A mutual role adjustment between entrepreneur and next-generation family members. Entrepreneurship: Theory & Practice 15, 37-51.

[14] Lansberg, I., 1988. The succession conspiracy. Family Business Review 1 (2), 119-143.

[15] Lumpkin, G. T., K. H. Brigham, 2011. Long-term orientation and intertemporal choice in family firms. Entrepreneurship Theory and Practice 35, 1149-1169.

[16] Peng, M. W., Heath P. S., 1996. The growth of the firm in planned economies in transition: Trusts organizations and strategic choice. Academy of Management Review 21, 492-528.

[17] Putnam, R., 1993. Making democracy work civic traditions in modern Italy. Princeton, Princeton University Press.

[18] Perez-Gonzalez, F., 2006. Inherited control and firm performance. American Economic Review 96, 1559-1588.

[19] Seker, M., J. S. Yang, 2012. How bribery distorts firm growth: Differences by firm attributes, working paper. World Bank Policy Research No. 6046.

[20] Sirmon, D. G., M. A. Hitt, 2003. Managing resources: Linking unique resources, management, and wealth creation in family firms. Entrepreneurship Theory & Practice 27, 339-358.

[21] Tsoutsoura, M., 2015. The effect of succession taxes on family firm investment: Evidence from a natural experiment. Journal of Finance 70, 649-688.

[22] Uslaner, E. M., 2000. Producing and consuming trust. Political Science Quarterly 115, 569-590.

[23] 陈凌,陈华丽.家族涉入、社会情感财富与企业慈善捐赠行为——基于全国私营企业调查的实证研究.管理世界,2014(8):90-101.

[24] 陈爽英,井润田,龙小宁,邵云飞.民营企业家社会关系资本对研发投资决策影响的实证研究.管理世界,2010(1):88-97.

[25] 高勇强,何晓斌,李路路.民营企业家社会身份、经济条件与企业慈善捐赠.经济研究,2011(12):111-123.

[26] 何轩,宋丽红,朱沆,李新春.家族为何意欲放手?——制度环境感知、政治地位与中国家族企业主的传承意愿.管理世界,2014(2):90-101.

[27] 黄玖立,李坤望.吃喝、腐败与企业订单.经济研究,2013(6):71-84.

[28] 靳来群,李思飞.家族第二代参与管理与企业业绩下降:来自中国上市公司的经验证据.江西社会科学,2015(8):192-197.

[29] 李维安.民营企业传承与治理机制构建.南开管理评论,2013(6):1.

[30] 魏下海,董志强,金钊.腐败与企业生命力:寻租和抽租影响开工率的经验研究.世界经济,2015(1):105-125.

[31] 徐业坤,钱先航,李维安.政治不确定性、政治关联与民营企业投资——来自市委书记更替的证据.管理世界,2013(5):116-130.

[32] 余向前,张正堂,张一力.企业家隐性知识、交接班意愿与家族企业代际传承.管理世界,2013(11):77-88.

第5章 家族企业传承意愿与企业社会责任履行[①]

5.1 引言

近些年来，随着人们社会参与度的增加，对企业责任意识的增强，企业社会责任越来越成为人们关注的热点。企业履行好其应该承担的社会责任，是新时期和谐社会与社会主义市场经济的必然要求。因为民营企业在非公有制经济中的独特地位，其在吸纳就业、维护社会稳定方面的作用日益显著。在2009年的中国慈善排行榜上，中国民营企业的捐赠数目达到50亿元，是上榜企业慈善数额的41%左右。可见我国民营企业社会责任的履行正向着好的方向发展。

企业在运行管理过程中，既要制定相应的经济目标，包括利润率、销售额、现金流等，又要关注一些非经济目标。而企业非经济目标的重点在于企业社会责任，以往研究已经表明，企业社会责任有利于提升企业形象，提高企业声誉，维护员工忠诚度，维系与消费者之间的健康良好关系，从而更有利于企业实现其经济目标，获得长远发展。在此，探讨民营企业的社会责任的履行对社会经济的良好运行有着重要意义。

在中国的民营企业中，家族企业是其中重要的组成部分，即从所有权来看，我国的民营企业大部分所有者权益掌握在企业主或者其家人手中，与此同时，企业的管理控制权也基本牢牢掌握在家族手中。因此，我国的民营企业带有非常明显的家族特征。近些年来的研究中，以家族企业为主的民营企业又吸引了不少研究者的目光。学者们在研究中不断发现，家族

---

① 本章内容中，郭轶凡在作者指导下进行了文献研究和数据分析的主要工作。

企业与非家族企业在很多企业目标的追求上是有所差别的。家族企业作为家族与企业的结合体，在企业经营管理过程中，往往更加注重企业的非经济目标，通过社会责任履行即非经济目标的达成，家族企业可以满足其家族成员的一些深层次需求，比如情感、身份认同和归属感等。其中，从家族本身出发，保留其家族企业的所有权，家族企业在后代中传承并保持常青，是其追求的一个重要的非经济目标。故其追求的非经济目标具有一定的家族导向，并且带有一定的以家族目标为核心的色彩，而家族企业的这种家族导向，通过企业的决策又会影响到企业的方方面面，更多地表现为对企业非经济目标的追求和企业社会责任的履行起到了积极的推动作用。

以往的文献很少研究家族企业传承问题与企业社会责任之间的关系。在现有的经济条件下，大多数家族企业还难以完成管理职业化进程，并且也不愿意家族的财富落入外人之手。对于传承问题研究主要有从家族参与程度与社会情感财富方面来入手的，认为家族涉入对企业捐赠行为有着中介效应（陈凌和陈丽华，2014），还有学者集中研究家族企业主子女的接班问题（陈凌等，2011），即家族企业传承是一个复杂的过程，设计传什么，怎么传，传给谁，以及交接班意愿，交接过程、计划等一系列事项。有的学者（何轩等，2014）也将家族企业的传承意愿作为因变量考察，将外部制度环境与家族企业代际传承联系起来。在此方面的研究基础上，也有学者（张文冉和陈凌，2011）探究总结了家族企业的非经济目标，以及通过家族导向非经济目标对其社会责任的影响机制。

在社会责任方面，以往文献从公共经济学方面研究企业社会责任履行的动因与机制（曹洪彬，2006），发现企业的慈善捐赠行为受到公司财务状况、公司规模、所有权性质等多方面的影响。不少学者研究企业社会责任时，大部分基于利益相关者理论，该理论将企业承担社会责任的对象进行了具体化（Matten et al.，2003）。还有学者（潘琦，2011）研究企业社会责任的形成机制与机理，以利益相关者压力为切入点，认为其是企业慈善捐赠的动力机制。而西方学者（Chrisman，2003）指出家族企业相比较非家族企业会更看重企业的非经济目标；这一非经济目标的概念由学者（Zellweger，2011）总结为那些不为企业直接带来有形的、货币价值的目标。另一些学者（张萍和梁博，2012）则从企业主自身一些性质比如政治关联，即是否为人大代表、政协委员等来研究其对社会责任的影响。

由此可见，家族企业对于非经济目标的追求会对企业产生不同的导向。本章以保留家族企业的所有权、控制权，即代际传承为研究点，探索家族企业的传承问题即保留所有权、控制权的意愿对企业履行社会责任也就是追求的非经济目标的影响，研究二者之间是否存在正相关关系。通过本章实证研究发现，家族企业主的交班意愿对私营企业的社会责任起到积极的促进作用；家族企业主子女的接班意愿对其社会责任的履行起到积极的促进作用。

本章基本框架如下：第二部分将结合已有文献理论及中国的特殊背景进行理论分析，进而推导并提出研究假设；第三部分设置变量和初步建立回归模型；第四部分做出实证分析，报告数据描述和实证结果，并解释模型结果的合理性；第五部分得出结论；最后对本书的贡献价值及局限性做出评估，并对以后的研究方向提供建议。

5.2 文献回顾与假设推导

5.2.1 企业社会责任

美国学者 Sheldon 于 1924 年提出，企业不仅仅要满足股东利益最大化，还要满足其他利益相关者的需求，这使得"企业社会责任"这一概念第一次被正式提出。企业社会责任的划分并没有统一明确的界定，已有文献大多将社会责任进行不同层次的划分。本章借鉴 Gallo（2004）实证研究中员工部分的理论，借鉴非经济目标中对员工发展负责的活动，将对员工的社会责任作为社会责任的基本层面即基本社会责任。同时，在 Zellweger et al.（2011）的家族企业非经济目标理论基础上，综合参考了压力相关者理论，研究高级社会责任即慈善捐赠行为和捐赠额度。

由此可见，家族企业对于非经济目标的追求主要就表现为企业社会责任履行方面的内容。家族企业承担社会责任有利于其自身长远的发展，也有利于为社会创造更多的福利与财富。企业承担社会责任，其益处对于自身不言自明。高级层面的社会责任有利于塑造一个良好的企业形象，维护企业的声誉，有利于企业在市场上进一步拓展；基本企业社会责任的履行则有利于培养老员工的忠诚度，更有利于吸纳优秀的新员工，加强家族对企业的持续控制等。综观全球，很多企业都把社会责任的履行摆在了公司战略地位的高度。

5.2.2 家族企业社会责任的履行

关于企业社会责任履行的影响因素，已经有学者做出了一些研究，比如 Krishna Udayasankar（2008）发现企业的被关注程度、资源权限、营业规模大小等因素会对企业的社会责任行为有综合性的影响，并认为企业规模与企业社会责任履行之间的关系近似于 U 型。此外不少学者对于企业承担社会责任的动因也进行了分类总结，如合法合规性、战略价值等（Hooghiemestra，2000；Porter & Kramer，2002）。一方面，曹洪彬（2006）从公共经济学的角度探讨了企业社会责任的履行，认为政府的一些公共领域支出及税收政策都有利于企业社会责任的履行。潘琦（2012）则以社会责任的形成机制与机理为切入点，从利益相关者压力角度分析企业社会责任的履行。另一方面，不少学者也已经从企业主的个人素质层面来刻画不同变量对于企业社会责任的不同影响。高勇强等（2011）就通过民营企业数据的实证分析，阐述了企业主的社会身份即政治身份（是否担任人大代表或政协委员）与行业身份（行业协会或工商联成员）对民营企业慈善捐赠行为及捐赠水平有着显著的积极影响。张萍和梁博（2012）则进一步指出民营企业社会责任的履行与企业主的政治身份有显著的正相关关系，在地区市场化制度较好的地区，这种政治管理进一步起到促进作用。

虽然目前学术界对于企业承担社会责任有着较多的研究，但对于家族企业这个企业中的子群体，对其社会责任的研究却并不充分。国内外的学术界对于家族企业承担的社会责任尚没有统一明确的概念，与此相关的评价体系也并不很多。国外学者 Gallo（2004）曾做过相关的实证研究，并且将家族企业所承担的社会责任分为内部和外部两方面。内部责任主要涵盖了创造利润，提供较好的商品和服务，关注员工的发展和企业长久持续的经营；外部责任包括支持公共事业及环境保护等。国内学者陈凌等（1994）在以往研究基础上归纳了家族企业关于社会责任感的表现，指出家族企业创立者的价值观可以反映在家族企业的社会责任感中，家族企业对非家族利益相关者的关注以及回报社会的行为都是价值观的具体表现。郑奇磷和赵秦莲（2004）在研究家族企业的社会责任中指出家族企业承担社会责任是为了企业以及社会的可持续发展。严晓青和李晓博（2010）从利益相关者角度建立框架解释家族企业社会责任，认为企业社会责任发展的最高形式是社会创业。陈凌和陈华丽（2014）的研究与本章的研究类似，他们从社会情感财富方面研究了家族涉入对慈善捐赠的显著影响以及社会情感财富对这种影响的中介效应，但是他们只研究了企业社会责任的一个方面，即慈善捐赠，并没有涉及社会责任的其他方面，如对员工的社会责任，而这一方面也是企业社会责任的一个重要组成部分。已有研究较少地将家族企业作为独特的研究因素考虑到企业社会责任履行的重要性中来，同时在家族企业社会责任研究方面，将家族参与作为重要因素研究对家族企业社会责任履行的文献还较少，相对处于起步阶段，至于家族参与与传承对其承担社会责任的影响机制的研究则也显匮乏。

5.2.3 传承意愿与家族企业社会责任履行

通过对国内外相关文献的梳理和研究发现，家族参与的主要界定包括所有权、管理权和传承意愿。这一界定参考 Chua et al.（1999）对家族企业的定义中给出的三要素。因此，大多数研究是将传承意愿作为家族参与的一个重要部分来研究其对家族企业的影响的。国外的家族企业学者 Chrisman & Chua（2010）提出家族参与以家族本质为中介变量，对以家族为中心的非经济目标产生影响。非经济目标指的是不能给企业带来直接有形的货币价值的目标，由 Zellweger et al.（2011）提出，往往反映了组织中联盟的认知价值、态度和意图。Zellweger et al.（2011）概括这种非经济目标为对员工负责的行为表现、与供应商或顾客的信任关系、环境保护及对社会的支持。因此其非经济目标无论理论内容还是实证证据，都与企业社会责任内容有着高度的重合。Gomez-Mejia et al.（2012）提出社会情感财富的概念。陈凌和陈丽华（2014）从社会情感财富的角度入手，研究了家族涉入对企业慈善捐赠行为的影响，以及从社会情感财富的保存这个对于家族具有重要意义的角度分析了家族所有权比例、家族控制时间的持续以及传承意愿对于私营企业社会责任履行的中介效应，从而得出，家族所有权比例、家族成员进入董事会以及家族控制的持续时间都可以对企业慈善捐赠产生积极的影响。但其仅从企业的慈善捐款一方面来定义社会责任，没有探究社会责任其余的内涵。因为其仅从慈善一方面检验传承意愿，因此其得出企业主的交班意愿没有对慈善起到显著的中介作用。综合以上研究，传承意愿是家族参与的三要素之一，家族通过代际传承获得影响企业目标选择的权利与合法性，因此能够影响家族企业追求的非经济目标。

也有学者将家族企业主的传承意愿作为被解释变量（何轩和宋丽红，2014），探讨了外部的制度环境与企业代际传承之间的关系，提出民营企业主对企业持续长期良好经营的导向和对家族持续顺利拥有控制企业的信心的削弱是由于其对地区制度环境不利因素的感知。还有学者（储小平和王宣喻，2004）认为民营企业应该将企业家精神、企业股权、控制权以至社会资本作为其传承的主要内涵。

窦军生（2008）借鉴了家族参与程度归类法，认为家族企业不仅要拥有对企业的绝对控股权，掌握一定的经营权，还应该具有将企业传给下一代的意愿。Dyer & Whetten（2006），Chrisman et al.（2010）都在家族企业非经济目标的研究中解释了家族参与怎样影响企业的非经济目标，并在研究中对家族参与和企业非经济目标的构成给出了不同的见解。根据以上文献，家族企业履行其非经济目标，是出于对家族利益的考虑和保护，而家族企业的非经济目标主要就是表现为企业社会责任方面的内容。但与其他企业不同的是，家族通过所有权、管理权和代际传承获得影响企业目标选择的权利和合法性，进而进一步影响家族企业更多关注非经济目标的追求或者社会责任的追求（Zellweger，2011），这是家族企业区别于非家族企业的典型特征。

Chrisman et al.（2012）的研究表明，传承意愿是家族参与的重要构成因素，出于传承的目的，家族需要考虑企业未来长久的发展，这就导致了其在经营的过程中不仅要考虑短期的经济目标，更会追求长期导向的目标。社会责任的履行有助于提升家族的声誉（Wethead et al.，2001；Sharma & Manikuti，2005），获得当地社会的支持（Zellweger et al.，2011），在企业日后经营遭遇到危机时，更容易得到社会民众的理解和支持（Dyer & Whetten，2006）等一系列积极的回报。通常这种社会资本会通过企业的代际传承延续给继承企业的下一代，从而使得接班人从中获益，实现企业长久的可持续发展。

综合以上阐述推导，本章提出主要研究假设：

H1：企业主的交班意愿对中国家族企业社会责任的履行有积极影响。

H2：子女的接班意愿对中国家族企业社会责任的履行有积极影响。

5.3 研究设计

5.3.1 数据来源及样本选择

根据中共中央统战部、中华全国工商业联合会、原国家工商行政管理总局、中国民（私）营经济研究会私营企业研究课题组2010年3月进行的私营企业调查问卷，笔者在4614份问卷中剔除异常值及缺失值，选出本章分析的样本数据——2175家私营企业数据，涵盖31个省、市、自治区，19个不同行业。

5.3.2 变量设置

企业社会责任将从两个方面定义：①家族企业初级的社会责任即对内部员工的责任，员工的利益关系到企业的长久发展，履行好对企业员工的社会责任有利于家族企业的良好健康传承。②家族企业高级层面的社会责任，即企业2009年度的扶贫救灾环保慈善等公益事业捐款额。

表 5-1 被解释变量

变量度量维度		变量符号	变量定义	数据来源题号
被解释变量	初级：对内部员工的社会责任	employee_ dummy	虚拟变量，若 employee_ >所有样本 employee_ 平均值，则赋值1，小于均值赋值为0	问题21b、28
		employee_ ln	连续变量，（2009年员工工资、福利支出总额）/2009年销售额（单位：万元）	
	高级：对外部社会的责任即慈善捐赠	donation_ dummy	虚拟变量，2009年企业有慈善捐赠行为赋值为1，无慈善捐赠行为赋值为0	问题9b
		donation_ ln	连续变量，慈善捐赠的额度，2009年慈善捐赠额取自然对数	

第5章 家族企业传承意愿与企业社会责任履行

解释变量——传承意愿从企业主的交班意愿与子女的接班意愿两个方面来定义。企业主的交班意愿 pw，根据问卷问题 33c 进行编码，即你是否考虑过让子女接管本企业（1＝让子女接管本企业；2＝子女不要留在本企业工作；3＝让子女继承股权，但不要在本企业工作；4＝只给子女留一笔生活费；5＝其他；6＝目前还没有考虑这个问题）。重新编码为虚拟变量，规则为：若选择1或者选择3，则赋值为1，选择2、4、5、6均赋值为0，缺失值剔除。

在选择3的情况下，企业的所有权仍属于企业主子女，因此企业主预计未来企业的长期发展与企业主的交班意愿有着紧密的关系。实际股权的继承说明企业主希望企业朝着更好的方向发展，会更加重视企业长期的经营管理状况，而企业的经营管理状况直接与对员工的社会责任相关，故企业会重视对员工方面的责任的履行。

子女的接班意愿 sw 根据问题 33d 进行编码，即您的子女有没有接班的意愿（1＝有，2＝没有，3＝不知道）。重新编码为虚拟变量，规则为：若选择1，则赋值为1，剔除缺失值，其余2、3均赋值为0。

表 5-2 解释变量

传承意愿	变量名称	变量定义	数据来源题号
交班意愿	pw	虚拟变量，选择1、3赋值为1，选择2、4、5、6赋值为0，缺失值剔除	问题33c
接班意愿	sw	虚拟变量，选择1赋值为1，选择2、3赋值为0，缺失值剔除	问题33d

以往的研究发现，企业社会责任的履行与企业自身的一些性质有联系，其中包括企业规模、资产负债率、收益率等，而企业主自身的一些性质也会对其产生影响，如企业主的性别、年龄、受教育程度、政治身份等。因此，本章在企业层面与个人层面采取以下控制变量。

表 5-3 控制变量

变量名称	变量符号	变量定义	数据来源标号
企业规模	size	ln（企业员工总人数）	问题27an
资产负债率	lev	资产负债率	问题24c
权益收益率	return_on_equtiy	2009净利润/2009所有者权益	问题21、16

续表

变量名称	变量符号	变量定义	数据来源标号
企业主政治关联	political_con	若企业主为人大代表或政协委员则为1，否则为0	问题6a、6b
企业主性别	gender	企业主性别男为1，女为0	问题1
企业主受教育程度	education	大学学历及以上为1，以下为0	问题3
企业主年龄	age	2009年底企业主的年龄	问题2
行业变量	industry	不同的数值代表不同的行业，共19个行业分类，分别为农林渔牧、采矿业、制造业、电力煤气水、建筑业、交通运输、信息服务、批发零售、住宿餐饮、金融房地产、租赁、科研技术、公共设施、居民服务、教育、卫生、文化体育、公共管理	问题19

5.3.3 回归模型建立

针对假设H1，建立模型如下：

$$employee\_dummy = \beta_0 + \beta_1 pw + \beta_2 size + \beta_3 lev + \beta_4 return\_on\_equity + \beta_5 political\_con + \beta_6 gender + \beta_7 education + \beta_8 age + \beta_9 industry + \varepsilon$$

$$employee\_ln = \beta_0 + \beta_1 pw + \beta_2 size + \beta_3 lev + \beta_4 return\_on\_equity + \beta_5 political\_con + \beta_6 gender + \beta_7 education + \beta_8 age + \beta_9 industry + \varepsilon$$

$$donation\_dummy = \beta_0 + \beta_1 pw + \beta_2 size + \beta_3 lev + \beta_4 return\_on\_equity + \beta_5 political\_con + \beta_6 gender + \beta_7 education + \beta_8 age + \beta_9 industry + \varepsilon$$

$$donation\_ln = \beta_0 + \beta_1 pw + \beta_2 size + \beta_3 lev + \beta_4 return\_on\_equity + \beta_5 political\_con + \beta_6 gender + \beta_7 education + \beta_8 age + \beta_9 industry + \varepsilon$$

针对假设H2，建立模型如下：

$$employee\_dummy = \beta_0 + \beta_1 sw + \beta_2 size + \beta_3 lev + \beta_4 return\_on\_equity + \beta_5 political\_con + \beta_6 gender + \beta_7 education + \beta_8 age + \beta_9 industry + \varepsilon$$

$$employee\_ln = \beta_0 + \beta_1 sw + \beta_2 size + \beta_3 lev + \beta_4 return\_on\_equity + \beta_5 political\_con + \beta_6 gender + \beta_7 education + \beta_8 age + \beta_9 industry + \varepsilon$$

$$donation\_dummy = \beta_0 + \beta_1 sw + \beta_2 size + \beta_3 lev + \beta_4 return\_on\_equity + \beta_5 political\_con + \beta_6 gender + \beta_7 education + \beta_8 age + \beta_9 industry + \varepsilon$$

$$\text{donation\_ln} = \beta_0 + \beta_1 \text{sw} + \beta_2 \text{size} + \beta_3 \text{lev} + \beta_4 \text{return\_on\_equity} + \beta_5 \text{political\_con} +$$
$$\beta_6 \text{gender} + \beta_7 \text{education} + \beta_8 \text{age} + \beta_9 \text{industry} + \varepsilon$$

上述模型中，β_0 为常数项，β_i 为各项回归系数，ε 为误差项。

其中，对于被解释变量为连续变量的模型，采用 OLS 普通最小二乘法线性回归；对于被解释变量为虚拟变量的模型，采用 Probit 回归。

5.4 实证结果与分析

5.4.1 主要变量数据描述性统计

表 5-4 是模型中涉及的主要变量的基本数据特征汇总，包括变量的观测值、均值、标准差、最小值、最大值。从表中数据可以看出，样本中的家族企业对社会责任的履行较好，有 22.5% 的企业对员工承担了社会责任，有 72.7% 的企业进行了捐赠。但是社会责任履行的差异较大。同时在传承意愿方面，有 34.3% 的企业有交班意愿，只有 17.4% 的企业有接班意愿。

表 5-4 主要变量数据描述

Variable	N	Mean	Std. Dev.	Min	Max
employee_dummy	2175	0.2253	0.4179	0.0000	1.0000
employee_ln	1981	0.2342	0.4530	0.0040	3.3443
donation_dummy	2175	0.7274	0.4454	0.0000	1.0000
donation_ln	1582	0.1441	2.0548	-3.9120	5.2983
pw	2175	0.3430	0.4748	0.0000	1.0000
sw	2175	0.1738	0.3790	0.0000	1.0000
size	2175	3.8260	1.6005	0.6931	7.7424
lev	2175	0.1906	0.2578	0.0000	0.9500
roe	2175	0.3349	0.7167	-0.3878	5.0000
gender	2175	0.8634	0.3435	0.0000	1.0000
education	2175	0.2639	0.4409	0.0000	1.0000
age	2175	45.7269	8.4746	25.0000	67.0000
political_con	2175	0.4506	0.4977	0.0000	1.0000

5.4.2 企业主传承意愿与企业社会责任履行

本章将对接班意愿和交班意愿对企业社会责任初级层面和高级层面履行的两个方面进行回归，其回归结果列示于表5-5和表5-6。

表5-5 企业主的交班意愿与企业社会责任回归结果

VARIABLES	(1) donation_dummy	(2) employee_dummy	(1) donation_ln	(2) employee_ln
pw	0.107* (0.0645)	0.088* (0.0677)	0.040 (0.0881)	0.036* (0.0212)
size	0.135*** (0.0219)	−0.002 (0.0243)	0.647*** (0.0320)	0.031*** (0.00787)
lev	−0.003** (0.00120)	−0.009*** (0.00140)	0.000 (0.00174)	−0.002*** (0.000405)
roe	0.096** (0.0452)	−0.252*** (0.0591)	−0.006 (0.0561)	−0.039*** (0.0137)
gender	−0.041 (0.0862)	−0.310*** (0.0872)	0.258** (0.122)	−0.029 (0.0299)
education	−0.025 (0.0692)	−0.050 (0.0745)	0.425*** (0.0949)	−0.037 (0.0234)
age	−0.006 (0.00369)	−0.007* (0.00396)	0.005 (0.00530)	−0.001 (0.00126)
political_con	0.518*** (0.0669)	−0.140** (0.0706)	0.766*** (0.0893)	−0.0843*** (0.0219)
Constant	0.199 (0.179)	−0.082 (0.226)	−3.254*** (0.293)	0.304*** (0.0718)
Observations	2,175	2,175	1,582	1,981
R-squared	0.245	0.321	0.394	0.081

注：*表示显著性程度，*、**、***分别代表在10%、5%和1%的水平上显著。括号内为相关回归系数的标准误差。

表5-6 子女的接班意愿与企业社会责任回归结果

VARIABLES	(1) donation_dummy	(2) employee_dummy	(1) donation_ln	(2) employee_ln
sw	0.145* (0.0843)	−0.029 (0.0888)	0.254** (0.111)	−0.015 (0.0272)
size	0.134*** (0.0219)	−0.002 (0.0242)	0.647*** (0.0320)	0.031*** (0.00788)

续表

VARIABLES	(1) donation_dummy	(2) employee_dummy	(1) donation_ln	(2) employee_ln
lev	-0.003** (0.00120)	-0.009*** (0.00140)	0.000 (0.00174)	-0.002*** (0.000406)
roe	0.099** (0.0451)	-0.248*** (0.0589)	-0.009 (0.0560)	-0.038*** (0.0137)
gender	-0.043 (0.0862)	-0.310*** (0.0872)	0.264** (0.122)	-0.029 (0.0299)
education	-0.025 (0.0692)	-0.056 (0.0746)	0.441*** (0.0949)	-0.039 (0.0234)
age	-0.007* (0.00376)	-0.006 (0.00401)	0.002 (0.00541)	-0.001 (0.00129)
political_con	0.519*** (0.0669)	-0.139** (0.0705)	0.764*** (0.0891)	-0.083*** (0.0220)
Constant	0.239 (0.181)	-0.093 (0.227)	-3.166*** (0.295)	0.293*** (0.0725)
Observations	2,175	2,175	1,582	1981
R-squared	0.256	0.301	0.396	0.080

注：*表示显著性程度，*、**、***分别代表在10%、5%和1%的水平上显著。括号内为相关回归系数的标准误差。

由表5-5可见，企业主的传承意愿对企业社会责任的履行呈显著正向的促进作用，其中企业主的交班意愿pw与企业初级的社会责任即企业对内部员工的责任包括虚拟变量employe_dummy和连续变量employee_ln都在10%的显著性水平上显著；与此同时，企业主的交班意愿pw与企业慈善捐赠的虚拟变量donation_dummy，即企业是否有捐赠行为在10%的显著性水平上显著。这表明企业主越是希望将自己的企业，广义上包括企业的股权传承，越会更好地履行对企业内部员工的社会责任。这其中的原因不言自明，因为与员工方面相关工资的支出以及员工相关分红支出、相关初级的社会责任履行可以更加直接地作用于企业发展方面，增强了员工的忠诚度，使其更好地为企业服务，从而更好地提高企业管理的效率，有利于企业长期稳定的运行发展等。而企业外部社会责任的履行对企业来讲是一种关乎企业形象的长远的无形财富，履行更高的社会责任有利于建立一个负责任的、良好的企业形象。慈善捐赠无疑有利于维护这一良好的形象，因此企业的捐赠行为可以被视为建立良好的企业形象的有效手段，从企业长久的发展来看，是有利于企业健康运行的。因此，企业主越是想要将企业传给自己的子女，就越会在意其是否有慈善捐赠的行为，从而建立起良好的企业形象，有利于企业的常青。

由表 5-6 可以观察出企业主子女的接班意愿 sw 与企业履行高级层面的社会责任呈显著正相关关系。从慈善捐款的行为方面来看，接班意愿 sw 与企业的慈善捐赠行为 donation_dummy 在 10% 的显著性水平上显著，同时，从企业慈善捐赠的额度来看，sw 与私营企业慈善捐赠的自然对数 donation_ln 在 5% 的显著性水平上显著，并且拟合优度 R^2 为 0.396，拟合效果良好。由此我们可以得出，企业主子女的接班意愿对企业高层次社会责任的履行即企业的慈善捐赠行为有显著的激励作用。其子女的接班意愿会传递给企业主一种良好积极的信号，使其更加将企业看成是家族的重要组成部分以及家族的延伸，因此追求企业非经济目标之外的更高层面上的目标，这可以进一步增强家族的凝聚力和家族成员身份的认同感。慈善捐赠作为企业履行社会责任高级层面行为，有利于企业长远发展、企业正面形象的塑造和企业内部家族成员认同感荣誉感的增强。因此，其子女的接班意愿 sw 与企业高级层面社会责任的履行即企业慈善捐赠呈显著正相关关系。

此外，值得注意的是，接班意愿 sw 与企业初级的社会责任的履行即对内部员工的社会责任 employee_dummy 与 employee_ln 均不呈现显著关系，可能是因为私营企业的慈善捐赠是在扣除各项成本费用之后所得的净利润之上才能履行的高级社会责任，因而在考察企业慈善捐赠行为时已将对员工支付的各项工资分红扣除掉，因此二者可能存在一些方面的抵消影响。可能原因尚不明确，有待其他研究者的进一步探索。

综前文所述，家族企业主的交班意愿与企业初级层面社会责任的履行即对员工的社会责任呈显著正相关关系；家族企业主子女的接班意愿与企业高级层面社会责任的履行即慈善捐赠呈显著正相关关系。本章初步探索了家族企业社会责任的履行与企业传承问题之间的微妙关系。

5.5　研究结论

本章通过提出假设，建立模型，数据回归处理，进行了实证研究，利用有效数据证实了家族企业传承意愿与社会责任的履行行为呈现出较显著的正相关关系；并且在以往文献的基础上，更进一步地分析了家族企业传承问题对于企业社会责任影响的作用机理，提出家族企业基本层面的社会责任的履行与企业主的交班意愿呈显著正相关关系，高级层面的社会责任的履行即慈善捐赠与其子女的接班意愿呈显著正相关关系。

本章用实证数据将传承意愿与家族企业的社会责任行为建立了联系，证实了以前学者的一些研究，在以往文献的基础上做出了相应的补充，对于政府在保护家族企业健康良好的传承与发展方面提供了理论上的依据，具有一定的意义。同时，笔者根据对企业社会责任不同层级的划分，从家族企业非经济目标的角度，进行了进一步的补充，即企业主的交班意愿对家族企业基本社会责任的履行有显著正相关的影响。

本章研究结果的实践意义在于，从社会整体出发，企业承担适当的社会责任有利于社会更为和谐，因此，政府应使用有效手段引导并鼓励企业承担社会责任。而根据以上推导及结论可见，传承意愿对于中国家族企业的社会责任履行行为有正向积极的影响，因此，建议政府继续大力支持保护和鼓励非公有制，特别是民营企业的发展，同时加强对私有产权的保障，增强政府对民营企业"扶持之手"的作用，保护企业家长期经营的恒心与毅力，增强企业持久经营的稳定性，从而最大限度地促进民营企业履行相应的社会责任，保证全社会各部门更高效健康地运转。

虽然本章研究归纳出一些理论价值，对中国家族企业社会责任的履行实践具有一定的现实意义，本研究尚存在一定的不足之处，比如企业主的交班意愿与企业社会责任高级层面履行回归时没有显著相关性，其子女的接班意愿与企业基本层面的社会责任履行也没有呈现显著的相关关系。具体原因和机理留待以后继续研究。

本章主要参考文献

[1] Carroll, A. B., 1979. A three-dimensional conceptual model of corporate social performance. Academy of Management Review 5 (2), 497-505.

[2] Chrisman, J. J., Chua, J. H., Litz, R., 2003. A unified systems

perspective of family firm performance: An extension and integration. Journal of Business Ventureing 18 (4), 467-472.

[3] Chrisman, J. J., Chua, J. H., Person, A. W., Barnett, T., 2010. Family involvement, family influence, and family-centered non-economic goals in small firms. Entrepreneurship Theory and Practice 36 (2), 267-293.

[4] Dyer, W. G., 2006. Examining the "family effect" on firm performance. Family Business Review 19 (4), 253-273.

[5] Dyer, W. G., Whetten, D. A., 2006. Family firms and social responsibility: Preliminary evidence from the S&P 500. Entrepreneurship Theory and Practice 30 (6), 785-802.

[6] Gomez-Mejia, L. R., Haynes, K. T., Nunez-Nickel, M., Jacobson, K. J. L., Moyana-Fuentes, J., 2007. Socioemotional wealth and business risks in family-controlled firms: Evidence from Spanish olive oil mills. Administrative Science Quarterly 52 (1), 106-137.

[7] Hooghiemestra, R., 2000. Corporate communication and impression management-new perspectives why companies engage in corporate social reporting. Journal of Business Ethics 27 (1), 55-68.

[8] Porter, M. E., Kramer, M. R., 2006. Strategy and society: The link between competitive advantage and corporate social responsibility. Harvard Business Review 84 (12), 78-93.

[9] Porter, M. E., Kramer, M. R., 2002. The competitive advantage of corporate philanthropy. Harvard Business Review 80 (12), 56-68.

第6章 家族企业传承决策的动因研究
——宏观到微观的视角①

6.1 引言

在我国大量家族企业面临着传承的关键时刻,系统而全面地研究家族企业传承的动因具有重要的理论和现实意义。已有的文献对影响家族企业传承决策的因素进行了一定的分析。Burkart et al. (2003)通过模型分析认为投资者保护程度会显著影响继承人的选择。Bennedsen et al. (2007)、Bertrand et al. (2008)发现家族人力资本会影响继承人参与家族企业的管理。Perez-Gonzalez (2006)、Breton-Miller et al. (2004)、Fiegner et al. (1996)的研究认为继承人的素质、经历会影响家族企业是否选择家族成员成为继承人。Sharma et al. (2001)、窦军生和贾生华(2007)将创始人和继承人的个人意愿确定为影响传承决策的因素。同样在个体层面,窦军生和贾生华(2008)、窦军生等(2009)认为企业家默会知识、企业家关系网络和企业家精神是传承中的三大类要素。储小平(2000)、韩朝华等(2005)、张建琦和汪凡(2003)分别采用理论研究、案例研究和实证研究的方法分析家族企业传承在家族继承人和职业经理人之间选择的动因。已有文献对于家族企业传承动因的研究主要集中在创始人个人的特征上,对于其他因素,特别是对创始人决策有着重要影响的宏观因素和企业治理结构方面的研究相对不足。

在已有文献的基础上,本章选取2002年至2015年间中国A股上市家族企业为研究样本,以是否由二代家族成员担任董事长或CEO为度量指

---

① 本章内容中,裴泱进行了主要的理论研究和数据分析工作。

标，构建了从地区宏观环境到家族微观层面的完整分析框架，深入而系统地研究了中国家族企业选择二代家族成员担任主要管理者的外部环境动因和家族内部动因。实证结果显示，在地区层面，地区制度环境对家族企业内部传承决策有正向的影响；地区传统文化以及宗教文化的影响程度对家族企业内部传承决策有正向的影响；地区社会资本对家族企业内部传承有负向的影响。在企业层面，家族成员参与企业的程度与家族企业内部传承决策有正向的影响。

本章的主要贡献体现在以下方面：首先，区别于已有的对企业传承的研究，本章立足于中国家族企业经营管理的实践，构建了从宏观到微观的分析框架，在更为广泛和全面的维度上对传承动因进行了界定。其次，本章首次将具有中国特色的文化环境背景下的宗教信仰、家族观念等地区文化要素与家族企业传承联系起来，不仅补充了目前企业传承只关注企业层面或政府层面而相对忽视社会文化传统的研究，还补充了有关家族企业传承影响因素和社会文化要素对于企业决策的影响研究的相关文献；最后，本章将家族成员参与企业管理这一企业层面的治理结构要素引入具体的分析框架中，进一步丰富了不同治理结构下家族企业进行传承决策的相关文献。

本章余下部分的结构安排如下：第二部分是理论分析与研究假设；第三部分是样本选取与研究设计；第四部分是实证检验结果与分析；最后是本章的研究结论与启示。

6.2 文献回顾与假设推导

6.2.1 地区制度环境对传承决策的影响

制度环境是转型经济中影响企业行为的重要宏观环境因素。在由政府主导的计划经济向市场经济转型的过程中，政府与市场关系的变革成为经济转型的主线：一方面，经济资源的配置由政府主导转向市场体制；另一方面，政府对经济活动从直接干预逐渐转向监督和管理。由于改革开放进程的不统一，各地区经济、金融、社会、法治以及其他制度环境存在较大差异,影响着家族企业的传承意愿和下一代管理者的选择。在产权缺少保障的情况下,家族企业不会有意愿跨代持续经营,因而不选择家族二代担任董事长或 CEO 管理企业。

市场在资源配置中的作用也与产权的保障程度密切相关。借助有效率的市场,民营企业能公平自由地获取资源,产权才能得以保障。在政府过度控制经济资源的情况下,民营企业难以获得稀缺的经济资源(Bai et al.,2006),例如民营企业很难持续从主要银行获得大额信贷资金。因此,在市场发展较差、政府支配经济资源的制度环境下,家族企业跨代持续经营需要付出更多的成本。

根据上述分析,本章提出如下假设:

H1:地区制度环境越好,家族企业越倾向于选择二代家族成员担任董事长或 CEO。

6.2.2 地区传统文化对传承决策的影响

文化一直以来被认为是影响经济活动的重要因素(Hofstede,1980;Granato,1996)。在亚洲,以儒家为代表的传统文化一直是地区经济快速增长的重要推动力(Hofstede & Bond,1988;Huang,1988;Tai,1989)。尤其是植根于民族传统文化的家族企业为亚洲的经济增长做出了重要贡献(Greenhalgh,1994)。有学者认为,亚洲的传统文化极大地塑造了企业家的价值观念,从而对中国家族企业的管理产生了深刻影响(Zapalska & Edwards,2001)。

中国传统文化主要表现在家庭观念、商帮文化和宗教信仰几个方面,受传统文化熏陶程度的不同会影响家族企业是否选择二代担任董事长或 CEO。由于中国是一个以家庭为基础的社会,注重"家"的观念深深根植于人的思想观念中,其中儒家思想中的"家本位"最为体现这一特征。中国家族企业管理充分体现了"家本位"思想,这种具有深刻影响的儒家思想很自然地被引入企业中。西方的研究也认为"家族主义"是中国企业中最具影响力的因素(Kao,1993;Weidenbaum & Hughes,1996;Zhang & Ma,2009;Kim & Gao,2010)。因此,在中华民族自古以来重视家庭、重视亲情的"家文化"熏陶下,"子承父业"是中国家族企业在面临代际传承问题时最为普遍的选择,任人唯亲的用人制度是体现该文化的一大特征(许叶枚,2011)。储小平(2000)指出:在相对不发达的经济体中,家族企业多根据特殊主义(亲情规则)安排经济职务或岗位。Morris(1997)也曾提出家族关系的和谐度与家族代际传承意愿呈显著相关性。

传统文化的另一个关键组成部分是等级制。传统的儒家文化非常重视家庭和组织的等级和秩序。在一定程度上,组织结构是家庭结构的复制(Sheh,1995)。强烈的等级观念使家族企业的所有者有强烈的动机保持对企业的绝对控制和家长式的领导风格(Bond & Hwang,1986;Redding,1990;Sheh,2001)。"关系"对中国地区传统文化有深远影响。人们往往对非家庭成员的信任度较低,如果建立了某种关系并相互信任,人们就会建立一个密切的网络。这种网络通常建立在同一地区或者具有相似的背景的人群之间(Yeung & Tung,1996)。以中国传统商帮文化为例,商帮文化以地域为中心,以血缘、地缘(乡谊)为纽带,以"相亲相邻"为宗旨,是中国传统文化与商业活动孕育出的具有中国古典特色的商业文化。中国的商帮文化非常讲究血缘和宗族关系,如徽商强调在宗族子弟中选拔经理和伙计,依赖隐含契约、族规家法治理商帮内部的代理关系。因此受传统商帮文化影响的家族企业可能更重视企业的传承,将家族企业视为实现家族愿景的载体,家业代代传承的意愿更为强烈。

综上所述,董事长和CEO的选择作为家族企业的重要决策会受到传统文化因素的影响。传统文化的核心观念"家本位",强调家庭关系和承担照顾家庭成员的责任,这种价值观念使家族企业更有可能选择二代家庭成员作为董事长或CEO。受等级秩序观念影响,家庭所有者在家族中拥有绝对权威,并倾向于扩大对家族企业的控制,有家庭关系的家庭成员更可能是企业继承人的首选。基于关系的文化,使企业家对"外来者"的信任度较低,因此他们更有可能选择与家庭关系密切的人作为管理者。尤其是在市场制度相对较差的情况下,家庭关系可以作为一种非正式的契约。

基于上述理论推导,本章提出如下假设:

H2a:受地区传统文化影响越深,家族企业越倾向于选择二代家族成员担任董事长或CEO。

宗教信仰是中国传统文化中不可分割的一部分,因此,家族企业代际传承的行为决策作为家族的重要决策之一，也会被打上地区宗教信仰的烙印。由于宗教人士通常对风险和不确定性有更高的规避态度（Miller & Hoffmann，1995；Osoba，2003；Hilary & Hui，2009；Renneboog & Spaenjers，2009），因此我们认为受地区宗教信仰影响更深的家族企业倾向于选择二代家庭成员担任管理职位，因为"家里人"更可靠，家族财产损失的风险更小。

基于上述理论推导，本章提出如下假设：

H2b：受地区宗教信仰影响越深，家族企业越倾向于选择二代家族成员担任董事长或CEO。

6.2.3 地区社会资本对传承决策的影响

地区社会资本如信任、规范和网络等是社会组织的特征，可以促进行动协调，提高社会的效率（Putnam，1993；Guiso，2010）。研究发现基于信任的地区社会资本对商业交易、企业生存乃至地区经济发展都发挥着重要作用（Fukuyama，1996；Guiso，2004）。本章主要引入地区信任度进行考察。

信任是嵌入社会结构和制度中的一种功能化机制。在中国社会的情境下，中国传统的信任不是建立在信仰共同体基础上的普遍信任，而是建立在血缘关系共同体基础之上的特殊信任，这种基于血缘关系的特殊信任是建立在儒家文化和农耕文化的交互作用基础上的，而随着中国市场经济的发展，作为市场经济基础的信用经济必然会对中国传统的基于血缘关系的信任文化产生冲击。传统的仅存在于血缘关系的信任会逐渐扩散，社会信用环境从低信任度社会逐渐向高信任度社会过渡。在信任度水平高的社会或文化中，社会交往发达，人们不会仅局限于信任家族或血缘关系内部成员或更多地依赖所谓"熟人"圈子内的人员。从家族企业研究层面来说，信任度水平影响着家族企业代际传承决策行为，比如从委托代理机制层面上分析，信任程度越高，越容易建立委托代理机制，家族企业越会向外部寻求有能力的职业经理人来管理其企业；若信任度水平低，在家族企业的委托代理机制中看到的是更多的不信任，家族企业的代际传承意愿也更多地集中于以血缘关系为核心的家庭内部成员。

基于上述理论推导，本章提出如下假设：

H3：地区信任度越低，家族企业越倾向于选择二代家族成员担任董事长或 CEO。

6.2.4 家族参与管理对传承决策的影响

在家族所有权占主导地位的中国企业中，家庭成员往往会参与企业管理，担任领导职务。家族涉入使家族具有塑造企业目标、战略和行为的权力与合法性（陈凌等，2014）。家族涉入越深，家族成员可以凭借其企业主的地位行使更不受限制的自由裁量权（Anderson & Reeb，2003）。家族所有权赋予家族成员监督企业的权力，包括选择决定和实施战略的董事会和管理层成员（Jones et al.，2008）。

因此，选择董事长和 CEO 作为公司的一项重大决策，可能会受到家庭参与的影响。此外，企业的相关研究表明，重视家族的非经济收益（如满足归属和情感需求、家族价值观的延续、家族王朝的保存和企业社会资本的保护等）是家族企业战略决策的关键特征。Gomez-Mejia et al.（2007）首次提出"社会情感财富（SEW）"的概念，将家族从企业取得的满足自身情感需要的非经济效用统称为 SEW，保存和增强社会情感财富是家族企业战略决策的首要参照点。家族为了实现保存和增强社会情感财富的动机，会影响企业的重要战略决策。传承是社会情感财富的一个关键维度，会影响企业对下一代接班人的选择。家族涉入程度越高，家族与组织的关系越紧密，家族成员就越容易被经常提醒他们的组织身份；更大的家族所有权比例、更长的家族控制持续时间往往会造成家族成员对企业的心理依恋，将企业视作"我们自己的"企业（Zellweger & Astrachan，2008）；而家族成员进入董事会、家族对企业管理权的涉入使得家族成员的工作兴趣与企业相关联（Sharma et al.，2001），更希望"自己人"管理继承企业。

基于上述理论推导，本章提出如下假设：

H4：家族参与管理程度越深，家族企业越倾向于选择二代家族成员担任董事长或 CEO。

6.3 研究设计

6.3.1 数据来源及样本选择

根据已有文献（贺小刚和连燕玲，2009；陈德球等，2012），本章将上市家族企业界定为上市公司的最终实际控制人为自然人或家族的企业，实际控制人以上市公司年报中的披露为准。本研究选取2002年至2015年间中国A股上市家族企业为研究样本，并执行了以下筛选程序：①剔除了存在行业特殊性的金融行业样本；②剔除ST和PT行业的公司，因为其财务数据的极端值会对研究结果产生影响；③剔除样本期间关键数据缺失的样本。最终得到了10197个观测样本。其中，家族企业治理结构和家族人力资源相关的数据均通过年报人工收集整理而得，公司财务方面的数据均来自RESSET数据库。

地区的制度环境变量采用了樊纲等（2000—2014年）的市场化指数及各项分指数。地区传统文化、宗教及相关控制变量来自中国及各省份统计年鉴。此外，本研究对所有连续变量样本中1%以下和99%以上的分位数进行了缩尾处理，以控制极端值和异常值对回归结果的影响。

6.3.2 变量设置

在被解释变量的选择上，根据数据可获得性，本章用二代家族成员是否担任董事长（Chair）和二代家族成员是否担任CEO两个指标衡量，如果二代家族成员担任董事长，则Chair取值为1，否则为0；如果二代家族成员担任CEO，则CEO取值为1，否则为0。

在制度环境的度量上，本章参照罗党论和唐清泉（2009）、余明桂和潘红波（2008）等的做法，采用目前被广泛使用的樊纲等编制的中国各地区市场化指数体系（2000—2014年）中的相关指标来度量地区的制度特征。在具体指数的选择上，本章首先选择总的市场化指数（Market）来表示各地区的市场化程度，市场化程度越高的地区，制度环境发展越完善。同时，本书还选择了非国有经济发展（Private）、法律制度环境（Law）、金融市场发达程度（Finance）和地区贪腐程度（Corruption）等分指标代表地区政府和市场资源配置的效率。

在中国传统文化方面，用"家族观念"衡量该地区受儒家为代表的传统文化的影响程度，分别用"地区生育率"（Birthrate）和"离婚率"（Divorce）两个指标衡量。"地区生育率"越高，"离婚率"越低，说明该地区越注重家庭价值。"地区宗教信仰"则根据中国统计年鉴记载的我国境内31个省、自治区和直辖市的宗教活动场所数量（Religionplace）和重点寺庙宗教数量（Temple）作为代理变量进行衡量，数量越多，则表明该地区宗教信仰氛围浓厚；反之，则表明宗教信仰水平低。商帮文化是基于商业传统构建的关系网络所产生的特殊信任，这一指标根据张海鹏（1999）《中国十大商帮》一书划分商帮所属地域，若该省、自治区和直辖市属于明清十大商帮文化的经济区域，则变量Shangbang取值为1；反之则为0。

地区社会资本主要用"地区信任度"衡量。本章主要采用两个指标来度量：第一个指标是地区商业信用环境（Trust），这是基于社会总体信用水平的普遍信任，采用在城市商业信用环境指数课题组2012年发布的《CEI蓝皮书：中国城市商业信用指数》中各省（包括31个省、自治区和直辖市）商业信用环境的七个方面的综合得分为衡量指标，指数越大表示地区商业信用越高，信任状况越好。第二个指标参考已有的文献（Guiso et al., 2010），采用地区献血率（Blood_donate）代表地区信任水平。献血率越高，说明地区信任度越高。

在家族参与管理这一影响因素上，主要从"家族企业关系"和"家族成员涉入程度"两个方面衡量。"家族企业关系"为虚拟变量，包括夫妻关系（Rela_cp）、兄弟关系（Rela_bro）、父子关系（Rela_son）和家族性持股（Rela_fam）这四个类型。家族成员涉入程度从家族成员是否担任董事会或管理层的职务（担任职务取1，否则取0）及相关人数两个维度考虑。

已有的文献（Seker & Yang，2012；何轩等，2014）指出，企业层面和宏观经济的一些特征也会影响企业传承的决策。因此，本章设置了一些控制变量，如GDP总量（GDP），企业层面特征包括杠杆率（Leverage）、总资产回报率（ROA）、企业规模（Size）、企业创办至今的年份（Age）等。为了消除规模化影响，对相关变量取自然对数。

6.3.3 回归模型建立

基于上文分析，本章对所做假设分别采用不同维度的变量进行实证检验。其中，采用 Logistic 回归方法检验影响家族企业选择下一代管理者的因素。本章设定待检验回归方程（1）如下：

$$\text{Chair/CEO} = \alpha_0 + \alpha_1 \text{factor} + \alpha_1 \text{Control} + \varepsilon \tag{1}$$

其中，Chair/CEO 为上文界定的二代家族成员担任管理者的虚拟变量；factor 为上文界定的社会文化因素和家族人力资源的度量。

6.4 实证结果与分析

6.4.1 地区制度环境与传承决策

表 6-1 是地区制度环境与二代家族成员是否担任董事长的回归结果。实证结果显示，Market 的估计系数在 1% 的显著性水平下为负，同时 Private，Law，Finance 这 3 个变量也都与被解释变量正相关，地区贪腐程度（Corruption）与被解释变量显著负相关，表明地区制度环境越好，家族企业越倾向于让二代家族成员继承管理企业，支持 H1 的结论。表 6-2 是地区制度环境与二代家族成员是否担任 CEO 的回归结果，制度环境变量的相关系数与表 6-1 一致，进一步验证了 H1 的假设。

表 6-1 二代家族成员担任董事长与地区制度环境回归结果

	（1）Chair	（2）Chair	（3）Chair	（4）Chair	（5）Chair	（6）Chair
Market	0.007*** (0.002)					
Private		0.001 (0.002)				
Product			0.006** (0.003)			
Factor				0.007*** (0.001)		

续表

	(1) Chair	(2) Chair	(3) Chair	(4) Chair	(5) Chair	(6) Chair
Law					0.005*** (0.001)	
Corruption						-0.001** (0.000)
Leverage	-0.017*** (0.004)	-0.009** (0.004)	-0.011*** (0.004)	-0.017*** (0.004)	-0.011*** (0.004)	-0.004 (0.003)
Size	0.022*** (0.002)	0.004 (0.003)	0.002 (0.003)	0.020*** (0.002)	0.001 (0.003)	0.005*** (0.002)
ROA	-0.006 (0.009)	-0.003 (0.009)	-0.002 (0.009)	-0.006 (0.009)	-0.002 (0.009)	-0.013 (0.013)
Firmage	0.009*** (0.002)	0.009*** (0.002)	0.010*** (0.002)	0.009*** (0.002)	0.009*** (0.002)	0.004*** (0.000)
GDP	-0.002 (0.015)	-0.004 (0.015)	-0.005 (0.015)	-0.002 (0.015)	-0.005 (0.015)	0.007* (0.004)
Industry	control	control	control	control	control	control
Year_dummy	control	control	control	control	control	control
Constant	-0.205*** (0.028)	-0.731*** (0.051)	-0.057 (0.140)	-0.173*** (0.026)	-0.018 (0.141)	-0.125*** (0.045)
Observations	10,197	10,197	10,197	10,197	10,197	10,197
R-squared	0.014	0.032	0.036	0.017	0.036	0.011
Firm numbers	1,718	1,718	1,718	1,718	1,718	1718

注：括号内为标准误差，*、**、***分别表示相应系数在10%、5%以及1%水平上显著。

表6-2　二代家族成员担任CEO与地区制度环境回归结果

	(1) CEO	(2) CEO	(3) CEO	(4) CEO	(5) CEO	(6) CEO
Market	0.010*** (0.002)					
Private		0.003* (0.002)				
Product			0.006* (0.004)			
Factor				0.007*** (0.001)		

续表

	(1) CEO	(2) CEO	(3) CEO	(4) CEO	(5) CEO	(6) CEO
Law					0.003*** (0.001)	
Corruption						-0.002*** (0.001)
Leverage	-0.018*** (0.004)	-0.011** (0.004)	-0.013*** (0.004)	-0.018*** (0.004)	-0.014*** (0.004)	-0.022*** (0.004)
Size	0.019*** (0.002)	0.003 (0.003)	0.001 (0.003)	0.017*** (0.002)	0.000 (0.003)	0.022*** (0.002)
ROA	-0.014 (0.010)	-0.012 (0.010)	-0.010 (0.010)	-0.014 (0.010)	-0.009 (0.010)	-0.028* (0.016)
Firmage	0.008*** (0.002)	0.009*** (0.002)	0.010*** (0.002)	0.009*** (0.002)	0.007*** (0.002)	0.002*** (0.001)
GDP	-0.006 (0.017)	-0.012 (0.016)	-0.015 (0.016)	-0.010 (0.017)	-0.004 (0.017)	0.014*** (0.005)
Industry	control	control	control	control	control	control
Year_dummy	control	control	control	control	control	control
Constant	-0.150*** (0.031)	-0.612*** (0.057)	0.095 (0.155)	-0.104*** (0.028)	0.029 (0.157)	-0.263*** (0.058)
Observations	10,197	10,197	10,197	10,197	10,197	10,197
R-squared	0.011	0.021	0.024	0.011	0.025	0.015
Firm numbers	1,718	1,718	1,718	1,718	1,718	1718

注：括号内为标准误差，*，**，***分别表示相应系数在10%、5%以及1%水平上显著。

根据以上实证结果，从总体上来说，地区的市场化程度越高，家族企业会更多地选择二代家族成员继承管理企业。从具体的指标上看，在非国有经济发展水平较高的地区，民营企业实力相对较强，同时由于民营企业在地区经济中占据的地位更为重要，政府相关政策会对于民营企业给予一定的扶持，因此民营企业可以更容易获取资源，减少传承的难度。良好的法律环境可以更好地保证私有产权，从而增强家族企业传承的意愿。

6.4.2 地区传统文化与传承决策

表6-3列示了二代家族成员担任董事长与地区传统文化的回归结果，

家族企业传承的动因与经济后果研究

表6-4列示了二代家族成员担任CEO与地区传统文化的回归结果。实证结果显示，二代家族成员担任董事长/CEO与地区生育率显著正相关，与地区离婚率显著负相关，与预期一致，说明生育率越高、离婚率越低的地区，越注重家庭价值，该地区的家族企业更可能选择二代家族成员继承管理企业。同时，表6-3、表6-4显示二代家族成员担任董事长/CEO与商帮文化显著正相关，这一结果支持了假设H2a。与已有的研究结论一致，结果说明传统商帮文化基于血缘和亲缘的特殊信任促使企业选择二代家族成员担任管理者。宗教信仰主要用地区宗教场所数量和寺庙数量衡量，这两个指标的系数都在1%的水平上显著为正，说明该地区有无宗教信仰或宗教信仰的氛围对家族企业选择二代家族成员出任董事长/CEO有强烈正向影响，即说明有宗教信仰的地区或宗教信仰氛围浓厚的地区，企业更愿意将企业托付给家族二代管理。在企业特征控制变量中，企业规模（Size）和企业经营时间（Age）的系数显著为正，即企业规模越大、经营持续时间越长，家族二代成员担任董事长/CEO的可能性越高。

表6-3 二代家族成员担任董事长与地区传统文化回归结果

	(1) Chair	(2) Chair	(3) Chair	(4) Chair	(5) Chair	(6) Chair	(7) Chair
Birthrate	0.034*** (0.012)						
Divorce		-0.016*** (0.004)					
Shangbang			0.016*** (0.005)				
Religionplace				0.008*** (0.001)			
Temple					0.002*** (0.000)		
Museum						0.017*** (0.003)	
Culture_intan							0.003*** (0.001)
Leverage	-0.003 (0.003)	-0.004 (0.003)	-0.005 (0.003)	-0.004 (0.003)	-0.006* (0.003)	-0.005 (0.003)	-0.004 (0.003)
Size	0.005*** (0.002)	0.006*** (0.002)	0.006*** (0.002)	0.004** (0.002)	0.005*** (0.002)	0.005*** (0.002)	0.005*** (0.002)

续表

	(1) Chair	(2) Chair	(3) Chair	(4) Chair	(5) Chair	(6) Chair	(7) Chair
ROA	-0.012 (0.013)	-0.013 (0.013)	-0.013 (0.013)	-0.014 (0.013)	-0.013 (0.013)	-0.013 (0.013)	-0.013 (0.013)
Firmage	0.004*** (0.000)	0.004*** (0.000)	0.004*** (0.000)	0.004*** (0.000)	0.004*** (0.000)	0.004*** (0.000)	0.004*** (0.000)
GDP	0.013*** (0.005)	0.006 (0.004)	0.002 (0.004)	0.009** (0.004)	0.006 (0.004)	0.004 (0.004)	0.007* (0.004)
Industry	control	control	control	control	control	control	control
Year_dummy	control	control	control	control	control	control	control
Constant	-0.232*** (0.062)	-0.098** (0.045)	-0.084* (0.046)	-0.198*** (0.047)	-0.144*** (0.049)	-0.166*** (0.046)	-0.143*** (0.046)
Observations	10,197	10,197	10,197	10,197	9,734	10,197	10,197
R-squared	0.011	0.012	0.012	0.014	0.014	0.013	0.012

注：括号内为标准误差，*，**，***分别表示相应系数在10%、5%以及1%水平上显著。

表6-4 二代家族成员担任CEO与地区传统文化回归结果

	(1) CEO	(2) CEO	(3) CEO	(4) CEO	(5) CEO	(6) CEO	(7) CEO
Birthrate	0.065*** (0.015)						
Divorce		-0.010** (0.005)					
Shangbang			0.014** (0.006)				
Religionplace				0.019*** (0.002)			
Temple					0.005*** (0.001)		
Museum						0.022*** (0.004)	
Culture_intan							0.004*** (0.001)
Leverage	-0.003 (0.003)	-0.004 (0.003)	-0.022*** (0.004)	-0.022*** (0.004)	-0.026*** (0.005)	-0.023*** (0.004)	-0.022*** (0.004)
Size	0.005*** (0.002)	0.006*** (0.002)	0.022*** (0.002)	0.020*** (0.002)	0.022*** (0.002)	0.022*** (0.002)	0.022*** (0.002)

续表

	(1) CEO	(2) CEO	(3) CEO	(4) CEO	(5) CEO	(6) CEO	(7) CEO
ROA	-0.012 (0.013)	-0.013 (0.013)	-0.028* (0.016)	-0.029* (0.016)	-0.029* (0.017)	-0.028* (0.016)	-0.028* (0.016)
Firmage	0.004*** (0.000)	0.004*** (0.000)	0.002*** (0.001)	0.002*** (0.001)	0.003*** (0.001)	0.002*** (0.001)	0.002*** (0.001)
GDP	0.013*** (0.005)	0.006 (0.004)	0.012** (0.005)	0.020*** (0.005)	-0.004 (0.006)	0.008 (0.005)	0.012** (0.005)
Industry	control	control	control	control	control	control	control
Year_dummy	control	control	control	control	control	control	control
Constant	-0.232*** (0.062)	-0.098** (0.045)	-0.256*** (0.058)	-0.443*** (0.060)	-0.120* (0.063)	-0.307*** (0.059)	-0.269*** (0.059)
Observations	10,197	10,197	10,197	10,197	9,734	10,197	10,197
R-squared	0.011	0.012	0.014	0.025	0.019	0.016	0.015

注：括号内为标准误差，*,**,***分别表示相应系数在10%、5%以及1%水平上显著。

综合以上结果可以看出，家族企业主在重视家庭、重视亲情的"家文化"熏陶下，选择二代成员接管企业的可能性更大。

6.4.3 地区社会资本与传承决策

表6-5检验了二代家族成员担任董事长/CEO与地区社会资本的关系。列（1）、列（2）是地区信任度与二代家族成员担任董事长的回归结果，列（3）、列（4）是地区信任度与二代家族成员担任CEO的回归结果。在显著性水平为1%的情况下，二者之间有显著负相关关系，说明地区信任度越低，则该地区的家族企业传承中由二代家族成员管理的可能性越高，与假设H3相一致。

表6-5 二代家族成员担任董事长/CEO与地区社会资本回归结果

	(1) Chair	(2) Chair	(1) CEO	(2) CEO
Trust	-0.003*** (0.001)		-0.005*** (0.001)	
Blood_donate		-6.193*** (0.897)		-12.055*** (1.146)

续表

	（1）Chair	（2）Chair	（1）CEO	（2）CEO
Leverage	-0.003 (0.003)	-0.003 (0.003)	-0.021*** (0.004)	-0.017*** (0.004)
Size	0.004** (0.002)	0.003* (0.002)	0.021*** (0.002)	0.018*** (0.002)
ROA	-0.012 (0.013)	-0.011 (0.013)	-0.026 (0.016)	-0.024 (0.016)
Firmage	0.004*** (0.000)	0.003*** (0.000)	0.001** (0.001)	0.001 (0.001)
GDP	0.016*** (0.005)	0.026*** (0.005)	0.029*** (0.006)	0.053*** (0.007)
Industry	control	control	control	control
Year_dummy	control	control	control	control
Constant	-0.001 (0.050)	-0.246*** (0.050)	-0.051 (0.064)	-0.517*** (0.064)
Observations	10,148	10,112	10,148	10,112
R-squared	0.013	0.015	0.018	0.024

注：括号内为标准误差，*、**、***分别表示相应系数在10%、5%以及1%水平上显著。

综上，表6-5的回归结果验证了本章假设三，即地区社会资本会影响家族第二代管理企业，具体而言，信任度水平高的社会或文化中，社会交往发达，家族企业不会局限于信任家族或血缘关系内部成员，因此在面临家族企业代际传承问题时，企业主可能会选择职业经理人而不是家族第二代。

6.4.4 家族参与管理与传承决策

表6-6检验了二代家族成员担任董事长/CEO与家族企业关系的关系。列（1）—列（4）是"家族企业关系"与二代家族成员担任董事长的回归结果，列（5）—列（8）是"家族企业关系"与二代家族成员担任CEO的回归结果。当家族企业关系是兄弟或父子时，相关系数显著为正，说明男性成员是家族企业的重要人力资源，会对家族企业选择二代担任管理职位产生正向影响。此外，家族性持股的企业关系和二代家族成员管理

显著正相关,说明家族企业内关系越亲密,二代继承的可能性越高。

表6-6 二代家族成员担任董事长/CEO与家族企业关系回归结果

	(1) Chair	(2) Chair	(3) Chair	(4) Chair	(5) CEO	(6) CEO	(7) CEO	(8) CEO
Rela_cp	-0.024*** (0.008)				-0.048*** (0.009)			
Rela_bro		0.030*** (0.011)				0.033*** (0.012)		
Rela_son			0.047*** (0.010)				0.048*** (0.011)	
Rela_fam				0.015*** (0.005)				0.018*** (0.005)
Leverage	-0.011*** (0.004)	-0.011*** (0.004)	-0.011*** (0.004)	-0.012*** (0.004)	-0.013*** (0.004)	-0.012*** (0.004)	-0.012*** (0.004)	-0.013*** (0.004)
Size	0.001 (0.003)	0.002 (0.003)	0.002 (0.003)	0.001 (0.003)	0.001 (0.003)	0.001 (0.003)	0.001 (0.003)	0.000 (0.003)
ROA	-0.002 (0.009)	-0.002 (0.009)	-0.001 (0.009)	-0.001 (0.009)	-0.010 (0.010)	-0.010 (0.010)	-0.010 (0.010)	-0.010 (0.010)
Firm age	0.009*** (0.002)	0.009*** (0.002)	0.009*** (0.002)	0.009*** (0.002)	0.009*** (0.002)	0.009*** (0.002)	0.009*** (0.002)	0.010*** (0.002)
GDP	-0.001 (0.015)	-0.003 (0.015)	-0.003 (0.015)	0.003 (0.015)	-0.007 (0.016)	-0.013 (0.016)	-0.012 (0.016)	-0.005 (0.016)
Industry	control	control	control	control	control	control	control	control
Year_dummy	control	control	control	control	control	control	control	control
Constant	-0.056 (0.138)	-0.031 (0.138)	-0.041 (0.138)	-0.108 (0.140)	0.060 (0.153)	0.118 (0.153)	0.108 (0.153)	0.022 (0.156)
Observations	10,197	10,197	10,197	10,197	10,197	10,197	10,197	10,197
R-squared	0.037	0.037	0.038	0.037	0.027	0.025	0.026	0.025
Firm numbers	1,718	1,718	1,718	1,718	1,718	1,718	1,718	1,718

注:括号内为标准误差,*、**、***分别表示相应系数在10%、5%以及1%水平上显著。

表6-7、表6-8分别是二代家族成员担任董事长或二代家族成员担任

CEO 与家族高管涉入的回归结果。实证结果显示，二代家族成员担任董事长/CEO 与家族成员在董事会或管理层担任职务显著正相关，且家族成员涉入董事会或管理层的数量越多，二代家族人员担任董事长或 CEO 的可能性越高。此外，现金流权与二代家族人员担任董事长或 CEO 显著正相关。结果与假设一致，家族涉入程度越高，家族与组织的关系越紧密，更大的家族所有权比例会加强家族成员的组织认同感，因而增加传承的意愿。

表 6-7　二代家族成员担任董事长与家族高管涉入回归结果

	(1) Chair	(2) Chair	(3) Chair	(4) Chair	(5) Chair	(6) Chair	(7) Chair
Fam_bod	0.024*** (0.004)						
Fam_conbod		0.014*** (0.002)					
Fam_manager			0.011*** (0.002)				
Fam_CFO				0.024 (0.016)			
Fam_chair					0.081*** (0.006)		
Fam_CEO						0.021*** (0.005)	
Cash_right							0.075*** (0.021)
Leverage	-0.011*** (0.004)	-0.011*** (0.004)	-0.009** (0.004)	-0.011*** (0.004)	-0.009** (0.004)	-0.010** (0.004)	-0.007* (0.004)
Size	-0.000 (0.003)	0.000 (0.003)	-0.000 (0.003)	0.001 (0.003)	-0.003 (0.003)	0.001 (0.003)	-0.002 (0.003)
ROA	-0.001 (0.009)	-0.001 (0.009)	-0.001 (0.009)	-0.001 (0.009)	-0.003 (0.009)	-0.001 (0.009)	0.004 (0.010)
Firmage	0.010*** (0.002)	0.009*** (0.002)	0.010*** (0.002)	0.009*** (0.002)	0.011*** (0.002)	0.009*** (0.002)	0.008*** (0.001)
GDP	-0.002 (0.015)	-0.003 (0.015)	-0.019 (0.015)	-0.004 (0.015)	-0.012 (0.014)	-0.006 (0.015)	-0.016 (0.016)
Industry	control	control	control	control	control	control	control
Year_dummy	control	control	control	control	control	control	control

续表

	(1) Chair	(2) Chair	(3) Chair	(4) Chair	(5) Chair	(6) Chair	(7) Chair
Constant	-0.058 (0.138)	-0.044 (0.137)	0.112 (0.139)	-0.028 (0.138)	0.005 (0.136)	-0.006 (0.138)	-0.048 (0.034)
Observations	10,197	10,195	10,196	10,197	10,197	10,197	7,864
R-squared	0.040	0.039	0.041	0.036	0.055	0.038	0.013
Firm numbers	1,718	1,718	1,718	1,718	1,718	1,718	1,717

注：括号内为标准误差，*，**，***分别表示相应系数在10%、5%以及1%水平上显著。

表6-8　二代家族成员担任CEO与家族高管涉入回归结果

	(1) CEO	(2) CEO	(3) CEO	(4) CEO	(5) CEO	(6) CEO	(7) CEO
Fam_bod	0.036*** (0.004)						
Fam_conbod		0.041*** (0.003)					
Fam_manager			0.035*** (0.002)				
Fam_CFO				0.049*** (0.018)			
Fam_chair					0.020*** (0.007)		
Fam_CEO						0.168*** (0.005)	
Cash_right							0.043* (0.025)
Leverage	-0.012*** (0.004)	-0.013*** (0.004)	-0.008* (0.004)	-0.012*** (0.004)	-0.012*** (0.004)	-0.007* (0.004)	-0.012** (0.005)
Size	-0.002 (0.003)	-0.003 (0.003)	-0.003 (0.003)	0.001 (0.003)	-0.001 (0.003)	-0.002 (0.003)	0.003 (0.004)
ROA	-0.010 (0.010)	-0.008 (0.009)	-0.007 (0.009)	-0.010 (0.010)	-0.011 (0.010)	-0.008 (0.009)	-0.004 (0.012)
Firmage	0.010*** (0.002)	0.010*** (0.002)	0.011*** (0.002)	0.009*** (0.002)	0.010*** (0.002)	0.009*** (0.002)	0.007** (0.003)
GDP	-0.011 (0.016)	-0.010 (0.016)	-0.061*** (0.016)	-0.013 (0.016)	-0.016 (0.016)	-0.031** (0.015)	-0.026 (0.042)

续表

	(1) CEO	(2) CEO	(3) CEO	(4) CEO	(5) CEO	(6) CEO	(7) CEO
Industry	control	control	control	control	control	control	control
Year_dummy	control	control	control	control	control	control	control
Constant	0.074 (0.153)	0.052 (0.151)	0.552*** (0.151)	0.116 (0.153)	0.134 (0.153)	0.258* (0.144)	0.253 (0.414)
Observations	10,197	10,195	10,196	10,197	10,197	10,197	7,864
R-squared	0.032	0.052	0.068	0.025	0.025	0.133	0.006
Firm numbers	1,718	1,718	1,718	1,718	1,718	1,718	1,717

注：括号内为标准误差，*，**，***分别表示相应系数在10%、5%以及1%水平上显著。

综上所述，包括"家族企业关系"和"家族涉入程度"在内的家族人力资源会对二代家族成员是否担任管理职务产生正向影响。家族企业关系越紧密、男性成员占主导、家族涉入程度深的企业更倾向于二代传承。

6.5 研究结论

本章以2002年至2015年间中国A股上市家族企业为研究样本，实证检验了家族企业是否选择二代成员担任董事长或CEO与地区社会文化因素及家族特征的关系。实证结果证实了地区制度环境、传统文化、家族人力资源等可以显著地影响企业选择下一任管理者的决策。由于中国传统文化强调"家庭""血缘""等级秩序"等观念，对家族企业代际传承意愿产生正向影响，因而更倾向于选择在家族内部选择继承人。家族企业的一个重要特征是家庭成员的参与，而家族成员又在公司的决策中起着至关重要的作用，因此家族企业中家族及企业内部的特征如家族企业关系和家族涉入程度也会对是否选择二代家族成员继承管理企业产生影响。

本章在以往文献的基础上，构建了从宏观到微观的分析框架，全面而系统地界定了从地区文化要素到家族参与管理多个层次的影响传承决策的动因，特别是分析了中国传统社会文化因素对于家族企业代际传承意愿影响的作用机理，为社会文化因素对中国家族企业代际传承决策的影响提供实证证据，从社会文化因素方面来进一步探寻家族企业代际传承的内在规律及理解其行为。本章的研究成果有助于帮助家族企业制定适当的传承决策，从而成功引导家族企业的代际传承。

本章主要参考文献

[1] Anderson, R., Reeb, D., 2003. Founding-family ownership and firm performance: Evidence from the S&P 500. Journal of Finance 58 (3), 1301-1328.

[2] Bai, C., Hsieh, C., Qian, Y., 2006. The return to Capital in China. NBER Working Papers 12755.

[3] Bennedsen, M., 2007. Inside the family firm: The role of families in succession decisions and performance. The Quarterly Journal of Economics 122 (2), 647-691.

[4] Bond, H. M., Hwang, K. H., 1986. The psychology of Chinese. In the Psychology of Chinese People, edited by Bond H. M., New York, US: Oxford University Press.

[5] Breton-Miller, I., Miller, D., Steier, L. P., 2004. Towards an integrative model of effective fob succession. Entrepreneurship Theory & Practice 29 (2), 305-328.

[6] Burkart, M., Panunzi, F., Shleifer, A., 2003. Family firms. Journal of Finance 58 (5), 2167-2201.

[7] Fan, J. P. H., Jian, M., Yeh, Y. H., 2008. Succession: the roles of specialized assets and transfer costs. Social Science Electronic Publishing.

[8] Fan, J. P. H., Wong, T. J., and Zhang, T. Founder Succession and Accounting Properties. Contemporary Accounting Research, 2012, 29 (1), 283-311.

[9] Fiegener, M. K., Brown, B. M., Prince, R. A., File, K. M., 2010. A comparison of successor development in family and nonfamily busines-

ses. Family Business Review 7 (4), 313-329.

[10] Fukuyama, F., 1996. Trust: Social virtues and the creation of prosperity. Orbis40 (2), 333.

[11] Granato J., Inglehart R., Leblang D., 1996. The effect of cultural values on economic development: Theory, hypotheses, and some empirical tests. American Journal of Political Science 40, 607-631.

[12] Greenhalgh, S., 1994. De-Orientalizing the Chinese family firm. American Ethnologist 21 (4), 746-775.

[13] Guiso, L., Sapienza, P., Zingales, L., 2004. The role of social capital in financial development. American Economic Review 94 (3), 526-556.

[14] Gomez-Mejia, L. R, Haynes, K. T., Nunez-Nickel, M., Jacobson, K. J. L., Moyana-Fuentes, J., 2007. Socioemotional wealth and business risks in family-controlled firms: Evidence from Spanish olive oil mills. Administrative Science Quarterly 52 (1), 106-137.

[15] Hilary, G., Hui., K. W., 2009. Does religion matter in corporate decision making in America? Journal of Financial Economics 93 (3), 455-473.

[16] Hofstede, G., 1980. Culture and organizations. International Studies of Management & Organization, 10 (4), 15-41.

[17] Hofstede, G., Bond, M. H., 1988. The Confucius connection: From cultural roots to economic growth. Organizational Dynamics 16 (4), 4-21.

[18] Huang, G., 1988. Confucianism and East Asian modernization. Taibei: Ju Liu Publisher.

[19] Kao, J., 1993. The worldwide web of Chinese business. Harvard Business Review 71 (2), 24-36.

[20] Kim, Y., Gao, F. Y., 2010. An empirical study of human resource management practices in family firms in China. The International Journal of Human Resource Management 21 (12), 2095-2119.

[21] Miller, A. S., Hoffmann, J. P., 1995. Risk and religion: An explanation of gender differences in religiosity. Journal for the Scientific Study of

Religion 34 (1), 63-75.

［22］Miller, D., Le Breton-Miller, I., 2005. Managing for the long run: Lessons in competitive advantage from great family businesses. Boston: Harvard Business School Press.

［23］Morris, M. H., Williams, R. O., Allen, J. A., Avila, R. A., 1997. Correlates of success in family business transitions. Journal of Business Venturing 12 (5), 385-401.

［24］Osoba, B., 2003. Risk preferences and the practice of religion: Evidence from panel data. Working Paper, West Virginia University.

［25］Pérez-González, F., 2006. Inherited control and firm performance. The American Economic Review 96 (5), 1559-1588.

［26］Putnam, D. R., 1993. Making democracy work: Civic traditions in modern Italy. Princeton, NJ: Princeton University Press.

［27］Redding, S. G., 1980. Cognition as an aspect of culture and its relation to management process: An exploratory view of the Chinese case. Journal of Management Studies 17 (2), 127-148.

［28］Renneboog, L., Spaenjers, C., 2009. Where angels fear to trade: The role of religion in household finance. Working Paper, Tilburg University.

［29］Sharma, P, Chrisman J. J., and Chua J. H. Succession planning as planned behavior: Some empirical results. Family Business Review. 2003, 16 (1), 1-15.

［30］Sharma, P., Chrisman, J. J., Chua, J. H., 2001. Determinants of initial satisfaction with the succession process in family firms: A conceptual model. Entrepreneurship Theory and Practice, 18 (5), 17-35.

［31］Sheh, S. W., 1995. Chinese Management. MPH Distributors Sdn Bhd Malaysia.

［32］Sheh, S. W., 2001. Chinese culture values and their implication to Chinese management. Singapore Management Review 22 (22), 75-84.

［33］Tai Hung-chao, ed., 1989. Confucianism and economic development: An oriental alternative? Washington, USA: Washington Institute Press.

［34］Tsoutsoura, M., 2015. The effect of succession taxes on family firm investment: Evidence from a natural experiment. The Journal of Finance 70 (2), 649-688.

[35] Weidenbaum, M., Hughes, S., 1996. The bamboo networks: how expatriate Chinese entrepreneurs are creating a new economic superpower in Asia. New York: Free.

[36] Yeung, I. Y. M., Tung, R. L., 1996. Achieving business success in Confucian societies: The importance of Guan Xi (connections). Organizational Dynamics 25 (2), 54-65.

[37] Zapalska A. M., Edwards, W., 2001, Chinese entrepreneurship in a cultural and economic perspective. Journal of Small Business Management 39 (3), 286-292.

[38] Zellweger, T., Asreachan, J., 2008. On the emotional value of owning a firm. Family Business Review 21 (4), 347-363.

[39] Zhang, J., and Ma, H., 2009. Adoption of professional management in Chinese family business: A multilevel analysis of impetuses and impediments. Asia Pacific Journal of Management 26 (1), 119-139.

[40] 陈德球, 李思飞, 雷光勇. 政府治理、控制权结构与投资决策——基于家族上市公司的经验证据. 金融研究, 2012 (3): 124-138.

[41] 陈凌, 陈华丽. 家族涉入、社会情感财富与企业慈善捐赠行为——基于全国私营企业调查的实证研究. 管理世界, 2014 (8): 90-101.

[42] 储小平. 家族企业研究: 一个具有现代意义的话题. 学术述评, 2000 (5): 51-58.

[43] 窦军生, 贾生华. 家族企业代际传承研究演进探析. 外国经济与管理, 2009 (11): 45-50.

[44] 窦军生, 贾生华. 家族企业代际传承理论研究前沿动态. 外国经济与管理, 2007 (2): 45-50.

[45] 窦军生, 贾生华. 家族企业代际传承研究的起源、演进与展望. 外国经济与管理, 2008 (1): 45-54.

[46] 韩朝华, 陈凌, 应丽芬. 传亲属还是聘专家——浙江家族企业接班问题考察. 管理世界, 2000 (2): 133-145.

[47] 何轩, 宋丽红, 朱沆, 李新春. 家族为何意欲放手: 制度环境感知、

政治地位与中国家族企业主的传承意愿. 管理世界, 2014 (2): 90-110.

［48］贺小刚, 连燕玲. 家族权威与企业价值: 基于家族上市公司的实证研究. 经济研究, 2009 (4): 90-102.

［49］李维安. 民营企业传承与治理机制构建. 南开管理评论, 2010 (3): 1-1.

［50］罗党论, 唐清泉. 中国民营上市公司制度环境与绩效问题研究. 经济研究, 2009 (2): 106-118.

［51］靳来群, 李思飞. 家族第二代参与管理与企业业绩下降: 来自中国上市公司的经验证据. 江西社会科学, 2015 (8): 192-197.

［52］许叶枚. 家文化视角下家族企业治理评析. 经济问题, 2015 (5): 100-102.

［53］余明桂, 潘红波. 政府干预、法治、金融发展与国有企业银行贷款. 金融研究, 2008 (9): 1-22.

［54］张建琦, 汪凡. 民营企业职业经理人流失原因的实证研究——对广东民营企业职业经理人离职倾向的检验分析. 管理世界, 2003 (9): 129-135.

第 7 章 家族参与企业、家族传承与企业业绩[①]

7.1 引言

20 世纪中期就有国外学者开始研究家族企业，20 世纪 80 年代之后，国外家族企业相关的研究进入繁荣发展的阶段。La Porta et al.（1999）的研究指出现代世界上大部分的企业都是由家族或者政府持有控制性股权。Claessens et al.（2000）对东亚国家的企业研究发现，超过三分之二的企业是由一个控股股东控制的，企业的管理者往往是控股股东的家族成员；家族对企业的所有权没有随时间推移而被稀释，历史悠久的公司仍然是家族控制的。Anderson & Reeb（2003）发现家族创始企业占据了美国标准普尔 500 家上市公司（S&P 500）的三分之一，并且家族持有这些公司 18%的权益。可以看出，家族参与管理的家族式企业在世界范围内占据较为重要的地位。

相较于国外，我国学者对家族企业的研究开始较晚。改革开放后，我国私营经济开始出现。20 世纪 90 年代，我国确定实行社会主义市场经济体制之后，私营经济才真正开始进入快速发展阶段，其中，绝大部分的私营企业是以家族企业的形式存在的。成立初期的私营企业规模较小，所有权与经营权高度集中于企业主或者整个家族，这就是传统的家族企业。在这一时期，对于家族企业的研究没有得到国内学者的足够重视。陈凌（1998）在他的研究中提到，当时一些学者对于家族式企业有"意识形态歧视"，即简单地认为家族式组织是低效率、没有发展前途的，并且必然

[①] 本章主要内容发表于《江西社会科学》，2015（8），192-197。作者为靳来群、李思飞。另外樊亚楠在作者指导下进行了理论研究和数据分析的主要工作。

会被现代企业制度代替。然而，根据《中国私营经济年鉴》的统计数据，以家族企业为多数的私营企业由2002年的263.83万户增加至2011年的967.68万户，年增长在15%左右；雇佣人数也从2002年的3247.5万增长至2011年的10353.6万（占全国总就业人数的13.55%）；注册资金从2002年的2.48万亿增长至2011年的25.79万亿。种种数据表明，以家族企业为主导的私营经济已经成为目前国民经济中最具活力的经济成分之一。随着家族企业的发展，家族企业在国民经济中的地位愈发重要，国内对于家族企业的研究开始繁荣起来。

随着企业不断发展，规模不断扩大，不少企业开始筹划上市。1999年以后更是迎来了民营企业上市的高峰时期，这一阶段也有不少家族企业成为上市公司。然而，相比非民营企业，家族企业占主导的民营企业的绩效不那么喜人。原载于上海证券交易所的报告（2003）比较了2000年底至2003年中期民营上市公司与非民营上市公司的每股收益、每股净资产和净资产收益率后发现，除个别经营业绩指标中民营企业微弱高于非民营企业外，在各年份其他指标上，非民营上市公司的指标要显著高于民营上市公司。这背后除了民营企业规模相对较小、资源相对较少等外部因素之外，还有其公司治理方面的原因，而家族企业的治理问题更值得关注。因为家族企业还面临着是否应该像多数现代企业一样，聘请职业经理人代替家族成员来经营、管理企业；是否应该为了筹集更多资金，构建金字塔持股结构，让家族能用相对少的现金流权对企业进行较强的控制等问题。

基于以上背景介绍，本章提出以下三个将要研究的问题：家族成员是否应该继续参与企业的管理？家族成员更多地参与企业管理对于企业绩效而言是有正面还是负面的影响？家族企业的业绩在传承的过程中又会受到怎样的影响？鉴于家族企业这一形式在我国经济中占有较为重要的地位，回答这些问题也就尤为重要。已经有不少学者通过分析不同国家的数据试图给出以上问题的答案。本书通过借鉴前人的研究理论，结合我国上市家族企业的情况进行了理论推导与假设，之后收集了2002年至2010年中国家族上市公司的家族方面数据和财务数据进行实证研究，通过Stata软件进行描述性统计、相关性检验以及多元回归分析，并且进行了假设检验，得出结论。家族成员参与公司的董事会和管理层可以提升企业业绩；家族第二代成员参与企业管理之后，企业业绩下降。本书的贡献在于采用了更多的指标来衡量企业业绩，度量指标更为精细，因此对于企业绩效的衡量更加全面、可靠；采用了实证研究的方法分析了九年来我国家族上市公司的数据，观测的时间更长，更具有普遍性；总结了前人研究家族成员参与企业管理用到的主要分析理论，综合分析其对于企业绩效的影响。

本章的结构安排如下：第二部分是文献综述与假设推导，首先界定文中涉及的一些概念，接下来回顾国内外学者关于家族成员参与企业管理对企业绩效的影响的研究，从家族成员参与企业管理对企业绩效的积极影响、家族成员参与企业管理对企业绩效的消极影响、继承人对企业绩效的影响以及家族持股方式对企业绩效影响这几方面梳理文献。假设推导部分将详细论述家族参与企业董事会和管理层是如何提高企业业绩的。第三部分是研究设计，说明变量选择与模型，通过假设建立计量模型，并选取相应的指标度量研究对象。第四部分是实证分析，对数据进行统计分析并进行论述。第五部分是研究结论，总结实证结果，提出建议。

7.2 文献回顾与假设推导

7.2.1 概念界定

20世纪50年代就有学者开始研究家族企业，但一直以来，学者们对于家族企业的定义没有统一的标准。总体而言，学者们大致从家族对企业的控制权、经营权、参与情况以及综合因素这几个方面来界定家族企业。

从控制权角度界定家族企业的 Barnes & Hershon（1976）认为，家族企业就是家族的一个或多个成员对企业有控制权，持相似观点的还有 Barry（1975）和 Lansberg et al.（1988）。但是在"多大程度上家族对于企业所有权才算有控制地位"这一问题上，学者们又有分歧：Leach et al.（1990）认为家族持有多于50%的股份才能算家族企业；Donckels & Frohlich（1991）认为家族成员至少要持有60%以上的所有权；La Porta et al.（1999）将控股条件界定在20%。从所有权与经营权统一的角度界定家族企业的学者认为家族成员不仅要对企业具有所有权，还应实际参与企业的经营管理（Alcorn，1982；Holland & Oliver，1992）。从家族成员参与情况角度出发的 Donnelley（1964）认为，至少要有两代家族成员参与企业管理才算家族企业。还有综合考虑各方面因素来定义家族企业的方法：Astrachan et al.（2002）提出的 F-PEC 度量法，从家族的权力（Power）（包括所有权、治理和管理方面的家族参与程度）、代际传承（Experience）以及家族文化（Culture）三个方面来考察家族对企业的影响程度，并以此界定企业是否为家族企业。

以上是国外学者对于家族企业比较有代表性的界定方法。我国私营企业是在改革开放之后才开始出现并蓬勃发展的，发展时间与国外相比较短，因此上文提到的有两代家族成员共同参与企业管理的情况不太适用；而且不同企业股权集中度不同，用明确的量化标准界定家族企业也不合适（储小平，2004）；综合各个方面的影响来界定家族企业的 F-PEC 的方法过于复杂，可操作性不强。因此本书在结合中国国情的基础上参考国外学者的方法，将家族企业定义为最终实际控制人为自然人或家族的企业。家族为以血缘关系和婚姻关系结成的亲属集团。实际控制人以上市公司年报中的披露为准。

7.2.2 家族成员参与企业管理对企业业绩的积极效应

学者们大致从代理理论、管家理论和家族企业作为可传承的家族资产这些方面来解释家族成员管理企业对业绩的正面影响。

第一，代理理论，这也是大多数学者采用的理论。传统意义上的代理理论认为，若管理者没有企业的所有权，而且企业股东十分分散不能对企业价值最大化做出影响时，管理者可能会侵害企业利益而获得私人好处，即所有权与经营权的分离会带来代理成本。代理成本即委托人监督成本、代理人保证成本和剩余损失之和，管理者拥有的所有权越多，代理成本相应降低（Jensen & Meckling，1976）。因此，如果所有者管理企业，则可以消除这一代理成本。这一理论可以延伸至家族企业。根据 Stewart（2003），在大多数文化背景中，家族成员之间有亲属关系义务，因而可以认为家族成员之间有"利他主义"（altruism）的行为。也就是说家族可以看作一个整体，因为有家族纽带和血缘关系为依托，成员之间有利他主义，如果参与企业管理，可以消除所有权经营权分离问题，从而降低代理成本。Anderson & Reeb（2003）通过研究 S&P 500 公司发现，由于家族企业中有家族成员参与企业管理，因此家族企业的绩效好于非家族企业，不仅会计上绩效更好，企业价值也更高。Villalonga & Amit（2006）通过分析 1994 年至 2000 年财富 500 强企业的数据发现，家族企业的创始人担任 CEO 或董事长的时候，所有者与管理者之间的代理成本比非家族企业低，家族企业的价值更高。

第二，相对于从经济人假设出发的代理理论，从社会学和心理学角度假设出发的管家理论（stewardship theory）也给出了相应的解释。管家理论假设人是自我实现的，认为管理者是集体主义者，并且值得信赖，管理者甚至可以牺牲个人的利益来获得组织利益的最大化（Davis et al.，2007）。对组织有认同感的管理者会愿意服务于组织，提升业绩；若所有者与管理者相互信任（对称的利他），彼此合作，双方都选择"管家"关系，组织会获得最大的效益。并且，管家理论认为，管理者为组织服务的时间越长，双方的信任程度越高，越有利于组织利益。因此在家族企业中，家族成员之间的信任可以使得家族经理人更好地管理企业，提升企业业绩。

第三，相比职业经理人，家族成员为保护家族名誉（Anderson et al.，2003）、延续家族的发展，会避免短视的决策，采取有利于企业长期发展的决策，如更多地进行长期投资等，这种做法有利于企业绩效的提高。James（1999）也通过分析发现，家族成员之间的关系使得企业组成一个整体，管理者会为了整个家族以及家族未来的发展做出最优选择，家族企业被认为是一种可以在家族内传承的资产，因此会更倾向长期投资，并且会有更高的投资效率，从而提高企业回报率。

7.2.3 家族成员参与企业管理对企业业绩的消极效应

尽管家族企业中所有权与管理权的统一有利于减少股东与管理者之间的代理成本，但企业的一部分所有权和大多数控制权集中在家族手中时，又会产生一种新的代理问题，即控股股东与中小股东的代理问题。Morck et al.（1988）认为，管理者有了较大的所有权后可能会采取一些有利于个人利益而非增加企业价值的行为，而是否采取某一行为取决于管理者从中获取的个人利益和企业利润的比较。他们通过研究财富 500 强公司里的样本发现，当管理层对企业的所有权在 5%～25% 时，随着管理层所有权增加会损害公司业绩。自此，多数学者从控股股东与中小股东之间的代理问题出发来分析家族成员参与企业管理带来负面影响的原因。La Porta et al. (1999) 通过研究 27 个国家的企业的持股结构发现，大多数大企业股权集中度较高，且多数控股股东是家族。家族通过金字塔持股结构和实际参与企业的经营管理这两种方法取得对企业远超于他们现金流权的控制权，达到两权（现金流权和投票权）的分离，这就产生了股东之间的代理问题。因此家族企业中控股股东与中小股东之间的代理问题比股东与管理者之间的代理问题更值得关注。家族用较少的现金流权控制了企业，采取让家族收益而不利于企业盈利的政策的成本低，因此有采取这些行为的动机，此时道德风险较高。苏启林和朱文（2003）以 2002 年 128 家家族上市公司的数据做实证研究发现，当家族通过金字塔式控股结构对上市公司进行控制时，由于现金流权与控制权的分离，会造成控股股东（家族）对少数股东的剥削，因此导致家族上市公司价值降低。谷祺、邓德强和路倩（2006）研究表明我国家族上市公司的价值与控制权比例负相关，与公司规模负相关；而公司规模与现金流权和控制权的分离率负相关。

Schulze et al. (2001) 引入"利他主义"和"自我控制"（self - control）两个概念，从另一个角度来解释家族成员参与企业管理可能带来负面影响的原因。他们认为所有者管理企业不一定能消除代理成本，反而会带来 Jensen & Meckling (1976) 的模型中没有提到的代理问题。此处的"利他主义"是指父母不愿惩罚犯错误的孩子，是一种不对称的利他，从而导致家族成员中有"偷懒"和"搭便车"的行为，也即不对称的利他主义引发家族成员的道德风险，家族经理人利用企业的资源对其他家族成员进行转移支付，一些家族成员即使不努力也能分得其他家族成员的成果；另一方面所有者管理企业会降低外部监督机制的有效性，并且让公司陷入"自我控制"的问题，可能导致所有者采取损害企业利益的行为。自我控制问题就是因个人缺乏远见，可能会采取损害自身财富的行为。

综上所述，家族成员参与企业管理可能产生负面影响的原因主要来自两方面：控股股东拥有控制地位之后剥削中小股东；由于"自我控制"或不对称的利他主义导致的家族经理人的道德风险。

7.2.4 第二代成员参与企业管理的影响

从家族企业成长阶段来看，我国家族企业大部分还处在创业的第一代，创办时间较长的正经历第一代和第二代的交替阶段（陈凌和应丽芬，2003）。Lansberg（1988）认为家族企业能否长久地持续经营下去的一个关键就是是否有周全的传承计划。因为在家族企业领导权的过渡过程中，有的只是牵涉管理层人员变换，有的可能会涉及公司机构或文化的根本改变。客户和供应商可能与企业创始人之间的关系更为牢靠、紧密，而这种关系在传承的过程中是否能保持下去也是需要考虑的问题。刘小玄和韩朝华（1999）通过案例研究也发现，我国很多成功企业对于企业家的个人素质和能力依赖较高，而不是依靠企业自身的体制结构走向成功的。

也有许多学者从管理人才可挑选范围的大小、管理者的实际能力来解释。Burkart et al.（2003）发现在对投资者法律保护完善的地区，聘请职业经理人优于让家族成员继承管理，因为在家族继承过程中，CEO 的可挑选余地较小，不如职业经理人；而在法律保护不那么完善的地区，聘请职业经理人可能会带来双重代理问题。Francisco Pérez-González（2006）认为通过家族关系继任的 CEO，由于缺乏竞争，不利于企业绩效；实证研究得出结果是通过家族关系继任的 CEO 管理的公司在盈利性以及市场价值方面都不如外部聘请的 CEO。

第二代的成员在管理企业的过程中可能会希望争取个人利益而非企业长期发展的利益。Villalonga & Amit（2006）通过分析 1994 年至 2000 年财富 500 强企业的数据发现，创始人后代担任 CEO 或董事长时，家族股东与非家族股东之间的利益冲突带来的代理成本会降低企业价值，使得家族企业价值低于非家族企业。Bertrand et al.（2008）通过分析泰国家族企业的数据得出的结论是家族第二代参与企业（尤其是企业创始人去世之后），会使拥有控制权的家族股东有"掏空"行为，侵害中小股东利益并给企业绩效带来负面影响。Bennedsen et al.（2007）通过来自丹麦的数据进行实证研究发现，家族二代担任 CEO 对于企业的负向影响在快速增长行业、需要高级技术人员的行业和较大的企业中更明显，非家族 CEO 管理企业能有更高的价值。

然而，职业经理人在管理企业的过程中也可能遇到一些问题。由于职业经理人不是企业所有者，不是家族成员，对企业的认同感不如家族成员；其次是管理者能力的确定，家族企业中第二代的能力的确定相对比较容易，而职业经理人的能力的评价需要更多的了解（陈凌和应丽芬，2003）。并且，他们由此得出结论是"有能力的所有权继承人成为继任者是家族企业最有效的制度选择"。

综上所述，二代继承企业管理过程中的问题主要有：第一，企业的发展可能过多依赖于企业创始人的个人能力；第二，在相对较小的范围内挑选企业管理人才，第二代家族成员的能力可能不如职业经理人；第三，第二代的成员可能会希望争取个人利益而非企业长期发展的利益。这三方面的问题可能会使第二代成员继承家族企业后，企业绩效变差。而另一方面，相比起挑选职业经理人，家族中第二代成员的能力更容易确定，并且，家族成员对于企业的认同感会高于职业经理人，从这两方面来看，第二代成员管理企业也会有积极的影响。

综合前人的分析，家族成员参与企业管理对于企业绩效有正向作用，因为可以降低代理成本（Anderson & Reeb，2003；Villalonga & Amit，2006），家族成员追求组织利益最大化（Davis et al.，2007），家族成员使企业作为家族资产传承下去（James，1999）。家族成员参与企业管理也可能带来负面作用：由于股权集中在家族手中，控股股东（家族）可能会侵占中小股东利益（Morck et al.，1988；La Porta et al. 1999；苏启林和朱文，2003；谷祺等，2006）；不对称利他主义和自我控制带来的负面作用（Schulze et al.，2001）。当家族第二代成员开始继承企业、参与企业管理时，通常认为对企业绩效有负面影响（Villalonga & Amit，2006；Bertrand et al.，2008；Bennedsen et al.，2007）。

以上文献都是从某一个角度来解释家族成员参与企业管理对企业绩效的影响，没有全面分析家族成员参与企业管理的不同程度究竟如何影响企业业绩。接下来本章将主要从这个方面来分析家族成员参与管理对企业绩效的影响。

7.2.5 家族成员参与程度与企业绩效

家族成员参与企业管理的程度可以划分为两种类型：一种是参与

董事会，董事会不仅有执行股东大会决议、进行公司经营决策的职责，还起到监督、任免管理层的作用；另一种是参与公司管理层，如担任总经理或财务经理等，进行企业日常决策、运作。而管理者的行为、决策对于企业的绩效至关重要。管理者具体如何影响到企业绩效呢？这其中的原因是复杂多样的。通过梳理前人的文献，本章总结了几种可能的解释。

从所有者与管理者之间代理理论（称为第一类代理问题）的角度来看，家族成员参与企业管理可以降低所有者与管理者之间的代理成本。家族企业区别于其他类型企业的最根本特征是家族企业的最终控制人是家族或自然人。当家族或企业创始人是企业的所有者时，家族成员参与企业的经营管理可以将所有权与经营权合二为一。虽然所有者与管理者并不是同一个人，但是都属于一个家族，而家族成员就可以算作相对于职业经理人这些"外人"而言的"自己人"。因此，所有权与经营权的统一可以减少两权分离带来的监督、激励管理层的成本。

相比职业经理人，家族成员为保护家族名誉、延续家族的发展，会避免短视的决策，采取有利于企业长期发展的决策，如更多地进行长期投资等，这种做法有利于企业绩效的提高。

从控股股东与中小股东之间的代理理论（称为第二类代理问题）的角度来看，家族成员参与管理提高了这一类代理成本。家族为了筹集更多资金同时保留对企业的控制权，通常会安排金字塔持股、交叉持股等持股结构。现金流权也即所有权，投票权也即控制权。因此这些持股方式可以让家族股东用较少的现金流权取得较多的投票权，而这两权的分离使得他们有动机剥削中小股东。家族成员参与企业的经营管理之后能更加方便地对企业进行"掏空"，从而导致企业绩效变差。

从管家理论、第一类代理成本和自我控制结合的角度来看，在家族企业发展初期，家族经理人与企业主之间有着双向对称的信任（更多时候经理人就是企业主），扮演管家的角色，为企业利益最大化而服务，降低了第一类代理问题。随着企业的成长，受家族经理人能力的限制，由"自我控制"引发的道德风险增加，道德风险的成本高于双方信任降低的代理成本，家族经理人不再适合管家角色；而职业经理人更具有追求成就的动机，可以担任"管家"，而通过职业经理人为家族长期的服务，能够建立起与家族的信任关系,消除信任不对称,最终消除代理成本(苏启林,2007)。

以上影响企业绩效的因素都是存在于家族企业中的,参与企业管理的家族成员是会通过提高企业的绩效获取作为所有者可以分享的利益,还是会通过侵占中小股东来获取利益取决于二者收益大小的权衡。

综上所述,本章提出以下假设:

假设 1a:家族成员参与企业管理有利于提升企业绩效。

假设 1b:家族成员参与企业管理不利于提升企业绩效。

假设 2a:家族成员参与企业管理的程度越高,企业绩效越好。

假设 2b:家族成员参与企业管理的程度越高,企业绩效越差。

其中,家族成员参与企业管理的程度由家族成员参与董事会和参与管理层两方面来度量。

7.2.6 家族企业传承与企业绩效

在家族企业进行传承之后,将由第二代家族成员参与管理。以上提到的理论同样可以适用于家族第二代成员。然而,由于第二代成员是企业创始人的后代,因此具有其特殊的一面,不能完全通过以上理论来解释。通过前文对文献的梳理,笔者认为以下理论可以解释家族第二代成员参与企业管理后对企业绩效的影响。

二代继承企业管理有以下因素导致其不利于企业绩效的发展。第一,企业的发展可能过多依赖于企业创始人的个人能力,如企业主与客户、供应商之间良好的关系不能被继承,企业主有良好的管理才能等。通过调查也发现,第一代企业家虽然文化水平相对较低,但能吃苦耐劳,善于经营,他们的企业家才能是创业过程中获得的;而第二代继承人一般具有高学历,对于行业发展、管理模式等比较了解,但缺乏创业的经历。第二,在相对较小的范围内挑选企业管理人才,第二代家族成员的能力可能不如职业经理人。第三,第二代的成员可能会希望争取个人利益而非企业长期发展的利益。这三方面的问题可能会使第二代成员继承家族企业后,企业绩效变差。

二代继承人也有可能优于职业经理人,因为相比挑选职业经理人,家族中第二代成员的能力更容易确定,并且,家族成员对于企业的认同感会高于职业经理人,从这两方面来看,第二代成员管理企业也会有积极的影响。

综上所述,本章提出以下假设:

假设3a:家族第二代成员参与企业管理不利于企业绩效提高。

假设3b:家族第二代成员参与企业管理有利于企业绩效提高。

7.3 研究设计

7.3.1 数据来源及样本选择

本章以2002年至2010年中国上市公司中最终控制人为自然人或家族的公司为研究家族企业的原始样本,并按照以下原则对原始样本进行了筛选:①剔除了金融行业的样本;②剔除了财务状况或其他状况异常的样本,如ST或*ST公司;③剔除了财务数据严重缺失的样本;④按照样本1%与99%的取值范围处理了样本中财务变量异常的数据。最终本章得到的观测样本为3236个。家族特征相关数据为我们手工收集的上市公司董事、股东背景,企业财务信息相关数据来自锐思数据库(RESSET)。

7.3.2 变量设置

本章从三个维度观察家族成员参与企业管理的情况,分别是:①家族成员参与董事会的情况;②家族成员参与管理层的情况;③第二代成员参与企业管理的情况。其中每一维度下又分为两类指标:一类是衡量家族成员是否参与企业董事会、管理层等的虚拟变量,另一类是用于衡量家族成员参与企业的程度。具体变量的选择与计算参见表7-1(a)。

表 7-1（a） 解释变量

	变量	符号	描述
董事会	董事长是否为家族成员	FamDire	是则取1，否则取0
	董事会（除董事长外）中是否有家族成员	Famboard	是则取1，否则取0
	董事会（除董事长外）中家族成员参与程度	famdireinvl	家族中担任董事会职位数量占董事会规模的比例
		famctrlinvl	家族控制董事席位数量（含家族成员董事）占董事会规模的比例
管理层	总经理是否为家族成员	FamCEO	是则取1，否则取0
	管理层（除总经理外）中是否有家族成员	Fammana	是则取1，否则取0
	管理层（除总经理外）中家族成员参与程度	fammaninvl	管理层中家族成员人数占所有管理层人数的比例
控制权	控制权	ctrlR	控制权（具体计算方式见理论推导）
	所有权	cashR	现金流权（具体计算方式见理论推导）
	额外控制权	exctrl	家族控制董事会比例-控制权
	两权分离度	excessctrl	控制权/现金流权
家族传承	董事长是否为家族中第二代	Dire2	是则取1，否则取0
	董事会是否有家族中第二代参与	boardchara	是则取1，否则取0

本书中企业绩效主要指企业经营效益，而企业的经营效益水平又主要体现在企业的盈利能力、偿债能力、成长能力以及营运能力等方面。为了简化模型而又能更全面地描述企业的业绩，本书分别从盈利能力和成长能力这两个方面来衡量企业绩效。本书没有选择用 Tobin's Q 来衡量企业绩效，考虑到中国股票市场的有效性程度还较低，不具备采用 Tobin's Q 的条件。本书参考潘镇、鲁明泓（2008）对变量的选择，在盈利性方面选取了净资产收益率（ROE）、资产净利率（ROA）以及每股收益（EPS）这三个变量；成长性方面则选取了总资产的增长率来衡量公司规模的成长，用员工增长率来衡量获利潜能（表7-1（b））。同时考虑到公司所处行业不同的影响，本书用行业各项财务指标的中位数调整了公司的财务指标（罗党论，2009）。具体做法是先求出 2002 年至 2010 年各年家族企业所处行业中所有上市公司的相应业绩指标的中位数，再用企业业绩减去行业中位数

得到调整后指标。

表 7-1（b） 被解释变量

	变量	符号	描述
盈利性	净资产收益率	AvgROEadj	（净利润×2/（期初股东权益+期末股东权益）×100%－行业中位数
	资产净利率	ROAadj	净利润/平均资产总额×100%，平均资产总额＝（期初资产总额+期末资产总额）/2－行业中位数
	每股收益	EPSadj	公司实际披露数－行业中位数
成长性	总资产增长率	Totassgrrt	（期末总资产/去年同期总资产－1）×100%－行业中位数
	员工增长率	employeegr	（期末员工总数/去年同期员工总数－1）×100%－行业中位数

影响企业绩效的因素是十分复杂的，为了能尽可能全面地将影响企业绩效的主要因素加入模型中，本书根据已有文献（高雷，2007；Anderson & Reeb，2003），选择以下变量作为控制变量：用第一大股东持股比例衡量企业股权集中度，根据陈德萍和陈永圣（2011）的研究，股权集中度与公司绩效有显著相关关系；用独立董事人数比例来衡量董事会独立性，控制董事会监督的程度；用资产负债率衡量企业的财务杠杆，资产负债率过高说明财务风险过高，企业还款能力可能有问题，企业绩效会受到负面影响，而资产负债率过低则表明企业过于保守，没有很好地使用财务杠杆以追求更高的收益；本书还控制了企业的规模和成立时间的影响。

表 7-1（c） 控制变量

变量	符号	描述
股权集中度	OwnCon1	第一大股东持股比例
独立董事比例	IndDirPct	独立董事人数/董事会人数×100%
资产负债率	Leverage	资产负债率＝负债合计/资产合计×100%
公司规模	size	总资产对数
观测年份	year	共八个虚拟变量来表示九年
成立时间	age	year－公司成立年份

7.3.3 回归模型建立

为了检验本章提出的假设 1,本章构造了如下的多元回归线性模型来分析家族成员参与董事会的情况与企业绩效之间的关系:

$$Performance = \beta_0 + \beta_1 Involvement\ in\ Board + \beta_2 Control + \varepsilon$$

根据假设 2,本章构造如下的多元回归线性模型来分析家族成员参与管理层的情况与企业绩效之间的关系:

$$Performance = \beta_0 + \beta_1 Involvement\ in\ Management + \beta_2 Control + \varepsilon$$

根据假设 3,本章构造如下的多元回归线性模型来分析家族第二代成员参与企业管理与企业绩效之间的关系:

$$Performance = \beta_0 + \beta_1 Second\ Generation\ Involvement + \beta_2 Control + \varepsilon$$

Performance 分别用 ROE、ROA 和 EPS 作为因变量;Involvement in Board 分别为家族成员是否担任董事长、家族成员是否参加董事会、家族董事占董事会成员比例和家族控制董事会比例;Involvement in Management 分别为家族成员是否担任总经理、家族成员是否参加管理层、家族管理人员占管理层比例;Second Generation Involvement 为董事长为家族二代成员;β_0 为常数项;β_1 和 β_2 是系数;Control 表示控制变量,综合了上文提到的所有控制变量;ε 为扰动项,表示其他干扰因素。

7.4 实证结果与分析

7.4.1 主要变量描述性统计

表 7-2 是家族参与企业管理情况的数据的描述性统计结果。从家族成员参与董事会的情况来看,67.5% 的公司是由家族成员担任董事长,70.6% 的公司有家族成员参与董事会。从董事会成员构成来看,董事会中平均有 10.32% 的成员是家族成员,最少的没有家族成员参与董事会,最多的有 55.56% 的董事会席位被家族成员占据。平均 14.48% 的董事会席位是家族控制的,其中,最多的是所有的董事会席位都被家族控制。从家族参与管理层的情况来看,14.8% 的公司是由家族成员担任总经理,49.8%

的公司的管理层中有家族成员的参与，管理层中平均有 8.214%是家族成员。由此可见，家族成员更多的是通过参与董事会来管理企业。家族企业样本中有 1.8%的董事长是由第二代家族成员担任的。以上统计也符合我国的家族企业部分正经历第一代和第二代的交替阶段的现状。

表 7-2 家族成员参与企业管理的描述性统计

变量	数量	标准差	均值	最小值	最大值
FamDire	2975	0.468	0.675	0	1
Famboard	2975	0.456	0.706	0	1
famdireinvl	2975	8.971	10.32	0	55.56
famctrlinvl	2975	13.29	14.48	0	100
FamCEO	2975	0.355	0.148	0	1
Fammana	2975	0.500	0.498	0	1
fammaninvl	2975	11.54	8.214	0	100
excessctrl	2928	15.65	10.99	0	74.24
Dire2	2975	0.132	0.0180	0	1
boardchara	2972	0.239	0.0610	0	1
CEO2	2975	0.169	0.0290	0	1

表 7-3 是公司财务指标、基本状况的描述性统计。样本中公司平均净资产收益率为 7.095%，然而数据离散程度较大，最小的净资产收益率是 -97.04%，而最大的净资产收益率高达 43.40%。用全行业中位数调整过的净资产收益率为 -0.328%，说明家族企业样本中的净资产收益率略低于行业平均水平。样本中公司平均资产收益率为 4.173%，资产收益率略高于行业平均水平；平均每股收益为 0.280 元，略高于行业水平。资产负债率的平均数为 46.78%，说明总体上来看，家族企业的财务杠杆比较合适。家族企业第一大股东平均持股比例为 33.32%，第一大股东持股最高有 95.1%，最低只有 4.489%。董事会中平均有 35.03%是独立董事。从公司的经营时间来看，家族企业平均已经成立了 11.52 年，最长的已经长达 57 年的历史。

表 7-3 公司层面数据描述性统计

变量	数量	标准差	均值	最小值	最大值
AvgROE	2947	17.86	7.095	−97.04	43.40
AvgROEadj	2947	17.50	−0.328	−108.7	38.38
ROA	2975	7.556	4.173	−31.48	22.35
ROAadj	2975	7.333	0.556	−38.22	20.14
EPS	2918	0.417	0.280	−1.230	1.700
EPSadj	2918	0.405	0.0740	−1.570	1.620
Leverage	2975	19.51	46.78	7.976	93.81
OwnCon1	2975	14.33	33.32	4.489	95.10
IndDirPct	2956	6.859	35.03	0	80
size	2975	0.941	21.02	14.16	24.50
age	2970	5.489	11.52	0	57

7.4.2 主要变量相关性检验

表 7-4 是各连续变量相关性检验，从检验结果来看，家族成员参与管理层的程度的各项指标均与企业绩效指标呈正相关关系。

7.4.3 家族参与董事会与企业绩效

为了验证假设 1 和假设 2，表 7-5 为企业业绩与家族成员参与董事会程度的回归结果。企业绩效分别用调整行业水平后的净资产收益率、资产收益率和每股收益来表示。

第7章 家族参与企业、家族传承与企业业绩

表7-4 主要变量相关性检验

	AvgROEadj	ROAadj	EPSadj	Leverage	OwnCon1	IndDirPct	size	age	FamDire	famdireinvl	famctrlinvl	FamCEO	fammaninvl	excessctrl
AvgROEadj	1													
ROAadj	0.8774*	1												
EPSadj	0.7599*	0.8332*	1											
Leverage	-0.2577*	-0.4000*	-0.2802*	1										
OwnCon1	0.1504*	0.1685*	0.1851*	-0.0295	1									
IndDirPct	-0.0072	-0.0084	-0.0062	0.0167	0.0314	1								
size	0.1779*	0.1587*	0.2157*	0.2690*	0.1293*	0.0955*	1							
age	-0.1130*	-0.1726*	-0.1855*	0.1610*	-0.1802*	0.0539*	0.0969*	1						
FamDire	0.1605*	0.1983*	0.2117*	-0.1515*	0.1086*	-0.0012	0.0298	-0.2429*	1					
famdireinvl	0.1259*	0.1351*	0.1441*	-0.0549*	0.0706*	0.0959*	0.0845*	-0.1269*	0.5363*	1				
famctrlinvl	0.0346	0.0417	0.0398	0.0230	-0.0010	0.0507*	0.0686*	0.0147	0.2786*	0.6054*	1			
FamCEO	0.0607*	0.0460*	0.0521*	-0.0212	-0.0527*	0.1097*	0.0354	-0.0155	0.2237*	0.4591*	0.2842*	1		
fammaninvl	0.0658*	0.0549*	0.0624*	-0.0286	0.0294	0.0715*	0.0414*	-0.0728*	0.3956*	0.6346*	0.2815*	0.5757*	1	
excessctrl	-0.0335	-0.0672*	-0.0484*	0.1443*	0.1129*	0.0012	0.1464*	0.0512*	-0.1971*	-0.0661*	-0.0286	-0.0288	-0.0089	1

表 7-5 企业业绩与家族成员参与董事会程度回归结果

	(1) AvgROEadj	(2) AvgROEadj	(3) AvgROEadj	(4) AvgROEadj	(5) ROAadj	(6) ROAadj	(7) ROAadj	(8) ROAadj	(9) EPSadj	(10) EPSadj	(11) EPSadj	(12) EPSadj
FamDire	3.231*** (4.86)				1.470*** (5.65)				0.104*** (6.94)			
Famboard		2.688*** (4.07)				1.010*** (3.91)				0.069*** (4.62)		
famdireinvl			0.145*** (4.34)				0.0545*** (4.17)				0.003*** (4.55)	
famctrlinvl				0.043* (1.90)				0.0192** (2.19)				0.001 (1.59)
size	5.572*** (15.42)	5.473*** (15.06)	5.492*** (15.14)	5.568*** (15.32)	2.196*** (16.61)	2.171*** (16.31)	2.178*** (16.39)	2.201*** (16.54)	0.136*** (17.98)	0.134*** (17.59)	0.135*** (17.72)	0.137*** (17.92)
OwnCon1	0.117*** (5.53)	0.124*** (5.88)	0.119*** (5.65)	0.122*** (5.77)	0.051*** (6.16)	0.054*** (6.52)	0.052*** (6.30)	0.053*** (6.43)	0.003*** (6.53)	0.003*** (6.97)	0.003*** (6.73)	0.003*** (6.86)
IndDirPct	-0.087** (-1.97)	-0.082* (-1.84)	-0.106** (-2.38)	-0.093** (-2.09)	-0.031* (-1.81)	-0.029* (-1.69)	-0.038** (-2.20)	-0.034* (-1.96)	-0.002* (-1.75)	-0.002 (-1.61)	-0.002** (-2.19)	-0.002* (-1.91)
Leverage	-0.303*** (-17.61)	-0.307*** (-17.88)	-0.306*** (-17.79)	-0.308*** (-17.91)	-0.169*** (-26.24)	-0.171*** (-26.60)	-0.170*** (-26.51)	-0.171*** (-26.63)	-0.007*** (-19.05)	-0.007*** (-19.46)	-0.007*** (-19.36)	-0.007*** (-19.50)
age	-0.165*** (-2.82)	-0.197*** (-3.42)	-0.205*** (-3.58)	-0.240*** (-4.22)	-0.099*** (-4.30)	-0.116*** (-5.15)	-0.119*** (-5.32)	-0.133*** (-5.95)	-0.007*** (-5.52)	-0.009*** (-6.60)	-0.009*** (-6.84)	-0.010*** (-7.49)
year	controlled	controlled	controlled	controlled	controlled	controlled	controlled	controlled	controlled	controlled	controlled	controlled
constant	-106.600*** (-14.55)	-104.300*** (-14.24)	-103.500*** (-14.12)	-104.500*** (-14.24)	-38.780*** (-14.34)	-37.950*** (-14.01)	-37.650*** (-13.89)	-37.980*** (-13.99)	-2.522*** (-16.27)	-2.462*** (-15.82)	-2.445*** (-15.70)	-2.468*** (-15.80)
样本量	2923	2923	2923	2923	2951	2951	2951	2951	2894	2894	2894	2894
调整 R 方	0.174	0.172	0.172	0.168	0.275	0.271	0.271	0.268	0.234	0.227	0.227	0.222
F	44.820	44.210	44.410	43.090	80.840	79.210	79.410	78.180	64.240	61.760	61.700	60.030

注：* 表示显著性程度，* 表示在 10% 的水平上显著，** 表示在 5% 的水平上显著，*** 表示在 1% 的水平上显著。括号里是 t 值。

首先看家族成员是否担任董事长对于企业绩效的影响。第一列是净资产收益率与家族成员是否担任董事长的回归结果，二者之间有显著正相关关系。家族成员担任董事长的公司净资产收益率比非家族成员担任董事长的公司高3.231%。第五列是资产净利率与家族成员是否担任董事长的回归结果，二者也有显著的正相关关系，董事长是家族成员的公司资产净利率比非家族成员担任董事长的公司高1.47%。第九列是每股收益与家族成员是否担任董事长的回归结果，同样地，二者显著正相关，董事长是家族成员的公司每股收益比其余公司高约0.104元/股。接下来看家族成员是否参与董事会（除董事长外）与企业绩效之间的关系。第二列是净资产收益率与家族成员是否参与董事会之间的回归结果，二者也呈显著正相关关系，有家族成员参与董事会的公司比董事会中没有家族成员的公司的净资产收益率高2.688%。第六列表示有家族成员参与董事会后，资产净利率提高1.01%。第十列的结果表示董事会中有家族成员，每股收益增加0.0687元。通过以上结果，笔者发现，家族成员担任董事长、参与董事会对企业绩效有显著的积极影响。这些结果与Jensen & Meckling（1976），Anderson & Reeb（2003），Davis et al.（1997）的研究结果也是相符的。背后可能的解释是，家族成员有亲缘关系作为纽带，彼此之间有着双向信任关系，减少了所有者与管理者之间的代理成本，企业绩效提高；家族成员可能还会为了家族企业的发展而避免短视的策略，目标为更长远的发展，因此会制定长期投资计划，由此提高企业绩效；由于家族控制权与现金流权分离而可能带来的第二类代理成本较低，或者说控股股东对于企业的掏空行为并不完全是通过担任公司的董事长、参与董事会来进行的。从回归结果的系数来看，家族成员担任董事长比只在董事会中占一席之位对企业绩效的正向影响更大。这其中可能的原因是董事长比董事会中其他成员的权力更大，对企业经营决策的影响更大，因此对企业绩效的正向影响也就更大。

其次看家族成员参与董事会的程度对企业绩效的影响。第三列是净资产收益率与董事会中家族成员的比例的回归结果，从结果中可以看出，董事会中家族成员比例与净资产收益率有显著正相关关系，董事会中家族成员的比例每增加1%，净资产收益率提高0.145%。第七列的结果显示资产净利率与董事会中家族成员的比例是显著正相关关系，董事会中家族成员的比例每增加1%，资产净利率提高0.0545%。第十一列结果显示每股收益与董事会中家族成员的比例也有显著正相关关系。家族成员直接参与董事会的程度越高，企业绩效越好。第四列、第八列、第十二列的结果显示家族控制董事会席位比例与企业绩效也成正比，但从显著性程度以及回归系数大小来看，与家族成员直接担任董事会成员相比，家族控制董事会的席位与企业绩效之间的关系并不那么显著，对企业绩效的影响也更弱。由于直接担任董事会成员更为直接地参与企业管理，所以对企业的影响更大。

从控制变量的系数来看，企业规模与绩效呈正相关关系。对于样本中家族企业来说，企业具有规模效应，规模增大能提高经济效益。第一大股东持股比例与企业绩效呈正相关关系，从这一点可以看出，控股股东对于企业的经营绩效而言更多的是正向的激励效应，或者说更少地带来负向的掏空、壕沟效应（控股股东可以利用小股东无法分享的控制权，通过侵害小股东利益来获取私利）。

7.4.4 家族参与管理层与企业绩效

为了验证假设1和2，表7-6为企业业绩与家族成员参与管理层程度的回归结果。同样地，企业绩效分别用调整行业水平后的净资产收益率、资产收益率和每股收益来表示。

首先看家族成员是否担任总经理对于企业绩效的影响。第一列是净资产收益率与家族成员是否担任总经理的回归结果，二者之间有显著正相关关系。家族成员担任总经理的公司净资产收益率比非家族成员担任总经理的公司高2.630%。第四列是资产净利率与家族成员是否担任总经理的回归结果，家族成员担任总经理的公司资产净利率比非家族成员担任总经理的公司高0.708%。第七列结果显示家族成员担任总经理的公司的每股净收益比非家族成员担任总经理的高0.050元。其次是家族成员是否担任管理层中其他职位对企业绩效的影响。第二列、第五列、第八列显示管理层中是否有家族成员参与和企业绩效有显著正相关关系，有家族成员参与管理层的企业比没有家族成员参与管理层的公司的净资产收益率高2.275%，资产净利率高0.882%，每股收益高0.0702元。以上结果表明，有家族成员担任总经理、参与管理层，企业绩效更好。从第三列、第六列、第九列的回归结果来看，家族成员参与管理层的程度与企业绩效也呈正相关关系，管理层中每增加1%的家族成员，净资产收益率提高0.064%，只是占据更多的其他管理层职位对公司绩效的提高没有十分显著的影响。

表 7-6 企业业绩与家族成员参与管理层程度回归结果

	(1)	(2) AvgROEadj	(3)	(4)	(5) ROAadj	(6)	(7)	(8) EPSadj	(9)
FamCEO	2.630*** (3.15)			0.708** (2.16)			0.050*** (2.66)		
Fammana		2.275*** (3.70)			0.882*** (3.65)			0.0702*** (5.05)	
fammaninvl			0.0640** (2.50)			0.014 (1.37)			0.001* (1.86)
size	5.567*** (15.36)	5.580*** (15.42)	5.590*** (15.42)	2.213*** (16.66)	2.209*** (16.66)	2.219*** (16.71)	0.137*** (18.00)	0.137*** (18.00)	0.138*** (18.04)
OwnCon1	0.126*** (5.97)	0.121*** (5.75)	0.121*** (5.75)	0.054*** (6.55)	0.053*** (6.40)	0.053*** (6.41)	0.003*** (7.02)	0.003*** (6.84)	0.003*** (6.84)
IndDirPct	-0.104** (-2.32)	-0.084* (-1.89)	-0.095** (-2.14)	-0.036** (-2.05)	-0.030* (-1.74)	-0.033* (-1.90)	-0.002** (-2.11)	-0.001* (-1.68)	-0.002* (-1.93)
Leverage	-0.307*** (-17.84)	-0.305*** (-17.72)	-0.308*** (-17.92)	-0.171*** (-26.60)	-0.170*** (-26.43)	-0.172*** (-26.65)	-0.007*** (-19.46)	-0.003*** (-19.26)	-0.007*** (-19.52)
age	-0.231*** (-4.08)	-0.185*** (-3.17)	-0.225*** (-3.95)	-0.130*** (-5.82)	-0.111*** (-4.85)	-0.129*** (-5.75)	-0.009*** (-7.39)	-0.008*** (-6.06)	-0.009*** (-7.28)
year	controlled	controlled	controlled	controlled	controlled	controlled	controlled	controlled	controlled
constant	-104.100*** (-14.19)	-105.500*** (-14.40)	-104.600*** (-14.26)	-37.980*** (-13.99)	-38.390*** (-14.16)	-38.100*** (-14.03)	-2.463*** (-15.79)	-2.493*** (-16.03)	-2.471*** (-15.83)
样本量	2923	2923	2923	2951	2951	2951	2894	2894	2894
调整 R 方	0.170	0.171	0.169	0.268	0.270	0.267	0.223	0.228	0.222
F	43.630	43.960	43.320	78.170	79.010	77.890	60.450	62.150	60.110

注:* 表示显著性程度,* 表示在 10% 的水平上显著,** 表示在 5% 的水平上显著,*** 表示在 1% 的水平上显著。括号里是 t 值。

综合以上分析，能产生较大影响的家族管理方式还是担任总经理。在我国家族企业当前发展状况下，家族成员担任总经理是有效率的，因为这种方式可以更多地降低所有者与经营者之间的代理成本。代理成本包括监督成本、约束成本和剩余损失。公司为了减少代理问题，会激励或者监督管理者，一般通过以下几种方式：第一，用薪酬激励，如明确的年薪、年终奖、股票期权奖励；第二，股东直接干预；第三，市场监督机制，如经理市场的约束、恶意收购（hostile takeover）的压力等。前两种是公司内部的治理方法，后一种是市场导向的。在有效的市场中，被市场证明损害他人利益的人或集团，最终要承担其行为的后果，所以名声不好的经理难以在经理市场取得好的职位，或者公司有被"恶意收购"的可能，经理有被替代的压力。然而我国经理市场发展还不够完善，经理面临的被替代的压力较弱，市场机制发挥的监管作用不那么有力，第一类代理问题较为严重。家族企业中，家族成员担任总经理可以减少这类代理问题，原因在于家族成员之间有血缘关系作为纽带，信任作为基础，因此相比非家族总经理，家族总经理会更多地考虑家族利益而非个人利益，因此可以降低第一类代理成本，提高企业绩效。

7.4.5 家族企业传承与企业绩效

为了验证假设3，表7-7为企业业绩与第二代家族成员担任董事长的回归结果。企业绩效分别用调整行业水平后的净资产收益率、资产收益率和每股收益来表示。此处观测的样本为由家族成员担任董事长的家族企业。由于已经担任董事长的第二代成员并不多，所以回归的结果不是非常显著，但是从每股收益与第二代担任董事长的回归结果来看，第二代成员担任董事长的家族企业比其他家族成员担任董事长的每股收益低0.105元。二代继承企业管理有以下因素导致其不利于企业绩效的发展。首先，企业的发展可能过多依赖于企业创始人的个人能力，如企业主与客户、供应商之间良好的关系不能被继承，企业主有良好的管理才能等。通过调查也发现，第一代企业家虽然文化水平相对较低，但能吃苦耐劳，善于经营，他们的企业家才能是创业过程中获得的；而第二代继承人一般具有高学历，对于行业发展、管理模式等比较了解，但缺乏创业的经历。其次，在相对较小的范围内挑选企业管理人才,第二代家族成员的能力可能不如职业经理人。同样地也可以用"利他主义"来解释第二代管理的负效应,父母与子女之间的不对称利他主义,导致子女更加只是考虑自己的利益。

表7-7 企业业绩与第二代家族成员担任董事长回归结果

	(1) AvgROEadj	(2) ROAadj	(3) EPSadj
Dire2	-0.916 (-0.48)	-1.209 (-1.56)	-0.105** (-2.12)
size	4.433*** (11.34)	1.724*** (11.00)	0.160*** (16.08)
OwnCon1	0.116*** (5.37)	0.054*** (6.07)	0.003*** (5.65)
IndDirPct	-0.078* (-1.72)	-0.024 (-1.31)	-0.002 (-1.56)
Leverage	-0.210*** (-11.15)	-0.148*** (-19.68)	-0.007*** (-15.69)
age	-0.406*** (-5.71)	-0.180*** (-6.21)	-0.013*** (-7.13)
year	controlled	controlled	controlled
constant	-81.440*** (-10.40)	-28.710*** (-9.12)	-2.883*** (-14.42)
N	1986	1995	1961
r2_a	0.132	0.234	0.218
F	22.56	44.48	40.07

注:*表示显著性程度,*表示在10%的水平上显著,**表示在5%的水平上显著,***表示在1%的水平上显著。括号里是t值。

7.5 研究结论

本章通过借鉴前人的研究理论,结合我国上市家族企业的情况进行了理论推导与假设,之后收集了2002年至2010年中国家族上市公司的家族方面数据和财务数据进行实证研究,得出结论。实证结果证明家族成员参与公司的董事会和管理层可以提升企业业绩;家族第二代成员参与企业管理之后,企业业绩下降。对于家族企业来说,参与企业管理的家族成员通过提高企业的绩效获取作为所有者可以分享的利益更多,控股地位更多地带来的是正向的激励效应,而不是壕沟效应。因此家族成员参与企业管理有利于企业绩效的提升。二代继承企业管理有以下因素导致其不利于企业绩效的发展。第一,企业的发展可能过多依赖于企业创始人的个人能力和社会关系资源;第二,在相对较小的范围内挑选企业管理人才,第二代家族成员的能力可能不如职业经理人;第三,第二代的成员可能会希望争取个人利益而非企业长期发展的利益。这三方面的问题可能会使第二代成员继承家族企业后,企业绩效变差。

本章的贡献在于采用了更多的指标来衡量企业业绩,度量指标更为精细,因此对于企业绩效的衡量更加全面、可靠;采用了实证研究的方法分析了九年来我国家族上市公司的数据,观测的时间更长,更具有普遍性;总结了前人研究家族成员参与企业管理用到的主要分析理论,综合分析其对于企业绩效的影响。

本章主要参考文献

[1] Alcorn, P. B., 1982. Success and survival in the family-owned firm. New York: MacGraw Hill.

[2] Anderson, R. C., Reeb, D. M., 2003. Founding-family ownership and firm performance: evidence from the S&P 500. The Journal of Finance 58 (3), 1301-1327.

[3] Astrachan, J. H., Klein, S. B., Smyrnios, K. X., 2002. The F-PEC Scale of Family Influence: A proposal for solving the family business definition problem. Family Business Review 15 (1), 45-58.

[4] Barnes, L. B., Hershon, S. A., 1976. Transferring power in family business. Harvard Business Review 54 (4), 105-114.

[5] Barry, B., 1975. Development of organization structure in family firm. Journal of General Management 3 (1), 42-60.

[6] Bennedsen, M., Nielsen, K. M., Perez-Gonzalez, F., Wolfenzon,

D., 2007. Inside the family firm: The role of families in succession decisions and performance. The Quarterly Journal of Economics 122 (2), 647-691.

[7] Bertrand, M., Johnson, M., Samphantharak, K., Schoar, A., 2008. Mixing family with business: A study of Thai business groups and the families behind them. Journal of Financial economics 88 (3), 466-498.

[8] Burkart, M., Fausto P., Shleifer, A., 2003. Family firms. The Journal of Finance 58 (5), 2167-2202.

[9] Claessens, S., Djankov, S., Lang, L. H. P., 2000. The separation of ownership and control in East Asian corporations. Journal of financial Economics 58 (1), 81-112.

[10] Davis, J. H., Schoorman, F. D., Donaldson, L., 1997. Toward a stewardship theory of management. Academy of Management review 22 (1), 20-47.

[11] Donckels, R., Fröhlich, E., 1991. Are family businesses really different? European experiences from STRATOS. Family business review 4 (2), 149-160.

[12] Donnelley, R. G., 1964. The family business. Harvard Business Review 42 (4), 93-105.

[13] Holland, P. G., Oliver, J. E., 1992. An empirical examination of the stages of develop

[14] James, H. S., 1996. Owner as manager, extended horizons and the family firm. International Journal of the Economics of Business 6 (1), 41-55.

[15] Jensen, M. C., Meckling, W. H., 1976. Theory of the firm: Managerial behavior, agency costs and ownership structure. Journal of Financial Economics 3 (4), 305-360.

[16] Lansberg, I., Perrow, E. L., Rogolsky, S., 1988. Family business as an emerging field. Family Business Review 1 (1), 1-8.

[17] Lansberg, I., 1988. The succession conspiracy. Family Business Review 1 (2), 119-143.

[18] Leach, P., Smith, W. K., Hart, A., 1990. Managing the family business in the UK: Stoy Hayward Survey in conjunction with the London Business School. Stoy Hayward, London.

[19] Pérez-González, F., 2006 Inherited control and firm performance. The American Economic Review 96 (5), 1559-1588.

[20] Porta, R., Lopez-de-Silanes, F., Shleifer, A., 1999. Corporate ownership around the world. The Journal of Finance 54 (2), 471-517.

[21] Schulze, W. S., 2001. Agency relationships in family firms: Theory and evidence. Organization Science 12 (2), 99-116.

[22] Stewart, A., 2003. Help one another, use one another: Toward an Anthropology of Family Business. Entrepreneurship Theory and Practice 27 (4), 383-396.

[23] Villalonga, B., Raphael, A., 2006. How do family ownership, control and management affect firm value? Journal of Financial Economics 80 (2), 385-417.

[24] 陈德萍, 陈永圣. 股权集中度、股权制衡度与公司绩效关系研究——2007—2009年中小企业板块的实证检验. 会计研究, 2011 (1): 38-43.

[25] 陈凌, 应丽. 代际传承: 家族企业继任管理和创新. 管理世界, 2003 (6): 89-97.

[26] 陈凌. 信息特征、交易成本和家族式组织. 经济研究, 1998 (7): 27-33.

[27] 储小平. 华人家族企业的界定. 经济理论与经济管理, 2004 (1): 49-53.

[28] 谷祺, 邓德强, 路倩. 现金流权与控制权分离下的公司价值——基于我国家族上市公司的实证研究. 会计研究, 2006 (4): 30-36.

[29] 刘小玄, 韩朝华. 中国的古典企业模式: 企业家的企业——江苏阳光集团案例研究. 管理世界, 1999 (6): 179-189.

[30] 苏启林, 朱文. 上市公司家族控制与企业价值. 经济研究, 2003 (8): 36-45.

[31] 苏启林. 基于代理理论与管家理论视角的家族企业经理人行为选择. 外国经济与管理, 2007 (2): 51-56.

第8章 家族参与企业、家族传承与企业投资决策[①]

8.1 引言

关于家族成员参与对企业非效率投资的影响，已经有不少学者发现，家族管理有利于抑制非效率投资行为，从而提高企业的投资效率。Jensen（1986）提出的自由现金流量假说认为，企业投资能够给管理者带来个人私利，比如职位升迁或控制更多的资源，因此管理者可能将企业的自由现金流量用于不能增加股东财富的项目投资。而 Stulz（1990）提出的商业帝国假说进一步支持了 Jensen 的观点，他认为管理层通过过度投资构建商业帝国，从而控制更多的资源。Morck et al.（1988）提出的管理防御假说也认为，管理者有将公司资源过度投资到与其自身专长相关的项目倾向，从而维持自身地位与既得利益，达到防御的目的；而这种投资行为可能使公司失去其他更好的投资机会，造成公司的非效率投资。而家族成员参与公司治理的代理成本比职业经理人大大降低，因此会有效减少企业的非效率投资行为。

另外一些学者则认为家族成员参与公司治理反而会加深企业的非效率投资程度。郭强和帅萍（2006）研究认为，家族企业为了追求规模，倾向于高风险项目、过度投资，从而人为增大了投资风险。夏冬（2007）从行为经济学角度分析了家族企业的过度投资后认为，羊群效应和过度自信是家族企业过度投资的主要动因。因为家族企业初期的成功使企业主有强烈的自信，愿意尝试不同的事物，盲目追求多元化投资；当家族企业缺乏明

[①] 本章内容中，段嘉桐在作者指导下进行了理论研究和数据分析的主要工作。

确的发展方向和战略定位时，民营企业家就会盲目地随大流投资。

从上述家族企业与非效率投资的相关文献的简要回顾中可以看出，家族成员参与公司治理对企业投资效率的影响在学术界是存在一定争议的。而国内学者对于这一问题的研究相对较少，尤其是缺少大样本的实证检验，现有的大部分文献仅仅关注了过度投资的情况而忽略了对更为普遍的投资不足的分析。再结合我国家族企业发展时间较短、多数企业还在第一代的管理控制之下而部分企业已经开始传承的特殊背景，研究家族成员参与公司治理以及代际传承对企业非效率投资的影响不仅具有学术价值，更具有现实意义。

本章在借鉴前人的研究基础之上，以2002年至2010年沪深两市上市家族企业为研究对象，实证研究了家族成员参与企业治理对企业非效率投资的影响。结果发现，总体来说家族成员参与公司的董事会和管理层与企业的非效率投资程度呈负相关关系，即家族成员参与公司治理可以抑制非效率投资行为，提高企业的投资效率；家族第二代成员参与公司的董事会和管理层与企业的非效率投资程度也呈负相关，但其参与管理层对非效率投资的抑制作用相对较弱。

本章的贡献在于同时考虑了投资过度与投资不足，综合这两个维度的指标来衡量企业的非效率投资程度，对企业非效率投资行为的观察更加全面；采用了实证检验的方法分析了九年来我国上市家族企业的样本数据，观测时间更长，结果更具有普遍性；总结了前人研究家族成员参与公司治理用到的主要理论，建立了较为完整的理论框架，综合分析了家族参与对企业投资效率的影响；在研究家族参与与投资决策关系基础上，继续研究了家族第二代成员参与公司治理对企业非效率投资的影响；深度考察了企业传承对于企业投资决策的影响。

本章的结构安排如下：第二部分是文献回顾与假设推导，将在回顾已有文献的基础上，结合家族企业特征及公司治理理论对家族成员参与如何影响企业非效率投资进行分析，并提出研究假设；第三部分是研究设计，将选取相应的指标度量研究对象，建立回归模型；第四部分是实证结果与分析，对数据进行统计分析并论述实证检验结果；第五部分是研究结论及局限，总结本章的研究成果，并指明进一步的研究方向。

8.2 文献回顾与假设推导

由于上市家族企业中家族成员的参与，它的治理问题有了一定的特殊性。家族企业的特征有：第一，家族企业更具有长期导向，家族经理人受家族利益以及亲情的影响，会为了家族的繁荣兴盛而努力经营企业；第二，多数家族企业中有不止一位家族成员参与公司治理，当第一代创始人退出企业管理时，他们会更倾向于让子女继承企业的管理权。

8.2.1 家族成员参与企业对企业非效率投资程度的影响

从代理理论的角度来看，家族成员参与公司治理可以降低企业所有者与管理者之间的代理成本。企业所有者、股东与职业经理人的目标并非完全一致，出于自身利益最大化的考虑，管理者可能将企业的自由现金流量用于投资一些净现值为负的项目，以达到其职位升迁、调配资源或管理防御的目的。而家族企业区别于其他类型企业的最根本特征就是家族企业的最终实际控制人为家族或自然人，当家族或企业创始人是企业的所有者时，家族成员参与企业的经营管理可以将所有权与经营权合二为一；有些时候可能所有者与管理者并不是同一个人，但都属于同一个家族，家族成员相较于外部职业经理人而言更会维护统一的家族利益，从而做出合理的投资决策。

从管家理论的角度来看，家族成员参与公司治理是家族企业所有者和管理者利益趋同的理想组合方式，家族经理人的家族信仰会使他们努力工作，更好地充当管家角色。而且根据 Steier（2001）的观点，家族成员之间的互相信任能够促进家族企业委托人和代理人之间的沟通与合作，减少信息不对称，提高决策质量和投资效率。

另外，从家族企业的长期导向来看，家族成员为维护家族的名誉、延续家族的繁荣与发展，会避免短视的投资决策，而采取有利于企业价值提升和长期发展的决策。John & Nachman（1985）提出，控股股东有占用企业的留存收益为自己谋福利的倾向，而不将留存收益用于好的投资项目，从而产生企业的非效率投资。而家族成员多以家族的长远利益为出发点做出投资决策，抑制了大股东占用资金谋取私利的问题和非效率投资程度，从而提高了家族企业的投资效率。

综上所述，本章提出以下假设：

假设1：家族成员参与公司治理有利于抑制企业的非效率投资。

假设2：家族成员参与公司治理的程度越高，企业的非效率投资程度越低。

其中，家族成员参与公司治理由参与董事会和管理层的情况来度量，企业的非效率投资程度从投资过度与投资不足两方面来衡量。

8.2.2 家族企业传承对企业非效率投资程度的影响

近年来，参与家族企业经营管理或是走向前台接班的二代人数显著上升，越来越多家族企业的发展正面临代际传承这一重要转折点。虽然传统观念认为，家族第二代成员难以继承企业创始人的个人魅力、能力、声誉等独特资源，甚至会出现谋取私利的掏空行为，但2014年福布斯中文版连续第五年对中国上市家族企业进行的调查显示，有能力的二代将在未来5~7年基本完成接班，掌权二代的业绩首次超过一代。

家族第二代成员所有权与管理权的涉入，使其在制度形式上成为家族企业利益共同体的一部分。根据委托代理理论和现代管家理论，二代成员参与公司治理的代理成本较外部职业经理人更低，更能从家族的整体利益出发做出合理有效的投资决策。

从代际传承的角度来看，家族第二代成员参与公司治理是家族企业所有权与经营权继承的重要形式，而二代成员与一代创始人的共同共事期也通常是家族企业选择家族化管理模式的重要标志。家族二代涉入程度越高说明家族越倾向于维护企业与家族财富的长期发展，因此会选择适度的投资行为，提高企业的投资效率。

综上所述，本章提出以下假设：

假设3：家族第二代成员参与公司治理有利于抑制企业的非效率投资。

假设4：家族第二代成员参与公司治理的程度越高，企业的非效率投资程度越低。

8.3 研究设计

8.3.1 数据来源与样本选择

本书以 2002 年至 2010 年沪深两市上市家族企业为原始样本，剔除了金融行业和财务数据严重缺失的样本，最终得到观测值为 2622 个样本数据。其中，家族企业特征相关数据来自手工收集的上市公司年报中董事及股东背景数据，企业财务信息相关数据来自锐思数据库（RESSET）。

8.3.2 变量设置

本章从是否担任董事长或总经理以及是否参加董事会或管理层这四个方面观察家族成员参与公司治理的情况，从是否担任董事长或总经理以及是否参加董事会这三个方面观察家族第二代成员参与公司治理的情况；其中前一类变量又分为两种类型，既有是否担任董事长或参加董事会等虚拟变量，又有用于衡量参与程度的管理层比例等连续变量。具体变量的设置与定义参见表 8-1。

表 8-1 解释变量

	变量名称	变量标识	变量定义
家族参与 Fam_involve	董事长类型	CB	当家族企业的董事长为家族成员时，变量取值为 1，否则取值为 0
	总经理类型	GM	当家族企业的总经理为家族成员时，变量取值为 1，否则取值为 0
	董事长及总经理类型	CB&GM	当董事长及总经理均为家族成员时，变量取值为 1，否则取值为 0
	管理层类型	Management	当家族成员担任管理层职位时，变量取值为 1，否则取值为 0
	管理层比例	Man_ratio	家族成员担任管理层数量与管理层规模之比
	董事会类型	Board	当董事会中有家族成员时，变量取值为 1，否则取值为 0
	董事会比例	Boa_ratio	家族成员参与董事会数量与董事会规模之比

续表

变量名称		变量标识	变量定义
家族传承 Sec_involve	董事长类型	Sec_CB	第一代成员担任董事长，赋值为1；第二代成员担任董事长，赋值为2；非家族成员担任董事长，赋值为0
	总经理类型	Sec_GM	第一代成员担任总经理，赋值为1；第二代成员担任总经理，赋值为2；非家族成员担任总经理，赋值为0
	董事会类型	Sec_MB	董事会成员中有第二代成员，赋值为1；董事会成员中没有第二代成员，赋值为0

本书根据理查森（Richardson，2006）构建的包含投资机会、资产负债率、现金流、公司规模、股票收益、上年新增投资等相关解释变量的最优投资模型估算出企业的正常投资水平，然后用得到的回归残差的绝对值表示非效率投资程度，用变量 NE_INV 表示。

理查森模型如下：

$$INV_{it} = \alpha_0 + \alpha_1 GROWTH_{it-1} + \alpha_2 LEV_{it-1} + \alpha_3 CASH_{it-1} + \alpha_4 SIZE_{it-1} + \alpha_5 RET_{it-1} + \alpha_6 INV_{it-1} + \sum INDUSTRY + \sum YEAR + \varepsilon_{it}$$

其中，INV_{it} 为资本投资水平，用现金流量表中投资活动产生的现金流出数除以期初总资产表示；$GROWTH_{it-1}$ 为前一年度的增长机会，用营业收入增长率表示；LEV_{it-1} 为前一年度的资产负债率；$CASH_{it-1}$ 用前一年度的现金余额除以总资产表示；$SIZE_{it-1}$ 为前一年度公司总资产的自然对数；RET_{it-1} 为前一年度的股票收益率；INV_{it-1} 为前一年度的资本投资水平；INDUSTRY 为行业虚拟变量，行业按证监会的分类标准进行划分，剔除金融业，共选取18个行业；YEAR 为年度虚拟变量，控制不同年份宏观经济因素的影响。

影响企业投资决策的因素是十分复杂的，为了尽可能全面地将影响企业非效率投资的主要因素加入模型中，本书根据已有文献（Richardson，2006）选择以下变量作为控制变量。用营业收入增长率衡量企业的成长机会，用资产负债率衡量企业的财务杠杆，用货币资金持有量衡量企业的现金流，同时还控制了公司规模、行业及年度的影响。

表 8-2 控制变量

变量名称	变量标识	变量定义
成长机会	Growth	公司的成长机会，用营业收入增长率表示
财务杠杆	Lev	公司期初的财务杠杆，即资产负债率
货币资金持有量	Cash	公司期初货币资金持有量，用前一年度现金余额除以总资产表示
公司规模	Size	公司规模，为期初总资产的自然对数
行业	Industry	行业虚拟变量
年度	Year	年度虚拟变量

8.3.3 回归模型建立

为检验本章提出的假设 1 和假设 2，本章构造了如下的多元线性回归模型来分析家族成员参与公司治理与企业非效率投资之间的关系：

$$\text{NE\_INV} = \alpha_0 + \alpha_1 \text{Fam\_involve} + \alpha_i \text{Control} + \varepsilon \tag{1}$$

为检验本章提出的假设 3 和假设 4，本章构造了如下的多元线性回归模型来分析家族第二代成员参与公司治理与企业非效率投资之间的关系：

$$\text{NE\_INV} = \alpha_0 + \alpha_1 \text{Sec\_involve} + \alpha_i \text{Control} + \varepsilon \tag{2}$$

需要说明的是，在研究过程中将先对各家族成员参与变量进行单独的回归，然后再按照分类将全部的家族参与变量和全部的二代参与变量分别放入以上两个模型中进行综合的回归。

8.4 实证结果与分析

8.4.1 主要变量描述性统计

通过构建理查森（Richardson，2006）投资模型，本书共得到 2514 个非效率投资的样本数据。从家族成员参与公司治理的情况来看，58.23%的企业是由家族成员担任董事长，66.55%的企业有家族成员参与董事会，董事会中平均有 9.48%的席位由家族成员占据，最多的可达到半数；14.68%

的企业是由家族成员担任总经理，42.44%的企业有家族成员参与管理层，管理层中平均有7.79%的职务由家族成员出任，最多的可达到八成。该家族企业样本中，有1.99%的董事长和2.70%的总经理是由家族第二代成员担任的，5.85%的企业有家族第二代成员参与董事会。由此可见，家族成员参与公司治理在我国的上市家族企业中仍是非常普遍的，以上统计也符合我国的家族企业中部分正经历第一、第二代交接传承阶段的现状。其主要变量的描述性统计分别如下。

表8-3 样本的描述性统计

	样本	均值	标准差	最小值	最大值
NE_INV	2514	0.085013	0.121282	0	1.164985
CB	2514	0.582339	0.493272	0	1
GM	2514	0.146778	0.353955	0	1
CB&GM	2514	0.136436	0.343319	0	1
Management	2514	0.424423	0.494354	0	1
Man_ratio	2514	0.07786	0.118717	0	0.8
Board	2514	0.665473	0.471919	0	1
Boa_ratio	2514	0.094776	0.087123	0	0.5
Sec_CB	2514	0.602228	0.528619	0	2
Sec_GM	2514	0.173827	0.444732	0	2
Sec_MB	2514	0.058473	0.234682	0	1
Growth	2514	0.253104	0.835641	−0.84247	6.165887
Lev	2514	0.500715	0.196956	0.074992	0.980504
Cash	2514	0.146413	0.122405	−0.04088	0.947207
Size	2514	20.94155	0.916898	17.49501	24.30233

8.4.2 家族成员参与企业对企业非效率投资程度的影响

为验证假设1和假设2，本章利用上文所界定的样本对模型（1）进行回归，研究家族成员参与公司治理对企业非效率投资程度的影响。首先，分别将是否担任董事长或总经理、是否参加董事会或管理层，以及董事会或管理层比例等变量单独放入模型，然后将所有这些变量一同放入模型中进行回归，具体的回归结果如表8-4所示。

表8-4 家族成员参与企业和企业非效率投资回归结果

NE_INV	(1)	(2)	(3)	(4)	(5)	(6)	(7)	(8)
CB	-0.0099** (-2.0312)							0.0020 (0.2644)
GM		-0.0140** (-2.1163)						-0.0143 (-0.5887)
CB&GM			-0.0131* (-1.9242)					0.0062 (0.2467)
Management				-0.0174*** (-3.5485)				-0.0331*** (-3.7209)
Man_ratio					-0.0267 (-1.3354)			0.1133*** (3.0990)
Board						-0.0113** (-2.2544)		0.0098 (1.0068)
Boa_ratio							-0.0723*** (-2.6362)	-0.0994* (-1.9573)
Growth	-0.0018 (-0.6318)	-0.0019 (-0.6772)	-0.0019 (-0.6825)	-0.0019 (-0.6705)	-0.0019 (-0.6641)	-0.0017 (-0.6185)	-0.0017 (-0.6182)	-0.0017 (-0.6142)
Lev	-0.0280** (-2.0140)	-0.0280** (-2.0125)	-0.0276** (-1.9871)	-0.0295** (-2.1269)	-0.0273** (-1.9627)	-0.0281** (-2.0213)	-0.0292** (-2.1018)	-0.0316** (-2.2762)

续表

NE_INV	(1)	(2)	(3)	(4)	(5)	(6)	(7)	(8)
Cash	0.1519***	0.1518***	0.1519***	0.1499***	0.1504***	0.1506***	0.1503***	0.1561***
	(6.9287)	(6.9240)	(6.9249)	(6.8439)	(6.8288)	(6.8657)	(6.8534)	(7.0960)
Size	-0.0190***	-0.0193***	-0.0194***	-0.0188***	-0.0194***	-0.0187***	-0.0187***	-0.0185***
	(-7.1147)	(-7.2839)	(-7.3010)	(-7.0744)	(-7.3061)	(-7.0056)	(-7.0328)	(-6.9404)
Industry	控制	控制	控制	控制	控制	控制	控制	控制
Year	控制	控制	控制	控制	控制	控制	控制	控制
Cons	0.4491***	0.4529***	0.4526***	0.4484***	0.4539***	0.4470***	0.4470***	0.4461***
	(7.7854)	(7.8641)	(7.8563)	(7.7956)	(7.8758)	(7.7454)	(7.7529)	(7.7457)
N	2514	2514	2514	2514	2514	2514	2514	2514
Adj-R^2	0.0984	0.0985	0.0982	0.1015	0.0975	0.0987	0.0994	0.1032
F	10.7947	10.8088	10.7778	11.1333	10.7010	10.8330	10.9076	9.5049

注：***、**、*分别表示在1%、5%、10%的水平上显著，括号内为t值。

从表 8-4 中可以看出，在家族成员参与变量中，担任董事长、总经理或同时担任该两项职务与企业的非效率投资程度显著负相关，即家族成员担任董事长、总经理或同时担任该两项职务可以有效抑制企业的非效率投资行为；家族成员参加管理层、董事会与企业的非效率投资程度显著负相关，即家族成员参加管理层、董事会也可以有效抑制企业的非效率投资行为；董事会中家族成员的比例与企业的非效率投资之间也具有显著的负相关关系，即家族成员在董事会席位中占据的比例越高，企业的非效率投资程度就越低，且其回归系数的绝对值与前几个变量相比明显较大，说明家族成员在董事会中的参与程度对企业非效率投资的抑制作用更大更有效，这可能是由董事会的监督效应所造成的。

总的来说，家族成员参与公司治理的程度与企业的非效率投资程度呈显著的负相关关系，表示家族成员参与公司治理的程度越高，企业的非效率投资程度越低，即家族成员参与公司治理有利于抑制企业的非效率投资行为。这一结果也与 Morck et al.（1988）的研究相一致，家族成员参与董事会和管理层比外部聘请职业经理人的代理成本更低，因此有利于从家族和企业的整体利益而非个人利益出发，制定合理有效的投资决策，减少非效率投资行为，从而提高投资效率和企业价值。

8.4.3　家族企业传承对企业非效率投资程度的影响

为验证假设 3 和假设 4，本章利用上文所界定的样本对模型（2）进行回归，研究家族第二代成员参与公司治理对企业非效率投资程度的影响。首先，分别将二代成员是否担任董事长、是否担任总经理、是否参加董事会各个变量单独放入模型，然后将所有这些变量一同放入模型中进行回归，具体的回归结果如表 8-5。

从表 8-5 中可以看出，在家族第二代成员参与变量中，担任董事长和担任总经理与企业的非效率投资程度显著负相关，即家族第二代成员担任董事长或总经理可以有效抑制企业的非效率投资行为；家族第二代成员参加董事会与企业的非效率投资程度也呈负相关关系，但结果并不十分显著，这可能是因为董事会成员中个人的监督效应较弱，而董事长比董事会中其他成员的权力更大，其与总经理对企业经营决策的影响更大，因此对企业投资决策和投资效率的积极作用也就越大。

总的来说，家族第二代成员参与公司治理的程度与企业的非效率投资程度呈显著的负相关关系，表示二代涉入的程度越高，企业的非效率投资程度就越低，即家族第二代成员参与公司治理有利于抑制企业的非效率投资行为。这一结果也与储小平（2002）、李新春（2003）等人的研究相一致，他们指出我国目前还比较缺乏具有良好的职业道德和职业素养的外部经理人，家族第二代成员担任董事长或总经理比从外部聘请职业经理人的代理成本更低，而亲缘关系带来的家族成员之间的相互信任也能够减少信息不对称的情况，因此有利于从家族和企业的整体利益出发，制定合理有效的投资决策，抑制企业的非效率投资行为。

虽然有国外学者怀疑家族第二代成员的职业水平、经营管理能力和企业家素养，担心出现二代掏空行为转移企业财富，但考虑到我国国情和特殊的独生子女政策，我国家族企业的第二代成员多为独生子女或兄弟姐妹较少，在家族企业的代际传承过程中竞争相对不那么激烈，导致其发生掏空行为的动机相对较弱。另外，在内地上市的家族企业中，不论是通过企业内部培养，让最优秀的继任者脱颖而出，还是备受青睐的出国留学，回国后经外部锻炼或基层培养再进入家族企业管理层，二代成员良好的教育背景与更为开阔的视野都有助于提高其决策质量和投资效率。

表 8-5 家族第二代成员参与和企业非效率投资回归结果

NE_INV	(1)	(2)	(3)	(4)
Sec_CB	−0.0104** (−2.2945)			−0.0087* (−1.8050)
Sec_GM		−0.0094* (−1.7815)		−0.0061 (−1.0075)
Sec_MB			−0.0117 (−1.1656)	−0.0010 (−0.0865)
Growth	−0.0018 (−0.6314)	−0.0019 (−0.6662)	−0.0018 (−0.6471)	−0.0018 (−0.6474)
Lev	−0.0280** (−2.0169)	−0.0276** (−1.9844)	−0.0264* (−1.9045)	−0.0285** (−2.0520)
Cash	0.1517*** (6.9218)	0.1517*** (6.9151)	0.1518*** (6.9130)	0.1510*** (6.8813)

续表

NE_INV	(1)	(2)	(3)	(4)
Size	-0.0189***	-0.0193***	-0.0195***	-0.0188***
	(-7.0958)	(-7.2717)	(-7.3358)	(-7.0450)
Industry	控制	控制	控制	控制
Year	控制	控制	控制	控制
Cons	0.4483***	0.4521***	0.4530***	0.4467***
	(7.7728)	(7.8437)	(7.8538)	(7.7402)
N	2514	2514	2514	2514
Adj-R^2	0.0988	0.0980	0.0974	0.0986
F	10.8402	10.7566	10.6840	10.1588

注：***、**、*分别表示在1％、5％、10％的水平上显著，括号内为t值。

8.5 研究结论

本章以2002年至2010年沪深两市上市家族企业为研究对象，实证研究了家族成员参与企业治理对企业非效率投资的影响。结果发现，总体来说家族成员参与公司的董事会和管理层与企业的非效率投资程度呈负相关关系，即家族成员参与公司治理可以抑制非效率投资行为，提高企业的投资效率；家族第二代成员担任公司的董事长或总经理与企业的非效率投资程度也呈负相关，但其参与董事会对非效率投资的抑制作用相对较弱。这是因为，家族成员参与董事会和管理层比外部聘请职业经理人的代理成本更低，因此有利于从家族和企业的整体利益而非个人利益出发，制定合理有效的投资决策，减少非效率投资行为；而家族第二代成员良好的教育背景与更为开阔的视野也有助于提高其决策质量和投资效率。

本章的贡献在于同时考虑了投资过度与投资不足，综合这两个维度的指标来衡量企业的非效率投资程度，对企业非效率投资行为的观察更加全面；采用了实证检验的方法分析了九年来我国上市家族企业的样本数据，观测时间更长，结果更具有普遍性；总结了前人研究家族成员参与公司治理用到的主要理论，建立了较为完整的理论框架，综合分析了家族参与对企业投资效率的影响，并关注了家族第二代成员参与公司治理对企业非效率投资的影响，为家族企业代际传承的平稳过渡提供了合理有效的建议。

本章的局限在于，目前所观测到的家族第二代成员参与的样本还不够丰富，且缺少更为详尽的二代特征数据如性别、年龄、教育背景等。随着未来二代接班人数的不断上升，相信这个问题会得到进一步的解答，这也是今后可以深入研究的方向所在。

本章主要参考文献

[1] Bertrand, M., Johnson, M., Samphantharak, K., Schoar, A., 2008. Mixing family with business: A study of Thai business groups and the families behind them. Journal of Financial economics 88 (3), 466-498.

[2] Fama, E., Jensen, M., 1983, Agency Problems and Residuals Claims. Journal of Law and Economics 26 (2), 327-349.

[3] James, H. S., 1999. Owner as manager, extended horizons and the family firm. International Journal of the Economics of Business 6 (1), 41-55.

[4] Jensen M., Meckling W., 1976. Thoery of the Firm: Managerial Behavior, Agency Costs and Capital Structure. Journal of Finance 3 (4), 305-360.

[5] Morck, R., Shleifer, A., Vishny, R. W., 1988. Management ownership and market valuation: An empirical analysis. Journal of financial Economics 20 (88), 293-315.

[6] Richardson, S., 2006. Over-investment of free cash flow. Review of Accounting Studies 11 (2-3), 159-189.

[7] Singh M., Davidson W., 2003. Agency costs, ownership structures and corporate governance mechanisms. Journal of Banking and Finance 27 (5), 93-816.

[8] Stulz, R. M., 1990. Managerial discretion and optimal financing policies. Journal of Financial Economics 26 (1), 3-27.

[9] 陈凌，应丽芬. 代际传承：家族企业继任管理和创新. 管理世界，2003 (6)：89-97.

[10] 储小平. 职业经理与家族企业的成长. 管理世界，2002 (4)：

100-108.

［11］郭强，帅萍. 民企过度投资的经济学分析. 当代经济管理，2006（2）：33-35.

［12］李新春. 经理人市场失灵与家族企业治理. 管理世界，2003（4）：87-95.

［13］苏启林. 基于代理理论与管家理论视角的家族企业经理人行为选择. 外国经济与管理，2007（2）：51-56.

［14］夏冬. 民营企业非理性投资的行为经济学分析. 现代商业，2007（14）：178-179.

第 9 章 家族参与企业、家族传承与企业创新决策[①]

9.1 引言

创新对于企业,尤其是高新技术企业至关重要。创新意味着大量的研发投入,无论是产品创新还是流程创新,高水平的研发投入可赋予企业更强的技术能力和更广阔的市场(Grant, 2002; Tsai & Wang, 2004),长期来看能提升企业的销售收入、市场占有率甚至利润率(Ettlie, 1998)。因此企业若想持续发展,拥有长期竞争优势,需要保持持续不间断的研发投资,提供源源不断的新的产品和服务(O'Brien, 2003)。若研发投资受到抑制,企业的创新能力就会降低,产生负面影响,一成不变的产品和服务最终削弱他们的竞争优势(Kor, 2006)。

然而,研发支出也是一项具有风险的长期投资。研发需要大量的沉没成本投资(Kor, 2006)。由于缺乏技术等资源(Raz et al., 2005),研发工作可能非常复杂,并且很有可能以失败告终(Wu et al., 2005)。此外,研发成果既不一定可用,也不能快速产生经济效益,可能只会在多年后才会得到回报,甚至根本不会有回报。鉴于这些问题,研发投资决策反映了企业的风险承担倾向和资源禀赋。

影响企业创新的因素是管理学长期关注的问题。比如产业组织方面的文献指出,产业结构和动态、行业集中度、市场透明度和多样化程度、企业本身的财务表现和企业成长速度都会影响企业的创新(Acs & Audretsch, 1987)。战略管理方面的文献更关注公司的异质性,认为公司的资源、产

[①] 本章内容中,虞邦幸在作者指导下进行理论研究和数据分析的主要工作。

能是决定创新的关键,公司治理结构、分配资源的方式都会影响创新决策(Choi,2012)。20世纪90年代第三类文献,关注了每个国家不同的创新环境和创新资源,弥补了前两类文献的不足。例如,在中国的大环境中,每个地区的研发支持政策不同、知识产权保护政策不同等因素,也大大影响了不同地区企业的创新行为。

家族企业在全球经济中扮演着重要角色。全球范围内绝大多数企业都是家族企业(Burkart et al., 2003)。家族企业在世界范围内对经济增长和稳定都有重要作用(Shanker & Astrachan,1996),而且家族企业占据所有OECD国家企业的85%,尤其集中在中欧地区(Neubauer & Lank,1998;Berghe & Carchon,2003)和美国(Astrachan & Shanker,2003;Matthews et al., 1999;Potts et al., 2001)。此外,家族企业占据了标普500公司和Fortune 500公司的35%(Anderson & Reeb,2003;Shleifer & Vishny,1986;Weber et al., 2003)。家族企业有极其特殊的股东,即家族成员,相对单一的产品组合,并且家族成员大多担任高层管理职务(Anderson & Reeb,2003)。家族成员往往不会让利于非家族股东,因为他们希望子女能够继承家族企业的资产,其子女也要承担着家族声望来运营企业。

在中国,截至2014年7月31日,A股上市公司有2528家,其中1043家为国有公司,1485家为民营公司,后者占比达58.7%。如果将民营企业划分为家族企业和非家族企业,则共有747家上市的家族企业,占比为50.3%(福布斯,2015)。国内对于家族企业的研究主要集中在家族企业和非家族企业的区别上,鲜有针对家族企业创新的研究。企业的创新是企业行为的一种表达,并有益于家族企业的长期生存(Leenen,2005)。许多学者认为家族企业的形式不利于企业的创新,但是与非家族企业相比,家族企业也有有利于创新的优势,比如社会网络资源丰富、单一产权结构带来的有效激励机制、组织机构扁平有效、亲缘信任节约成本等。国外的学者的研究内容大致可分为家族涉入对家族企业创新投入、创新活动和创新产出的影响这几类,使用的样本包括不同规模的家族企业,分布于世界各地(Massis,2013)。

鉴于家族企业的特点,家族成员对企业运营的影响可归为两类:一类是壕沟效应,一类是结盟效应(Wang,2006)。前者指当家族成员是主要股东时,可能会通过剥削少数股东的权益,而为家族成员获取更多的私利；后者指家族成员为了家业长青，倾向于更加高效地管理企业，并建立雇员与雇主的紧密关系。由于壕沟效应，很多企业认为家族成员控制管理层对企业发展不利，家族成员会通过盈余管理等操纵方式将利益转入自己囊中，也并不积极参与创新，因为创新有风险，会对家族既有的资产造成威胁，创新成功也必须与少数股东分享成果。但在结盟效应的作用下，家族成员为了家族的财富增长，会尽心尽力地经营企业，尤其在家族成员同时担任企业高管和股东时更加明显。家族企业做决策更灵活，执行力更强，但同时面临更保守、思想不灵活等问题，对企业创新造成负面影响（Konig，2013）。

本书以代理理论和社会情感财富理论为基础，选取了三个角度研究家族企业的特征对企业创新的影响，分别是家族所有权、家族管理和代际传承，这三个维度是度量家族企业特征强弱的重要维度，也表现了家族企业的异质性。本书采用了2012年至2016年上市的家族企业的数据，实证结果表明，家族所有权越强、家族管理特征越强，家族企业的研发投入越低；与未完成代际传承的家族企业相比，已完成传承的企业研发投入更低。因此从家族控制、家族管理和代际传承三个方面看，家族企业的特征都对企业研发决策产生了较为明显的负面影响。

本书主要为家族企业创新文献做出了以下贡献：一是关注家族企业的异质性。过去的文献大多集中在家族企业和非家族企业的创新决策区别，研究家族企业特点对企业决策的影响，将家族企业视为一类企业；本章通过从控制、管理和继承三个维度对家族企业进行分类，研究发现家族企业特征越强，对研发决策的影响越大。二是本章同时引入了代理理论和社会情感财富的理论，二者互相补充，从而合理推断家族企业创新的动力和阻力。过去的文献大多将重点放在第一类代理问题上，但第一类代理问题无法解释家族企业研发投入较低的事实，因此本书将第一类代理问题、第二类代理问题和社会情感财富理论结合分析。三是本章将代际传承这一概念进行细分。国外的文献在细分家族后代时，主要关注儿女的数量和代际数，然而在中国，家族企业仍然年轻，一般只有一次传承；受计划生育政策影响，大多家庭只有独生子女。因此结合中国国情，考虑到性别差异对决策的影响，本书将儿子和女儿继承作为不同变量，也研究了非直系血亲，如儿媳或女婿继承后的情况。

后文结构安排如下：在第二部分中，本章从代理理论和社会情感财富理论角度，结合以往家族企业相关文献，分别分析家族控制、管理与传承对企业创新的正面和负面影响，得到三个假设。在第三部分中，本章挑选出了解释变量、被解释变量和控制变量。此外，考虑到样本采用 A 股上市公司，中国经济发展不平衡、各地区政策有差异，本章选取了三个与地区相关的调节变量，为第二部分中的假设提供了实证证据。第四部分展示了实证检验的结果。最后一部分总结了本章对于家族企业创新文献的贡献，指出研究的局限性与未来可能的研究方向。

9.2 文献回顾与假设推导

9.2.1 家族企业创新决策的理论基础

家族企业与非家族企业相比，倾向于减少研发投入（Block，2012；Chrisman & Patel，2012；Muñoz-Bullon & Sanchez-Bueno，2011）。但是这种现象与理论看似矛盾，因为家族成员往往有更长期的经营目标，却故意忽视研发投资带来的长期优势。也许仅用第一类代理理论无法充分解释风险下的家族决策（Gomez-Mejia et al.，2011）。因此本章结合第一类代理问题、第二类代理问题和社会情感财富理论来解释家族企业特征对研发决策的影响。

个人和家族控制的企业往往由一个大股东（即家族）和多个小股东组成（Shleifer & Vishny，1986）。在这种公司中第一类代理问题，即股东与经理人之间的矛盾弱化，因为企业与家族自身利益直接相关，大股东更有能力和更强的动机监督经理人，或者家族成员直接担任经理人；如果股东多为投资机构或其他实体，由于从公司得到的利益会被其他股东稀释，所以对经理人的监督也相对较弱。但是家族企业中另一类代理问题，即第二类代理问题更加明显：大股东会利用其在公司中的控制地位，榨取小股东的利益，赢得自身的利益。但是，如果大股东不是个人和家族，而是投资基金、银行或者其他公司，则大股东的利益会被多个独立实体瓜分。在这种情况下，大股东没有很强的动机榨取小股东利益（Villalonga & Amit，

2004)。

对于家族企业研发投入更少这一现象,有些研究将其解释为家族企业的风险规避程度要高于非家族企业,因为家族成员更有可能将家族的财富集中在公司(Basu et al.,2009;McConaughy et al.,2001;Mishra & McConaughy,1999)。Gomez-Mejia et al.(2007)构建了社会情感财富模型,试图解释以往家族企业研究中互相冲突的研究结果。这个模型可以看作是行为代理理论(Behavioral Agency Theory)的延伸。在 Wiseman & Gomez-Mejia(1998)以及 Gomez-Mejia et al.(2000)创立的行为代理理论中就结合了前景理论、公司行为理论和代理理论。该理论的基础在于,企业的决策主要是由主要负责人决定的,而企业负责人努力维持公司的财富。SEW 是一个广泛的概念,有多种表现形式,包括家族成员不受限地行使个人权力(Jones et al.,2008;Schulze et al.,2003),家族对企业的影响(Gomez-Mejia et al.,2007)以及家族成员与企业身份的认同(Dyer & Whetten,2006),家族对于企业的掌控权,家族中的利他主义(Schulze et al.,2003),家族成员的归属感(Gomez Mejia et al.,2007),家族成员互相关爱(Kepner,1983),企业经营中始终贯彻的家族价值观(Handler,1990),家族企业的社会资本(Arregle et al.,2005),家族成员为了亲情而不是硬性规定所尽的义务(Athanassiou et al.,2002)等。

在社会情感财富理论背景下,家族企业创新决策主要在两个原则下进行:一是尽管家族企业也会考量创新活动的经济后果,但仍然优先考虑非经济后果(Berrone et al.,2010;Gomez-Mejia et al.,2007);二是家族决策以避免社会情感财富损失为原则(Gomez-Mejia,2013)。

利用这一理论基础,以往的相关研究侧重社会情感财富所带来的风险承受效应(Berrone et al.,2010;Gomez-Mejia et al.,2007,2010),也将对家族社会情感财富的损失厌恶这一概念用于预测家族企业的决策。例如,家族企业为避免社会情感财富损失,拒绝加入行业协会或合作组织,进行企业多元化(Gomez-Mejia et al.,2010)或加入产生污染的活动(Berrone et al.,2010)。对家族负责人而言,重视保护社会情感财富变得至关重要。因此,在面临问题时,家族企业主将以社会情感财富为决策原则。若社会情感财富受到了威胁,家族会做出不符合经济逻辑的决策;为了保护和维持社会情感财富,家族甚至会将公司置于风险之中。

9.2.2 家族控制与家族企业创新

企业所有权结构已被公认是研发支出的重要决定因素之一（Baysinger et al.，1991；Lee & O'Neill，2003）。尽管有证据表明家族企业是技术创新和经济发展的主要来源（Astrachan，2003；Astrachan et al.，2003），但以往的研究并没有深入研究家族所有权与研发投入效应；相反，他们的关注点是企业所有权集中的动态变化（Lee & O'Neill，2003）或所有权类型（Tribo et al.，2007）对研发投资决策的影响。

家族控制是家族企业最基本的特点，是界定家族企业的主要标准。家族企业中家族成员为主要控股人，控制权集中。在以往有关控制权、公司治理与创新活动的文献中，研究发现控制权集中的企业代理问题相对较弱，更有益于研发投入。首先，集中的公司所有者与分散的股东相比，能更好地监督和控制管理层，从而带领企业进行研发活动（Douma et al.，2006）。其次，所有权高度集中，内部所有权有足够的组织权和融资权力，这些权力在新兴市场中至关重要，大股东们可以集中力量提升企业价值，增加投资活动（Choi，2012）。

虽然家族企业控制权集中，但与家族成员投资者与机构投资者有很大区别，家族控制对企业研发投资也有负面影响。首先，在家族企业中，家族成员是大股东，家族投资的比例很高（Thomsen & Pedersen，2000），与机构投资者不同，家族成员希望为他们的后代留下持久的遗产（Fernandez & Nieto，2006），所有权的集中导致风险集中，增强了家族企业风险厌恶的程度，更关注企业稳定（Lee，2006），倾向于规避风险（Matta & McGuire 2008；Graves & Thomas，2006）。Schulze et al.（2001）也提出类似的观点，家族成员会因为对企业资产和家族福利的潜在威胁而拒绝新的风险投资，家族与企业之间可能会产生目标冲突和利益冲突。在这一点上，Voordeckers et al.（2007）认为，维持家族就业和家族控制等家族目标往往比业务目标（如价值利润最大化，增长和创新）重要得多。其次，家族成员的就业、家族财富、声望都与企业运营息息相关。企业的战略决策直接影响到家族成员的经济财富和社会情感财富，承担了更大的潜在风险，因此不得不更加保守，规避研发活动。此外，家族企业分配资源的目的可能是最大化家族福利,而不是股东利益,这也许会牺牲企业的商业利益(Jaffe,2005)。在这种情况下,由家族成员控制的家族企业可能会出现短视行为,例如以股东利益为代价的、家族直接受益的补贴和赋予家族成员特权(Schulze et al.,2001)。

家族企业控制越强,如有金字塔结构、两权分离(股东控制权与现金流量权)较大等控制增强行为,则第二类代理问题越严重。由于控制权相对集中,缺乏其他大股东的制衡与监督,家族企业所有者倾向于把业绩最差的公司置于金字塔的最底部,把业绩不好的公司的资源输送给上一层的公司。家族企业中两权分离程度越大,企业所有者将底层公司掏空的动机越明显(Yeh & Woidtke,2005)。而研发活动需要内外部资金来源,面临很大风险,公司的实际控制人在挪用金字塔底部资源的基础上,很难进行持续创新投资。

从研发活动的资源来看,家族企业希望消除一切对于控制权的威胁,往往会选择内部融资渠道,尽量少与外部投资者接触(Vries,1993)。这大大限制了家族企业创新的资金来源。另外,研发投资将带来两个问题:一是信息不对称,外部投资者不知道他们投资的新兴技术具体能带来多少回报;二是研发投资得到的无形资产无法作为抵押(Hall,2002)。因此不仅家族更偏爱内部融资,外部投资者也可能会避免投资家族企业的创新活动,家族企业从而错失了外部投资者带来的多种便利,如先进技术、管理经验、与外国市场接触的机会、政策与法律支持和地产权等(Chen et al.,2008)。

家族企业控制权集中且缺乏外部股东制衡等特点,导致家族企业控制越强,越难以获得外部有利创新的资源,尽管有加强监督管理层等优势,但家族为了防止稀释控制权,主要依赖内部融资,创新风险也更加集中;第二类代理问题更加突出,出于维护家族成员的财富和社会情感财富,规避风险,挪用金字塔底部的子公司资源等动机,家族企业的研发投入较低。由此得到假设1(H1):

H1:家族企业中家族的所有权越大,家族控制越强,研发投入越低。

9.2.3 家族参与管理与家族企业创新

家族管理有消除短视等优势,为研发投资创造机会。用代理理论解释，企业的所有者可能与其管理者的利益一致（Jensen & Meckling，1976；Lansberg，1999），管理者愿意参与风险活动。因为当家族成员担任管理人员时，第一类代理问题不明显或彻底消失，家族企业的管理者是长期导向的，一般不会做出短期投资决策（Braun & Sharma，2007；Miller & Breton-Miller，2005）。尽管存在相关风险，但研发投资可能产生长期竞争优势，家族企业的管理者可能会选择加大投入。如果家族管理人的目标与企业目标一致，为了家族企业的长久发展，也会支持回报周期长的创新活动。

此外，由于家族成员经常担任公司的高级管理人员（Lee，2006），家族所有权可能会使公司与其员工之间的利益自然匹配。家族企业的经理往往比非家族企业的经理工作得更久（Miller & Breton-Miller，2006），并更有动力去实现良好的管理（Miller & Breton-Miller，2005）。研发投资存在风险，需要家族成员之间相互信任、理解和支持。家族企业存在利他主义，家族成员的忠诚与信任构成了家族关系和稳定的组织文化（Miller & Breton Miller，2005）。这些特征压制了个人机会主义（Tsai et al.，2006），有利于企业及家族股东的长期利益（Zahra，2003）。家族成员之间互动频繁，他们可以及时分享信息和经验（Craig & Dibrell，2006）；通过沟通，家族成员能够清楚地了解公司的目标（Zahra，2003），以及每个家族成员的能力（Kor，2006），增强家族成员的信心，从而愿意承担风险（Zahra，2003）。这样的循环促进了潜在的研发投资。

家族企业倾向于提高雇员的投入程度，激发他们的动机，尽量减少人员流动。为了最大限度地提高研发回报，Wu et al.（2005）认为，企业管理层在整合公司资源和能力、集中创新活动方面发挥着重要作用。如果家族成员能良好管理公司资源，可减少研发风险，因此促进进一步的研发投资。

然而家族管理看似减轻了第一类代理问题，却不一定减少代理成本。相反，代理成本可能会因为家族成员担任管理层而增加。考虑家族企业管理层与所有者相对统一这一特点，家族企业往往更倾向于任命家族成员担任管理职位，而不是聘用更多的具有专业资格的外部人员（Dunn，1995；Lee，2006；Sirmon & Hitt，2003），家族成员并不一定比家族外的职业经理人更能胜任这些职务（Caselli & Gennaioli，2002）。研发项目是基于知识的投资（Jensen et al.，1992），需要有才能的人才（Zingales，2000）。家族成员担任管理层可能会出现雇佣裙带关系，可能导致公司管理产生不必要的变化，比如激励机制严重偏向于家族成员，这反而阻挡了合格的外部人员加入家族企业或导致聘用更多家族成员和机会主义者等（Schulze et al.，2001）。Weidenbaum（1996）认为，在中国家族经营的企业中，不合格的家族成员在聘任中比外部专业人士更有优势，这限制了创新专家进入企业，从而抑制公司的增长。因此，雇佣家族成员或其他无法有效管理风险或资源的人员有可能增加研发风险（Chen & Huang，2006），并减少了其他企业对其投资的意愿。

总之，通过代理理论预测，一些家族企业存在战略简单化的问题（Miller，1993），或家族拥有大部分股份时，家族成员可使用其发言权来迫使企业满足家族管理，可以减弱第一类代理问题，对家族管理的价值产生积极影响。然而，如果家族外部的职业经理人比家族创始人或继承人更能胜任经理职位，那这种影响可能被家族管理成本所抵消（Caselli & Gennaioli，2002；Burkart et al.，2003）。

然而没有经理人仅仅以活动预期的收益作为决策标准，而不考虑潜在的风险。假设家族企业明确了解研发活动的利弊和自身的优势劣势，根据社会情感财富理论，家族企业往往仍然以维护家族的社会情感财富作为首要目标（Berrone et al.，2010）。在同时面对风险和收益时，家族管理者会优先考虑家族企业的社会情感财富，从而不会优先选择高风险高收益的活动，如研发投入，倾向于选择低风险低收益的活动，因为这样不仅不会损失社会情感财富，还将继续积累社会情感财富。研究证实，如果能长期维护家族的社会情感财富，则家族管理人会避免做出风险大、长期有可能削减企业社会情感财富的决策。短期内，家族经理人面对风险，不仅考虑经济后果，也会优先考虑社会情感财富的收益和损失。因此，家族成员出于维护家族社会情感财富，不敢贸然参与高风险的创新活动。在家族管理者的领导下，家族企业做决策更容易，执行力更强，但同时面临损失社会情感财富的风险，不得不趋于保守，对企业创新造成负面影响（Konig，2013）。所以目前得出初步假设：虽然家族企业有特殊的人力资本和社会资源，第一类代理问题不明显，有执行力较强等创新优势，但只要家族企业主将社会情感财富放在首要位置，为了维护社会情感财富，家族企业管理者就会避免对其造成威胁的决策，比如研发投入。在非家族企业中，经理人可能会因为短视或短期效益放弃研发活动；但家族企业以维护社会情感财富为主要决策原则，家族经理人不仅考虑到企业效益，还考虑支持整个企业的家族声望、家庭成员关系等潜在资产，为保存家族企业的社会情感财富，为了维系家族企业长久、平稳的发展而战略性减少研发投入。家族管理的特征越强，则这一特点更加明显。因此得到假设2（H2）：

H2：家族企业中家族管理越强，研发投入越低。

9.2.4 家族传承与家族企业创新

家族企业中代际是主要的时间概念。从家族股东的角度来看，企业不仅是可以买卖的资产，也象征着家族遗产和传统（Casson，1999；Tagiur & Davis，1992）。因此，家族成员将企业视为可以传承给后代的长期投资（Berrone et al.，2010）。但在代际传承完成之后，家族企业或多或少已经损失了隐形资产。研究表明，只有家族企业创始人仍然活跃时，如担任CEO或董事长时，家族所有权才能为企业创造价值（Villalonga & Amit，2004）。

通过代理理论分析，当家族二代担任CEO时，少数股东的权益受到更大的威胁，因为第一类代理问题更加严重。无论家族企业是否有超额控制或金字塔结构，二代CEO都大大地减少了家族企业的价值。家族企业代际传承之后，如果二代担任董事长或参与董事会，并未直接担任经理人，可能会需要与经理人和管理层重新磨合，因此第一类代理问题比创始人担任董事长时更加突出，代理成本上升，不利于企业做出长期投资决策，如研发投入。如果家族二代接替创始人担任经理人，尽管家族企业的管理层和所有者相对统一，但家族成员的异质性会直接影响到企业运营（Bertrand et al.，2008），经理人个体之间的差别会直接影响到家族内部的信任和团结、企业的目标和企业战略。新的经理人需要与团队磨合，与企业创始人相比，二代经理人参与管理年限少，相对缺乏经验，也不如创始人熟悉企业运营环境，这些都成为企业创新的阻力。

家族企业传承后，企业价值波动，隐性资产受损，也可能是因为少有企业家能把自己的聪明才智全部遗传给下一代（Herrnstein & Murray 1994；

Heckman，1995）。最大的问题是，二代所继承的大量财富反而削弱了一个人的才华和精力（Holtz-Eakin et al. 1993），养尊处优的环境并不一定适合培养优秀的企业领导人。在传承后，公司治理面临三个险峻挑战：二代没有创始人的才能；偏向于雇佣家族成员做管理层；二代接受的教育使其无法成为合格的接班人（Mehrotra et al.，2011）。虽然并不是所有家族企业都面临这些问题，但从社会情感财富的角度看，家族企业完成传承之后，家族的社会情感财富随着前任领导人的隐退会有一定比例的损失。前一任家族企业主的社会关系、人力资源、经济头脑和商业意识等隐形资产很难全部传承给二代领导人，因此假设社会情感财富会随着代际传承而损失。在这种情况下，企业继承人为更好地保护家族企业的社会情感财富，不会比上一任领导人采取更激进的，或更有风险的战略，不以大幅盈利为第一目标，相反继承人倾向于增长社会情感财富、稳固市场地位和社会资源等战略。

家族传承之后是社会情感财富大幅度削减的关键时期。尽管研发投入对企业长期发展有利，但实证结果表明，相对于非家族企业，家族企业为了保护社会情感财富，研发投入更少（Chen & Hsu，2009；Czarnitzki & Kraft，2009；Munar et al.，2010）。所以目前得出初步假设：由于家族企业在传承过程中损失了特殊的人力资本和社会资源，只要家族企业主将社会情感财富放在首要位置，为了维护社会情感财富，保持社会情感财富的稳定，家族企业将避免造成威胁的决策，比如研发投入。

研发投资剥夺了家族成员的短期财富，并可能威胁到公司生存能力，成果有很强的不确定性（Wu et al.，2005）。在损失企业社会情感财富的情况下，家族二代可能会限制对长期研发项目的投资，以保护其家族福利和企业长期资产。与未传承的家族企业相比，家族二代经理可能会相对短视，不追求高风险但有潜在盈利的增长机会（Fernandez & Nieto，2006）。家族企业外部的资本来源有限，因为家族成员不愿意稀释家族所有权，往往依赖企业生成的家族资源或机构资助的基金（Fernandez & Nieto，2006）。然而，有限的研发投入现金流可能不利于在形成新技术、推出新产品或通过收购知识库的过程中增加企业库存（O´Brien，2003）。由于资金来源有限，企业可能无法继续投资研发，从而增加研发失败的风险。由此得到假设3（H3）：

H3：代际传承之后，家族企业研发投入降低。

9.2.5 地区制度环境的调节作用

中国经济发展不平衡，各地区的地域习俗、历史文化、政策制度各不相同。家族企业的创新能力受到环境因素的制约，为了印证地区环境对家族企业创新决策的调节作用，本章从地区开放程度、地区政府与企业关系和地区研发投入三个方面检验环境因素对家族企业创新的调节作用。

一个地区的开放程度对于信息交流、知识共享和创新需求都有重大影响，当企业更容易获取外部信息和技术支持时，研发的障碍更小。一个地区越开放，与外界接触越多，信息交流的速度越快，共享的效率越高，越有利于创新；同时开放地区接触到新的信息越多，对改革的要求越强烈，创新的动机更强。在中国，受改革开放政策和地理环境的影响，开放程度由东南沿海向西部逐渐降低。虽然家族企业的特征抑制研发活动，但在开放的商业环境下，企业不断接触新的知识和信息，研发的需求和必要性都更强，如果不积极求变，则容易在竞争中被淘汰。因此地区的开放程度可缓解家族企业控制、管理和传承对研发投入的抑制作用。

H4：地区开放程度越高，家族企业特征对研发的抑制作用越弱。

政府与企业的关系对中国企业至关重要。与地方政府部门、事业单位保持良好关系，不仅是维系稳定运营的保障，也是企业融资的基础。如果能维持良好的政企关系，企业在政府补助和融资渠道上都有明显的优势。与政府关系密切的家族，可以更好更快地获得新的政策信息，把握政策风向，对研发活动及时做出调整，减少研发活动的代价（谢乔昕，2016）；家族成员与政府的良好关系也可以缓解研发投入前期信息不对称的问题，此时家族企业更容易获取政府研发资助或银行贷款，进一步减少研发成本。

H5：地区政企关系越密切，家族企业特征对研发的抑制作用越弱。

在整体研发活动频繁、研发投入较大的地区中，企业个体的研发意愿也更强烈。根据同行效应，同行之间存在着学习行为，并且竞争越激烈，学习行为越明显，同行效应更强。在地区研发活跃的前提下，同行业竞争者快速更替产品和服务，家族企业如果不积极参与研发活动，将面临被淘汰的风险。此外，研发聚集的地区或行业，如高新区等，往往受到政策鼓励、资金支持等多方面扶持，创新能力更强。研发集聚刺激了更多的企业从事研发，地理上的接近使研发人员交流方便，并有助于知识传播（白极星、周京奎，2017）。因此，在同行的学习效应影响下，面对激烈的研发竞争，家族企业倾向于利用研发环境与有利条件，适当增加研发投入。

H6：地区研发越活跃，家族企业特征对研发的抑制作用越弱。

9.3 研究设计

9.3.1 数据来源及样本选择

本书所用的数据是 2012—2016 年 A 股上市的家族企业的面板数据（将所有者家族持股比例在 50% 以上的民营企业界定为家族企业），经过删除极端值和缺失变量，最终有效的样本量为 4199，时间跨度为 5 年。

9.3.2 变量设置

研发强度。研发强度由每年年报中披露的研发费用除以销售收入得到，是企业研发投入的主要衡量标准之一。研发强度基本上去除了规模效应，体现企业对于研发活动的重视程度和投入程度。

在家族控制方面，本书选取了三个变量，分别是家族企业实际控制人（家族成员）持有现金流量权的比例和金字塔结构。

家族企业实际控制人（家族成员）持有现金流量权的比例。该比例由百分比表示，由控制链上各个控制环节的持股比例的乘积计量，体现最终控制人参与企业现金流分配的权力。该比例越高，则家族所有权越大，控制更强。

金字塔结构。有金字塔结构的家族企业比没有金字塔结构的企业控制更强,即主要股东和少数股东之间的矛盾更加明显,因此假设有金字塔结构的家族企业控制更强。有金字塔结构为1,没有为0。

超额控制权。超额控制权即现金流权与控制权的分离,由企业终极控制权加总减去现金流权总和得到。理论上两权分离度越高,第二类代理问题越明显。超额控制权越大,家族控制越强。

在家族管理方面,本章选取了两个变量,即家族成员占管理层比例和家族董事占董事会比例。

家族成员占管理层比例。家族成员担任管理层的比例越高,第一类代理问题越弱,与家族股东意见越统一,更倾向于稳健经营,维护家族社会情感财富。

家族董事占董事会比例。家族成员担任董事的比例越大,则家族成员更可能掌握重大事项的直接决策权,还能直接决定管理层变更,家族管理的特征更强,研发投入与产出更少。

在代际传承方面,本章将代际传承分为几类:一是传承完成,分为二代担任CEO和二代担任董事长;二是初步传承,本章中以二代进入董事会为衡量标准;三是传承给非直系后代,如女婿或儿媳妇。共选取了六个变量,分别是传承完成、二代CEO、二代董事长、二代为董事会成员、儿子参与董事会和女儿参与董事会。中国改革开放刚过40年,目前的家族企业只有创始人和二代继承人两种情况。

代际传承完成。若二代继承人担任CEO或董事长或同时兼任两职(succession),则认为代际传承完成。

二代CEO。无论企业创始人担任什么职位,如果家族二代担任CEO,就可以假设家族二代基本接管企业管理。二代担任CEO,该值为1,否则为0。

二代董事长。无论企业创始人担任什么职位,如果家族二代担任董事长,就可以假设家族二代已有企业重大事项决策权力。二代担任董事长,该值为1,否则为0。

二代为董事会成员。在家族企业传承过程中,让家族二代参与董事会往往是第一步,二代有权力参与企业的重大决策,企业创始人正逐渐退出舞台。二代参与董事会,该值为1,否则为0。

儿子参与董事会。诸多家族企业传承文献验证了不同性别的企业接班人往往有不同的结果。为了鉴别儿子和女儿在传承过程中对于研发活动的态度，本书把儿子和女儿分列为两个变量。因为中国大多家族企业受计划生育政策影响，只有一个孩子，儿子参与董事会，基本决定了企业继承人是男性。儿子参与董事会，该值为1，否则为0。

女儿参与董事会。女儿参与董事会，基本决定了继承人是女性。女儿参与董事会，该值为1，否则为0。

儿媳/女婿参与董事会。考虑到将家族企业传承给儿女配偶的状况，可以考察儿媳/女婿担任家族企业二代董事长或CEO与直系亲属有无区别。如果有儿媳或女婿参与董事会，则该值为1，否则为0。

本书主要采用以下控制变量：产权比率、托宾Q、资产、企业市值、企业年龄和企业所在行业，旨在控制企业杠杆率、规模、业绩表现、投资人期望、企业成长周期和行业等影响因素。

考虑到地区间差异，本书选取了三个调节变量。

各省高速等级公路里程。本书采用高速公路里程数作为地区开放程度的度量。省（直辖市或自治区）内高速公路的里程数一定程度上可视为被量化的开放程度，因为高速公路输送传导人力资源和物质资源，加快了信息交换的速度，有利于省内外的信息流通与资源共享。

各省政府与市场的关系指数。为量化政企关系，本书采用樊纲教授等人在《中国市场化八年进程报告》中提供的各省市政府与市场关系评分。该指数由市场分配资源的比重、减少政府对企业的干预和缩小政府规模三个分项指数组成。该指数越高，代表政府参与资源配置程度越高，政府干预越强。

各省研发强度。本书采用国家统计局提供的各省、直辖市、自治区在2011—2016年的研发强度，是研发总支出与名义GDP的比值。研发强度体现出各地区之间研发活动的相对活跃性。所有变量及描述总结如表9-1所示。

第9章 家族参与企业、家族传承与企业创新决策

表 9-1 主要变量定义

变量类型	变量分类	变量名称	符号	变量定义说明
解释变量	家族控制	家族企业实际控制人（家族成员）持有现金流量权的比例	CFright	由百分比表示，由控制链上各个控制环节的持股比例的乘积计量
		金字塔结构	pyramid	有金字塔结构为1，没有为0
		超额控制权	ex_control	控制权和现金流权的两权分离度
	家族管理	家族成员占管理层比例	fman_ratio	担任管理层的家族成员人数/管理层总人数
		家族成员占董事会比例	fBODratio	担任董事会的家族成员人数/董事会总人数
	家族传承	完成代际传承	suc	若二代继承人担任CEO或董事长或同时兼任两职（succession），则认为代际传承完成。完成为1，否则为0
		二代CEO	sucBOD	二代担任CEO，该值为1，否则为0
		二代董事长	sucCEO	二代担任董事长，该值为1，否则为0
		二代为董事会成员	sBODmember	二代参与董事会，该值为1，否则为0
		儿子参与董事会	son_in_BOD	儿子参与董事会，该值为1，否则为0
		女儿参与董事会	dt_in_BOD	女儿参与董事会，该值为1，否则为0
		儿媳/女婿参与董事会	il_in_BOD	儿媳/女婿参与董事会，该值为1，否则为0
控制变量		产权比率	potential_slack	公司负债总额/股东权益总额
		托宾Q	tobinQ	公司的市场价值/资产重置成本
		资产	lnasset	年末总资产取对数
		企业市值	lnentvalue	年末企业市值取对数
		企业年龄	age	企业年龄=2018-企业成立年限
		企业所在行业	industry	证监会2016年行业划分大类

续表

变量类型	变量分类	变量名称	符号	变量定义说明
调节变量		地区开放程度	road	2011—2016各省市高速公路里程数,高于平均值为1,低于平均值为0
		地区政企关系	gov	2011—2016各省市政府与市场关系得分,高于平均值为1,低于平均值为0
		地区研发强度	p_RDintensity	2011—2016年各省市研发支出/GDP,高于平均值为1,低于平均值为0
被解释变量		研发强度	RDintensity	研发强度由每年年报中披露的研发费用除以销售收入得到,是企业研发投入的主要衡量标准之一。研发强度基本上去除了规模效应,体现企业对于研发活动的重视程度和投入程度

9.3.3 回归模型建立

本书以研发强度为被解释变量,采用下列多元回归模型:

$$RDintensity = \alpha_0 + \alpha_1 * FamilyControl + \alpha_2 * control1 + \alpha_3 * control2 + \cdots + \varepsilon \tag{1}$$

$$RDintensity = \alpha_0 + \alpha_1 * FamilyManagement + \alpha_2 * control1 + \alpha_3 * control2 + \cdots + \varepsilon \tag{2}$$

$$RDintensity = \alpha_0 + \alpha_1 * FamilySuccession + \alpha_2 * control1 + \alpha_3 * control2 + \cdots + \varepsilon \tag{3}$$

模型1至模型3分别检验假设1、假设2和假设3,在控制其他影响因素时,检验家族控制、家族管理和家族继承对被解释变量,即研发投入的影响。

$$RDintensity = \alpha_0 + \alpha_1 * FamilyControl + \alpha_2 * FamilyControl * Moderator + \alpha_3 * Moderator + \alpha_4 * Controls \cdots + \varepsilon \tag{4}$$

$$RDintensity = \alpha_0 + \alpha_1 * FamilyManagement + \alpha_2 * FamilyManagement * Moderator + \alpha_3 * Moderator + \alpha_4 * Controls \cdots + \varepsilon \tag{5}$$

$$RDintensity = \alpha_0 + \alpha_1 * FamilySuccession + \alpha_2 * FamilySuccession * Moderator +$$

$$\alpha_3 * Moderator + \alpha_4 * Controls \cdots + \varepsilon \tag{6}$$

模型 4 至模型 6 中构建了解释变量与调节变量（Moderator）的交互项，检验假设 4、假设 5 和假设 6，即控制其他因素不变时，地区环境做调节变量如何影响研发投入。

9.4 实证结果与分析

9.4.1 主要变量描述性统计

表 9-2 列示了主要变量的描述性统计结果，从中可以看出，目前我国上市的家族企业平均将 5% 左右的销售收入用于研发。在具体治理结构上，不同家族企业间的差异也比较大。

表 9-2 描述性统计

VARIABLES	N	mean	S.D.	min	max
CFright	4,194	0.359	0.161	0.049	0.720
pyramid	4,199	0.494	0.500	0	1.000
ex_control	4,106	4.995	7.612	0	39.840
fman_ratio	4,189	0.491	0.390	0	2.800
fBODratio	4,189	0.213	0.129	0	0.889
suc	4,199	0.108	0.310	0	1.000
sucBOD	4,199	0.943	0.468	0	3.000
sucCEO	4,199	0.697	0.810	0	4.000
sBODmember	4,199	0.217	0.413	0	1.000
son_in_BOD	4,199	0.143	0.350	0	1.000
dt_in_BOD	4,199	0.029	0.167	0	1.000
il_in_BOD	4,199	0.009	0.094	0	1.000
ROA	4,199	0.050	0.044	−0.116	0.189
potential_slack	4,199	0.683	0.717	0.029	4.240
tobinQ	4,172	3.357	2.552	1.086	15.960
lnasset	4,199	21.270	0.814	19.630	23.790
lnRDspending	4,167	17.320	1.159	13.680	20.180

续表

VARIABLES	N	mean	S.D.	min	max
lnentvalue	4,199	22.300	0.848	20.730	24.670
age	4,199	18.720	4.965	7.000	65.000
RDintensity	4,083	5.012	4.819	0.060	28.870
road	4,192	0.407	0.167	0	0.700
gov	4,199	7.239	1.404	-6.750	9.220
p_RDintensity	4,240	2.333	1.229	0.190	6.080

9.4.2 家族控制、家族参与管理与企业创新决策

检验假设1、假设2和假设3（模型1、2、3）的结果如表9-3所示，时间变量和行业控制变量没有展示。在家族控制方面，家族实际控制人的现金流量权（$\alpha_1 = -0.760$，$p<0.10$）、家族企业有金字塔结构（$\alpha_1 = -0.765$，$p<0.01$）以及家族企业的超额控制权（$\alpha_1 = -0.026$，$p<0.01$）均对研发投入有负面影响，其中家族实际控制人的现金流量权的显著性较弱，其他两个变量显著性极强，说明家族企业的第二类代理问题对研发活动有较为显著的影响。在家族管理方面，家族成员占董事会比重（$\alpha_1 = -1.054$，$p<0.05$）和家族成员占管理层比重（$\alpha_1 = -0.292$，$p<0.1$）均对家族企业的研发投入有显著的负面影响。

表9-3 家族控制与参与管理与企业创新决策

VARIABLES	(1) model 1	(2) model 2	(3) model 3	(4) model 4	(5) model 5
CFrightw	-0.760* (-1.88)				
pyramid		-0.765*** (-5.92)			
ex_control			-0.026*** (-3.10)		
fBODratio2				-1.054** (-2.15)	
fman_ratio					-0.292* (-1.80)

续表

VARIABLES	(1) model 1	(2) model 2	(3) model 3	(4) model 4	(5) model 5
lnasset	0.117 (0.60)	0.124 (0.64)	0.188 (0.95)	0.122 (0.62)	0.108 (0.55)
potential_slackw	-1.122*** (-10.91)	-1.026*** (-10.11)	-1.047*** (-10.14)	-1.118*** (-10.95)	-1.107*** (-10.88)
lnentvalue	-0.292 (-1.42)	-0.233 (-1.14)	-0.337 (-1.63)	-0.316 (-1.55)	-0.308 (-1.50)
age	-0.066*** (-5.00)	-0.053*** (-4.13)	-0.062*** (-4.74)	-0.064*** (-4.95)	-0.063*** (-4.86)
tobinqw	0.391*** (8.45)	0.387*** (8.40)	0.401*** (8.60)	0.388*** (8.41)	0.389*** (8.41)
Constant	8.281*** (3.95)	6.580*** (3.13)	7.408*** (3.48)	8.631*** (4.10)	8.634*** (4.10)
Observations	4,052	4,057	3,965	4,050	4,050
R^2	0.342	0.347	0.342	0.343	0.342

注：***、**、*分别表示在1%、5%、10%的水平上显著，括号内为t值。

9.4.3 家族传承与企业创新决策

表9-4列示了家族传承与创新决策的结果。在家族继承方面，家族传承完成，即完成代际传承（$\alpha_1 = -0.965$，p<0.01）和二代CEO（$\alpha_1 = -0.163$，p<0.01）两个变量对研发投入有显著的抑制作用；家族初步传承，即二代为董事会成员（$\alpha_1 = -0.744$，p<0.01）、儿子参与董事会（$\alpha_1 = 0.552$，p<0.01）、女儿参与董事会（$\alpha_1 = -1.024$，p<0.01）三个变量均对研发投入有显著的负作用。然而二代董事长在检验中没有对研发投入产生显著的负面影响（$\alpha_1 = 0.001$，p>0.1），说明当二代仅担任董事长，创始人或其他人担任经理人时，企业的决策权尚未完全交给家族二代，家族传承对创新投入没有显著的负面作用。非直系血亲初步传承，即儿媳或女婿参与董事会，也不对研发投入有显著的负面影响（$\alpha_1 = 0.219$，p>0.1），说明儿媳或女婿担任董事时，企业尚未表现出传承特征，或企业传承给非直系亲属后，家族企业的特征明显削弱。

表 9-4 家族传承与企业创新决策

VARIABLES	(1) model6	(2) model7	(3) model8	(4) model9	(5) model10	(6) model11	(7) model12
suc	-0.965*** (-4.83)						
sucBOD		0.001 (0.01)					
sucCEO			-0.163** (-2.12)				
sBODmember				-0.744*** (-4.89)			
son_in_BOD					-0.552*** (-3.10)		
dt_in_BOD						-1.024*** (-2.76)	
il_in_BOD							0.219 (0.33)
lnasset	0.163 (0.84)	0.128 (0.66)	0.138 (0.70)	0.198 (1.01)	0.166 (0.85)	0.132 (0.68)	0.126 (0.65)
potential_slackw	-1.092*** (-10.80)	-1.089*** (-10.71)	-1.104*** (-10.87)	-1.095*** (-10.83)	-1.086*** (-10.72)	-1.098*** (-10.84)	-1.088*** (-10.74)

续表

VARIABLES	(1) model6	(2) model7	(3) model8	(4) mode9	(5) model10	(6) model11	(7) model12
lnentvalue	-0.333	-0.314	-0.328	-0.356*	-0.342*	-0.313	-0.313
	(-1.63)	(-1.54)	(-1.60)	(-1.74)	(-1.67)	(-1.53)	(-1.53)
age	-0.058***	-0.061***	-0.062***	-0.057***	-0.058***	-0.060***	-0.061***
	(-4.50)	(-4.74)	(-4.81)	(-4.45)	(-4.53)	(-4.69)	(-4.75)
tobinqw	0.389***	0.392***	0.391***	0.393***	0.395***	0.391***	0.392***
	(8.44)	(8.49)	(8.47)	(8.53)	(8.55)	(8.46)	(8.49)
Constant	7.811***	8.154***	8.368***	7.687***	7.975***	8.143***	8.149***
	(3.74)	(3.88)	(3.99)	(3.68)	(3.81)	(3.89)	(3.89)
Observations	4,057	4,057	4,057	4,057	4,057	4,057	4,057
R^2	0.345	0.341	0.342	0.345	0.343	0.343	0.341

注：***、**、*分别表示在1%、5%、10%的水平上显著，括号内为t值。

9.4.4 地区制度环境的调节作用

表 9-5 至表 9-7 为假设 4（模型 4）的检验结果，展示了地区开放程度，即高速公路里程数对家族企业创新决策的调节作用。表 9-5 至表 9-7 的检验结果说明家族控制与地区开放程度有正向的交互作用，支持了假设 4；家族企业的金字塔结构与开放程度有非常显著的正向交互作用，而开放程度与超额控制权、实际控制人的现金流量权没有显著交互作用。企业代际传承与开放程度的交互作用不明显，只有家族企业传承给非直系亲属时，研发活动才能受到地区开放程度的正向调节。总之，地区的开放程度能够抑制家族企业特征对研发投入的负面作用，正向调节在家族控制强时更明显，对家族管理和传承完成的家族企业相对不明显。

表 9-5 地区开放程度对家族控制的调节作用

VARIABLES	Model1	Model2	Model3
CFright	-0.394		
pyramid		-1.188***	
ex_control			-0.035***
CFright*road	-0.648		
pyramid*road		0.741***	
ex_control*road			0.0149
road	0.127	-0.486***	-0.187
Controls	CONTROL	CONTROL	CONTROL
Constant	8.247***	6.831***	7.525***
R^2	0.346	0.351	0.350

注：***、**、*分别表示在1%、5%、10%的水平上显著，括号内为t值。

表 9-6 地区开放程度对家族参与管理的调节作用

VARIABLES	Model1	Model2
fman_ratio	-0.637***	
fBODratio		-1.969***
fman_ratio*road	0.608*	
fBODratio*road		1.614*
road	-0.403**	-0.444*

续表

VARIABLES	Model1	Model2
Controls	CONTROL	CONTROL
Constant	8.806***	8.937***
R^2	0.348	0.347

注：***、**、*分别表示在1%、5%、10%的水平上显著，括号内为t值。

表9-7　地区开放程度对家族传承的调节作用

VARIABLES	Model1	Model2	Model3	Model4	Model5	Model6
suc	-1.160***					
sucBOD		0.094				
sucCEO			-0.193			
son_in_BOD				-0.607**		
dt_in_BOD					-0.762	
il_in_BOD						-0.998
suc*road	0.323					
sucBOD*road		-0.160				
sucCEO*road			0.054			
son_in_BOD*road				0.093		
dt_in_BOD*road					-0.608	
il_in_BOD*road						2.241*
road	-0.128	0.0413	-0.139	-0.124	-0.107	-0.129
Controls	CONTROL	CONTROL	CONTROL	CONTROL	CONTROL	CONTROL
R^2	0.349	0.345	0.346	0.347	0.347	0.346

注：***、**、*分别表示在1%、5%、10%的水平上显著，括号内为t值。

表9-8至表9-10为假设5（模型5）的结果，展示了地区政企关系，即政府与市场关系得分对家族企业创新决策的调节作用。表9-8至表9-10的检验结果说明家族企业的金字塔结构与地区政企关系有非常显著的正向交互作用，而政企关系与家族管理没有显著交互作用。代际传承与开放程度的交互作用只有在传承给女儿时有较为显著的正向调节作用。假设5得到部分验证，在家族有金字塔结构时和家族企业传承给女儿时，地区的政企关系能够抑制家族企业特征对研发投入的负面影响。

表9-8 地区政企关系对家族控制的调节作用

VARIABLES	Model1	Model2	Model3
CFright	-0.477		
pyramid		-1.297***	
ex_control			-0.031**
CFright*gov	-0.471		
pyramid*gov		0.885***	
ex_control*gov			0.007
gov	0.166	-0.393**	-0.013
Controls	CONTROL	CONTROL	CONTROL
Constant	8.213***	6.782***	7.389***
R^2	0.342	0.349	0.342

注：***、**、*分别表示在1%、5%、10%的水平上显著，括号内为t值。

表9-9 地区政企关系对家族参与管理的调节作用

VARIABLES	Model1	Model2
fman_ratio	-0.506*	
fBODratio		-0.744
fman_ratio*gov	0.349	
fBODratio*gov		-0.531
gov	-0.173	0.099
Controls	CONTROL	CONTROL
Constant	8.744***	8.559***
R^2	0.343	0.343

注：***、**、*分别表示在1%、5%、10%的水平上显著，括号内为t值。

表9-10 地区政企关系对家族传承的调节作用

VARIABLES	Model1	Model2	Model3	Model4	Model5	Model6
suc	-0.913***					
sucBOD		0.0785				
sucCEO			-0.167			
son_in_BOD				-0.297		
dt_in_BOD					-1.958***	
il_in_BOD						-0.761
suc*gov	-0.082					

续表

VARIABLES	Model1	Model2	Model3	Model4	Model5	Model6
sucBOD * gov		-0.132				
sucCEO * gov			0.006			
son_in_BOD * gov				-0.444		
dt_in_BOD * gov					1.400*	
il_in_BOD * gov						1.481
gov	0.003	0.106	-0.005	0.037	-0.044	-0.031
Controls	CONTROL	CONTROL	CONTROL	CONTROL	CONTROL	CONTROL
Constant	7.808***	8.113***	8.369***	7.994***	8.083***	8.064***
R^2	0.345	0.341	0.342	0.343	0.343	0.342

注：***、**、*分别表示在1%、5%、10%的水平上显著，括号内为t值。

表9-11至表9-13为假设6（模型6）的结果，展示了地区研发投入，即省内研发强度对家族企业创新决策的调节作用。表9-11至表9-13的检验结果无法证明家族控制与地区政企关系的交互作用。家族成员占管理层比重与省内研发有非常显著的负向交互作用，而省内研发与家族代际传承有显著交互作用，体现在传承给女儿或非直系亲属时。假设6得到部分验证，当女儿参与董事会或非直系亲属参与董事会时，省内研发强度的正向调节最显著。但当家族成员占管理层比重升高时，省内研发加剧了家族管理对研发投入的抑制作用。尽管同行效应为企业施加压力，但家族管理层面对省内竞争激励的研发环境，趋向于避开竞争，降低研发风险，减少研发投入。

表9-11 地区研发投入对家族控制的调节作用

VARIABLES	Model1	Model2	Model3
CFright	-0.985**		
pyramid		-0.625***	
ex_control			-0.033***
CFright * p_RDintensity	0.320		
pyramid * p_RDintensity		-0.306	
ex_control * p_RDintensity			0.025
p_RDintensity	0.572*	0.772***	0.506***
Controls	CONTROL	CONTROL	CONTROL
Constant	8.486***	6.871***	6.737***
R^2	0.346	0.351	0.346

注：***、**、*分别表示在1%、5%、10%的水平上显著，括号内为t值。

表 9-12　地区研发投入对家族参与管理的调节作用

VARIABLES	Model1	Model2
fman_ratio	0.068	
fBODratio		-0.554
fman_ratio * p_RDintensity	-1.069***	
fBODratio * p_RDintensity		-1.428
p_RDintensity	1.196***	0.964***
Controls	CONTROL	CONTROL
Constant	8.700***	8.682***
R^2	0.348	0.347

注：***、**、*分别表示在1%、5%、10%的水平上显著，括号内为t值。

表 9-13　地区研发投入对家族传承的调节作用

VARIABLES	Model1	Model2	Model3	Model4	Model5	Model6
suc	0.756***					
sucBOD		0.011				
sucCEO			-0.113			
son_in_BOD				-0.361*		
dt_in_BOD					1.404***	
il_in_BOD						-0.658
suc * p_RDintensity	-0.569					
sucBOD * p_RDintensity		-0.107				
sucCEO * p_RDintensity			-0.147			
son_in_BOD * p_RDintensity				-0.546		
dt_in_BOD * p_RDintensity					1.609*	
il_in_BOD * p_RDintensity						3.333**
p_RDintensity	0.688***	0.770**	0.765***	0.746***	0.620***	0.641***
Controls	CONTROL	CONTROL	CONTROL	CONTROL	CONTROL	CONTROL
Constant	8.006***	8.326***	8.529***	8.106***	8.265***	8.200***
R^2	0.349	0.345	0.346	0.347	0.347	0.346

注：***、**、*分别表示在1%、5%、10%的水平上显著，括号内为t值。

9.5 研究结论

家族企业创新投入一直是值得争论的问题，从代理理论和社会情感财富理论两个角度来考虑，家族企业的特征在控制、管理和传承三个方面都会对创新决策造成影响。从家族控制看，家族成员是家族企业的主要股东，股权集中且结构相对简单，为了更多地从家族企业中汲取经济利益，可能会阻止研发投入这类有风险、损失利润的活动。超额控制权越大，第二类代理问题越显著。此外，研发活动具有高风险、长周期等特点，还需要特殊的人才和资源投入研发活动，家族企业为防止控制权被稀释，不会积极吸收外部融资，也不主动兼并或收购有新兴技术的公司，因此没有足够的外部资源流入，不利于企业开展创新活动。这些因素都对研发投入造成不利影响。

从家族管理看，家族管理等特征大大减少了第一类代理问题的负面作用，在家族成员同时参与董事会和管理层时，家族成员之间的信任与合作能够促进决策进程，增强管理层的行动力、执行力，董事会与管理层目标统一，同时承担风险，有利于创新决策的执行。此外，家族企业可以更好地运用人力与社会资源，更好地维持社会关系与员工之间的关系，为研发活动打下基础。当 CEO 或董事长为家族成员时，CEO 或董事长可以直接调动家族的资源用于公司，比如人际关系、社会资源、资本资源等；家族内部的关系易于协调，这种情况下创新成功率高于非家族成员担任 CEO 或董事长。但是家族企业看似没有第一类代理问题，却仍然存在代理成本：当并不合格的家族成员担任管理层时，由于管理人员缺乏经验和专业知识，反而会为创新活动带来困难；家族内部的利他主义可能也会妨碍子女或其他亲人成长为合格的经理人。另外，家族企业不一定以股东财富最大化为目标，考虑到家族企业的永续发展，家族成员可能会更看重社会情感财富。在这种情况下，为了家族基业长青，家族管理者可能会避免选择有风险和长期研发项目的投资，以保护其家族企业的社会情感财富和企业长期资产。

从传承角度看，已完成传承的家族企业比未完成家族传承的更倾向于避免研发活动。在传承过程中,企业的隐性资产受到巨大损失,家族二代可能无法继承创始人的领导才能、经验和商业意识,也损失了创始人多年积累的许多社会资源。在家族社会情感财富经受巨大损失之后,家族二代为了维持社会情感财富,倾向于更加稳定的经营,减少对研发项目的投入。传承结束后,二代管理者或二代董事会成员不如一代富有经验和技能,与企业创始人的战略方针也有区别,需要与其他管理人员重新磨合,可能会加剧代理问题。实证结果证明,完成传承、直系亲属担任CEO、直系亲属担任董事长都会对研发投入产生显著的抑制作用。然而传承给非直系血亲,如儿媳或女婿,则无法证明传承对研发投入有抑制作用,可能因为传承给非直系血亲后,家族企业的特征和家族控制大大削弱。和家族成员相比,非直系血亲考虑家族社会情感财富较少,不再以维护家族的社会情感财富为决策原则。

地区环境对企业研发行为有调节作用,本书选择了三个环境调节变量,分别是地区开放程度、政企关系和地区研发强度。检验证明这三个变量在部分情况下存在显著的调节作用。家族企业注重维护家族的社会情感财富,长期经营规划中考虑到潜在的既得社会情感财富或损失,因此在足够有利于研发的大环境或面临研发压力时,也未必积极投入研发活动。

家族企业的相关研究始于发达国家,常用代理理论、行为代理模型、资源禀赋理论和相对较新的社会情感财富理论作为理论基础。中国近十年来研究家族企业的文献逐渐增多,大多集中于家族企业与非家族企业的对比,或家族企业特质对经营、财务表现、市值等方面的影响。本章填补了国内对于家族企业创新这一方面的研究空缺,关注家族企业这一类型内部的异质性,以代理理论和社会情感财富理论为基础,从家族控制、家族管理与家族传承三个方面对家族企业进行细分,研究了家族企业的不同特征如何影响研发活动。但随着国内家族企业的发展,大部分家族企业将进入成熟期,创新的动因会进一步变化,也有更多的家族企业面临代际传承的问题。从本章的结果可以看出,二代CEO或董事长与创始人相比,对创新投入更加谨慎,因此将来我国的大部分家族企业创新投入的情况也会有很大的变化。未来的研究可以结合更多的代际传承与创新动因,或以历史数据研究家族企业动态结构变化对创新变化的作用。

本章主要参考文献

[1] Acs, Z. J., Audretsch, D. B., 1987. Innovation, market structure and firm size. Review of Economics and Statistics 69 (4), 567-574.

[2] Anderson, R. C., Mansi, S. A., Reeb, D. M., 2003. Founding family ownership and the agency cost of debt. Journal of Financial Economics 68 (2), 263-285.

[3] Burkart, M., Panunzi, F., A. Shleifer., 2003. Family firms. The Journal of Finance 58 (5), 2167-2201.

[4] Andreas, K., Kammerlander, N., Enders, A., 2013. The family innovator's dilemma: How family influence affects the adoption of discontinuous technologies by incumbent firms. Academy of Management Review 38 (3), 418-441.

[5] Arregle, J. L., Hitt, M. A., Sirmon, D., Very, D., 2005. The development of organizational social capital and its performance implications: Insights from family firms. Unpublished manuscript, Australian Graduate School of Management, University of New South Wales.

[6] Astrachan, J. H., 2003. Commentary on the special issue: The emergence of a field. Journal of Business Venturing 18 (5), 567-573.

[7] Astrachan, J. H., Zahra, S. A., Sharma, P., 2003. Family-sponsored ventures, Kansas City, MO: Kauffman Foundation.

[8] Athanassiou, N. W. F., Crittenden, L. M. K., Marquez, P., 2002. Founder centrality effects on the Mexican family firm's top management group: Firm culture, strategic vision and goals, and firm performance. Journal of World Business 37 (2), 139-150.

[9] Baysinger, B. D., Kosnik, R. D., Turk, T. A., 1991. Effects of board and ownership structure on corporate R&D strategy. Academy of Management Journal 34 (1), 205-214.

[10] Berrone, P., Cruz, C., Gomez-Mejia, L., Larraza-Kintana,

M., 2010. Socioemotional wealth and corporate responses to institutional pressures: Do family-controlled firms pollute less? Administrative Science Quarterly 55 (1), 82-113.

[11] Block, J. H., Rand, D., 2012. Investments in family and founder firms: An agency perspective. Journal of Business Venturing 27 (2), 248-265.

[12] Casson, M., 1999. The economics of family firms. Scandinavian Economic History Review 47 (1), 10-23.

[13] Craig, J., Dibrell, C., 2006. The natural environment, innovation, and firm performance: A comparative study. Family Business Review 19 (4), 275-288.

[14] Chen, H. L., Huang, Y. S., 2006. Employee stock ownership and corporate R&D expenditures: Evidence from Taiwan's information technology industry. Asia Pacific Journal of Management 23 (3), 369-384.

[15] Chen, V. Z., Li, J., Shapiro, D. M., Zhang, X., 2008. Ownership type diversity, ownership concentration, and innovation: Evidence from an emerging market. Corporate Governance: An International Review, Special Issue Proceedings on Corporate Governance in India and China.

[16] Chrisman, J. J., Patel, P. C., 2012. Variations in R&D investments of family and non-family firms: Behavioral agency and myopic loss aversion perspectives. Academy of Management Journal 55 (3), 976-997.

[17] David, P., O'Brien, J. P., Yoshikawa, T., 2008. The implications of debt heterogeneity for R&D investment and firm performance. Academy of Management Journal 51 (1), 165-181.

[18] Douma, S., George, R., Kabir, R., 2006. Foreign and domestic ownership, business group, and firm performance: Evidence from a large emerging market. Strategic Management Journal 27 (7), 637-657.

[19] Chen, J., Yao, D. D., Bordley, R. F., Daganzo, C. F., Ettlie, J. E., 1998. R&D and global manufacturing performance. Management Science 44 (1), 1-11.

[20] Choi, S. B., Park, B. I. Hong, P., 2012. Does Ownership Structure Matter for Firm Technological Innovation Performance? The Case of Korean

Firms. Corporate Governance: An International Review 20 (3), 267-288.

[21] Fernandez, Z., Nieto, M. J., 2006. Impact of ownership on the international involvement of SMEs. Journal of International Business Studies 37 (3), 340-351.

[22] Forbes., 2015. Chinese Family Firm Report.

[23] Grant, R. M., 2002. Contemporary strategy analysis: Concepts, techniques and applications. Oxford, UK: Blackwell.

[24] Gomez-Mejia, L. R., Welbourne, T. M., Wiseman, R. M., 2000. The role of risk taking and risk sharing under gainsharing. Academy of Management Review 25 (3), 492-507.

[25] Gomez-Mejia, L. R., Haynes, K., Nuñez-Nickel, M., Jacobson, K. J. L., Moyano-Fuentes, J., 2007. Socioemotional wealth and business risks in family-controlled firms: Evidence from Spanish olive oil mills. Administrative Science Quarterly 52 (1), 106-137.

[26] Gomez-Mejia, L. R., Cruz, C., Berrone, P., DeCastro, J., 2011. The bind that ties: Socioemotional wealth preservation in family firms. Academy of Management Annals 5 (1), 653-707.

[27] Gomez-Mejia, L. R., Campbell, J. T., Martin, G., Hoskisson, R. E., Makri, M., Sirmon, D. G., 2013. Socioemotional Wealth as a Mixed Gamble: Revisiting Family Firm R&D Investments with the Behavioral Agency Model. Entrepreneurship Theory and Practice 38 (6), 1351-1374.

[28] Handler, W. C., 1990. Succession in family firms: A mutual role adjustment between entrepreneur and next generation family members. Entrepreneurship: Theory and Practice15 (1), 37-51.

[29] Heckman, J., 1995. Lessons from the Bell Curve. Journal of Political Economy103 (5), 1091-1120.

[30] Herrnstein, R. J., Charles, M., 1994. The Bell Curve. New York: Free Press.

[31] Hsiang, L., Chen, W., Hsu, T., 2009. Family ownership, board independence, and R&D Investment. Family Business Review 22 (4), 347-362.

[32] Jensen, G. R., Solberg, D. P., Zorn, T. S., 1992. Simultaneous determination of insider ownership, debt, and dividend policies. Journal of Financial and Quantitative Analysis 27 (2), 247-263.

[33] Kepner, E., 1983. The family and the firm: A co-evolutionary perspective. Organizational Dynamics 12 (1), 57-70.

[34] Kor, Y. Y., 2006. Direct and interaction effects of top management team and board compositions on R&D investment strategy. Strategic Management Journal, 27 (11), 1081-1099.

[35] Lee, P. M., O'Neill, H. M., 2003. Ownership structures and R&D investments of U. S. and Japanese firms: Agency and stewardship perspectives. Academy of Management Journal 46 (2), 212-225.

[36] Matta, E., McGuire, J., 2008. Too Risky to Hold? The effect of downside risk, accumulated equity wealth, and firm performance on CEO equity reduction. Organization Science 19 (4), 567-580.

[37] Mehrotra, V., Morck, R., Shim, J, Wiwattanakantang, Y., 2013. Adoptive expectations: Rising sons in Japanese family firms. The Journal of Finance 108 (3), 840-854.

[38] Miller, D., Breton-Miller, I. L., 2005. Managing for the long run: Lessons in Competitive Advantage from Great Family Businesses. Boston: Harvard Business School Press.

[39] Miller, D., Breton-Miller, I. L., 2006. Family governance and firm performance: Agency, stewardship and capabilities. Family Business Review 19 (1), 73-87.

[40] Muñoz-Bullon, F., Sanchez-Bueno, M. J., 2011. The impact of family involvement on the R&D intensity of publicly traded firms. Family Business Review 24 (1), 62-70.

[41] Pascual, B., Cristina, Cruz., Luis, R., Gomez-Mejia, M., Larraza, Kintana., 2010. Socioemotional wealth and corporate responses to institutional pressures: Do family-controlled firms pollute less? Administrative Science Quarterly 55 (1), 82-113.

[42] Schulze, W. S., Lubatkin, M. H., Dino, R. N., Buchholtz,

A. K., 2001. Agency relationships in family firms: Theory and evidence. Organizational Science 12 (2), 99–116.

[43] Schulze, W. S., Lubatkin, M. H., Dino, R. N., 2003. Toward a theory of agency and altruism in family firms. Journal of Business Venturing 18, 473–450.

[44] Shleifer, A., Vishny, R., 1986. Large shareholders and corporate control. Journal of Political Economy 94 (3), 461–488.

[45] Tagiuri, R., Davis, J. A., 1992. On the goals of successful family businesses. Family Business Review 5 (1), 43–62.

[46] Tribo, J. A., Berrone, P., Surroca, J., 2007. Do the type and number of blockholders influence R&D investments? New Evidence from Spain. Corporate Governance: An International Review 15 (5), 828–842.

[47] Villalonga, B., Amit, R. H., 2004. How do family ownership, control, and management affect firm value? Journal of Financial Economics 80 (2), 385–417.

[48] Wang, D., 2006. Founding family ownership and earnings quality. Journal of Accounting Research 44 (3), 619–656.

[49] Weidenbaum, M., 1996. The chinese family business enterprise. California Management Review 38 (4), 141–156.

[50] Wiseman, R. M., Gomez-Mejia, L. R., 1998. A behavioral agency model of managerial risk taking. Academy of Management Review 22 (4), 133–153.

[51] Wu, S., Levitas, E., Priem, R. L., 2005. CEO tenure and company invention under differing levels of technological dynamism. Academy of Management Journal 48 (5), 859–873.

[52] Yeh, Y. H., Woidtke T., 2005. Commitment or entrenchment: Controlling shareholders and board composition. Journal of Banking and Finance 29 (2), 1857–1885.

[53] Zahra, S. A., 2003. International expansion of U. S. manufacturing family businesses: the effect of ownership and involvement. Journal of Business Venturing 18 (4), 495–512.

［54］Zingales, L., 2000. In search of new foundation. Journal of Finance 55 (4), 1623-1653.

［55］白极星, 周京奎. 研发聚集、创新能力与产业转型升级——基于中国工业企业数据实证研究. 科学决策, 2007 (1): 1-17.

［56］谢乔昕. 环境规制扰动、政企关系与企业研发投入. 科学学研究, 2016 (5): 713-719.

第 10 章 家族参与企业、家族传承与现金持有决策[①]

10.1 引言

作为世界上最为广泛的企业组织形式之一，家族企业历史悠久，影响深远。从克林·盖尔西克的《家族企业的繁衍》一书可以看出，家庭所有或经营的企业在全世界企业中至少占65%~80%，其中既有世界最大超市沃尔玛和投资界领袖富达投资公司，也有独守一隅的小杂货店；此外，将近40%的世界500强企业由家庭所有或经营。由此可见，家族企业不仅普遍存在于世界经济中，还是促进经济发展不可忽视的重要力量。在我国，随着市场经济体制的日益完善，各种经济形式都得到了长足发展，家族企业也不断涌现。2011年12月发布的首份《中国家族企业发展报告》指出，在所有参与调查的3847家民营企业中，家族企业约占85.4%，这表明家族企业已毫无疑问地成为民营企业的主要组成部分。来自原国家工商总局的数据显示，截至2013年，我国实有民营企业1096.67万户，占企业总数的近80%，民营经济贡献的GDP总量超过60%，这充分表明以家族企业为主要形式的民营经济已发展成为国民经济的"活水源头"，在促进经济繁荣和提升综合国力方面发挥着不可替代的重要作用。在我国这样一个经济发展不平衡的国家，家族企业在促进就业、活跃市场、刺激投资、增加税收以及提高国民福利水平等方面扮演着至关重要的角色，对经济社会发展做出了巨大的贡献（王文京，2012）。家族企业在国民经济中的地位愈发重要，受到了越来越多的关注，对家族企业的研究也越来越深入。

[①] 本章主要内容发表于《中央财经大学学报》，2018（5），46-58。作者为李思飞、卢闯。另外，侯梦虹在作者指导下进行了理论研究和数据分析的主要工作。

众所周知，现金是企业日常经营管理中一项非常重要的流动资产，堪称企业的"血液"。由于资本市场并非完全流动，信息不对称问题普遍存在，持有一定数量的现金既能为企业日常生产经营打下坚实基础，又能帮助企业避免支付危机的出现，对企业的正常经营及持续发展起到了关键性的作用。但是，持有现金又存在机会成本，比如放弃的银行利息，这就要求企业在持有现金带来的便利和丧失的机会成本二者之间做出权衡取舍，维持"最佳"现金持有水平。金融危机爆发以来，经济增长放缓、波动剧烈，如何避免企业陷入财务困境已成为当下社会非常关注的问题。有研究发现，在金融危机期间，企业的高额现金持有政策具有缓冲效应，能够缓解经济波动带来的负面冲击（万良勇和饶静，2013）。由此可见，现金持有决策于企业而言是一项非常重要的战略决策，这对家族企业也不例外。通常认为，与非家族企业相比，家族企业面临着更为严重的融资约束（Brandt & Li，2003），因而，现金持有的多少对家族企业的经营发展尤为重要。然而，现有与家族企业现金持有水平相关的研究仍不充分，已有研究主要涉及经理人的选择以及独立董事的监督等方面（Steijvers & Niskanen，2013；张金隆和吴从锋，2012；徐新华和王怡鸿，2012），有关家族企业治理层面的家族参与和控制权层面的家族控制与家族企业现金持有水平关系的研究仍鲜有成果，而这两个层面的特征是家族企业与非家族企业之间的重要区别。

家族企业在治理结构和控制权结构方面的特征对两类代理问题有独特的影响，使其现金持有水平的确定存在着与一般企业不同的作用机理。在治理结构方面，所有权和经营权的分离导致企业的所有者和经营者之间产生利益冲突，构成了企业的第一类代理问题（Berle & Means，1932；Jensen & Meckling，1976）。家族参与作为一种内部治理机制，能够通过直接控制经营权或对经营者进行监督等方式，产生"利益协同效应"，从而降低由于所有权和经营权分离导致的第一类代理成本（Anderson & Reeb，2003；Bertrand & Schoar，2006；王文京，2012）。在控制权结构方面，控制权和所有权的分离导致企业的大小股东之间产生利益冲突，构成了企业的第二类代理问题（Shleifer & Vishny，1997）。家族控股股东的超额控制对大小股东之间的代理冲突有两种可能的作用途径——"壕沟效应"和"联盟效应"（Wang，2006）。前者认为家族控股股东的超额控制会使其为攫取控制权私利而侵占中小股东的利益,从而恶化第二类代理问题(Fama & Jensen,1983;Shleifer et al.,1997)。后者则认为,出于持续经营和企业声誉的考虑,家族控股股东倾向于与外部投资者维持良好的合作关系,致力于实现全体股东的利益最大化,从而降低第二类代理成本(Demsetz & Lehn,1985;Anderson et al.,2003)。究竟哪一类效应在中国的上市家族企业中占据主导地位,现有研究还未给出合理的理论分析和实证证据。因此,研究中国上市家族企业在治理结构和控制权结构方面的特征对现金持有水平的影响极具理论价值和现实意义。

基于此,本章从两类代理问题的视角出发,研究治理层面的家族参与和控制权层面的家族控制与家族企业现金持有水平之间的关系。本章主要通过 Stata 软件的 OLS 回归分析对 2002 年至 2010 年间中国上市家族企业家族方面和财务方面的数据进行了实证研究与分析。实证结果发现,在治理结构方面,家族参与能有效缓解第一类代理问题,降低家族企业的现金持有水平。在控制权结构方面,"联盟效应"在中国上市家族企业中发挥了主导作用,家族超额控制能有效缓解第二类代理问题,使家族企业的现金持有维持在较低水平。进一步研究发现,对中国上市家族企业而言,第二类代理问题对现金持有决策的影响大于第一类代理问题。此外,本章分别探究了家族第二代成员参与企业治理、外部制度环境对家族企业现金持有水平的影响,均得出了极具实际意义的结论。

本章的贡献主要有以下方面:第一,以往文献认为,家族企业特别的所有权和经营权结构会减轻第一类代理问题,而加剧第二类代理问题,本章在现金持有决策方面为该主题提供了经验证据。第二,本章将家族企业的控制权结构分解为股东大会剩余控制权和董事会决策控制权两个层面,揭示了更具完整意义的家族终极控制权的特征,已有从两个层面考察家族企业超额控制的研究还很少。第三,本章考察了治理层面的家族参与和控制权层面的家族控制对现金持有水平的共同影响,以探讨两类代理问题对家族企业现金持有决策影响的主导性,已有文献尚未涉及这一方面的研究。第四,考虑到中国家族企业面临的代际传承问题,本章研究了家族企业第二代成员参与企业治理与现金持有水平的关系,并开创性地将家族第二代成员进一步细分,从更微观、更全面的角度展示了家族第二代成员对家族企业的参与及影响。第五,本章结合中国上市家族企业面临的实际,考察了外部制度环境对家族参与和现金持有水平之间关系的影响,这有助于对影响现金持有水平的不同因素之间的相互关系有一个更全面的认识。

本章的安排如下:第二部分对现金持有和家族企业的相关文献进行了回顾;第三部分是理论分析与研究假说,对已有文献进行简要回顾及相关理论分析,并在此基础上提出研究假说;第四部分是研究设计,介绍了主要变量的度量及研究模型;第五部分是实证结果及分析;第六部分是研究结论及反思。

10.2 文献回顾

10.2.1 现金持有水平

现金是企业日常经营管理中一项非常重要的流动资产,堪称企业的"血液"。现实中,由于资本并非完全流动、企业面临信息不对称问题,企业需要在日常经营中储备一定数量的现金来应对可能出现的各种情况(Steijvers & Niskanen,2013)。国外已有很多研究对影响企业现金持有水平的因素做出了分析,这些研究多着眼于权衡理论、优序融资理论和公司治理等方面。Kim,Mauer & Sherman(1998)分析了影响美国的制造企业的现金持有量的因素,发现企业的外部融资成本和盈余波动性与现金持有水平正相关,而资产回报与现金持有水平负相关。Opler,Pinkowitz,Stulz & Williamson(1999)通过实证研究证明,投资机会和现金流风险通常与企业的现金持有水平正相关,而企业规模和信用等级则与企业的现金持有水平负相关。Dittmar,Mahrt-Smith & Servaes(2003)研究发现,在股东权利得到有效保护的国家,企业的现金持有水平普遍较低。Kusnadi(2003)在研究新加坡上市公司的企业现金持有与企业治理机制的联系时发现,董事会的规模越大,企业越倾向于持有更多的现金。Ozkan A. & Ozkan D.(2004)以1029家英国上市公司为样本研究发现,管理者持股与企业现金持有量之间存在着显著的相关关系,且这种关系不会因董事会的构成和最终控制人而发生改变;企业的投资机会越多、现金流量越大,其现金持有量越多,而流动资产越多、财务杠杆越大,其现金持有量越少。我国学者对我国上市公司现金持有水平的研究发现，投资机会、股利支付、市场竞争程度、经营者持股比例和企业规模与企业的现金持有水平正相关，财务杠杆、银行负债、股东保护程度、董事会规模、现金替代物规模与企业的现金持有水平负相关（胡国柳和王化成，2007；杨兴全等，2007）。

对家族企业现金持有水平的研究表明，外部职业经理人与家族 CEO 相比，倾向于持有更多现金（Steijvers et al., 2013）。我国学者研究发现，董事长和总经理两职合一会使企业持有更多的现金；女性董事比率越高，企业现金持有越多；独立董事与企业现金持有水平的关系不明显（张金隆和吴从锋，2012；徐新华和王怡鸿，2012）。

10.2.2 第一类代理问题——家族参与

家族参与对家族企业的影响主要涉及的理论是代理理论。传统意义上的代理理论认为，若经营者没有企业的所有权，而且企业股东十分分散不能对企业价值最大化做出影响时，经营者可能会为谋取个人私利而侵害企业整体利益，即所有权与经营权的分离会产生代理成本。经营者拥有的所有权越多，代理成本会相应降低（Jensen & Meckling，1976）。因此，如果企业的所有者参与企业治理，代理问题会得到缓解，有利于企业的经营发展。

作为家族企业的所有者，家族成员参与企业治理能够有效缓解所有权和经营权分离带来的"委托—代理"问题。第一，家族参与作为一种内部治理机制，能够通过直接控制经营权或对经营者进行监督等方式，产生"利益协同效应"，从而降低由于所有权和经营权分离导致的第一类代理成本（Bertrand & Schoar，2006；erson & Reeb，2003；王文京，2012）。第二，家族高管掌握着外部职业经理人难以获得的企业信息，拥有外部职业经理人难以赢得的关键股东的信任（Donnelley，1988），享有外部职业经理人难以体会的非金钱的回报（Kandel & Lazear，1992；Davis, Schoorman & Donaldson，1997），选择家族成员担任高管可以通过利用家族亲缘关系将家族成员的利益与企业的价值紧密结合（Bertrand et al.，2006），家族成员视企业为自己乃至整个家族的事业成就，这会使参与企业治理的家族成员成为具有集体主义行为倾向的"管家"，致力于实现企业价值最大化，而不是过多地关注个人私利。第三，由于家族成员不大可能被解雇，从而具有更长期的视野，这都会鼓励家族总经理追求公司利益最大化，而非聚焦于短期决策，从而降低了第一类代理成本（陈德球、叶陈刚和李楠，2011）。同时，出于家族声誉和持续经营的考虑，家族高管会致力于实现企业价值的最大化或股东利益最大化，而不是谋求个人私利（Anderson et al.，2003）。

10.2.3　第二类代理问题——家族控制

研究发现，以20%的控制权为控制标准，68%的富裕国家和地区中最大的上市公司存在终极控股股东，且以家族为主要控制形态（La Porta, Lopez-de-Silanes & Shleifer, 1999）。以东亚九国（地区）共2980家上市公司为样本研究发现，一半以上的上市公司控制在家族或个人手中，且其控制权和现金流权存在显著分离，其中，印度尼西亚最高，为71.5%，日本最低，为9.7%（Claessens, Djankov & Lang, 2000）。以西欧13个国家的公司为样本研究发现，以20%的控制权为控制标准，家族控制了44.29%的上市公司（Faccio & Lang, 2002）。以上研究均表明，家族控制在各国的上市公司中普遍存在。在我国，家族企业大多通过金字塔式持股和多层控制等方式获取远大于现金流权的控制权，实行超额控制（邓建平和曾勇，2005），且其控制权与现金流权的分离程度也很高（谷祺、邓德强和路倩，2006）。

关于家族企业控制权层面的家族控制对企业的影响存在两种理论——"壕沟效应"和"联盟效应"（Wang, 2006）。"壕沟效应"认为，当控股股东握有远超过现金流权的控制权时，往往倾向于不发放或者少发放股利，而是通过"隧道挖掘"（tunneling）策略为自己谋取更多私利（Faccio, Lang & Young, 2001）。在这种情况下，拥有大量控制权的控股股东只需拥有少量的现金流权就可以通过关联交易、转移利润、支付高额报酬等方式侵占小股东的利益，来增加自身财富，而其他股东难以制止和监督（Bebchuck, Kraakman & Triantis, 2000；Anderson et al., 2003），并且家族控股股东有能力在获取全部收益的同时，不需承担全部的经济后果（Malatesta & Xuan, 2012），这在某种程度上加大了控股股东对非控股股东的利益侵占与剥削,从而加剧了第二类代理问题(Lemmon & Lins, 2001)。此外,当家族控股股东的超额控制权越大时,外部股东会认为家族具有通过隧道行为侵占其利益的动机,从而不信任家族企业,导致家族企业面临更高的外部融资成本和更低的业绩水平(Lins & Karl, 2003)。我国学者也有研究发现,在我国的家族企业中,因控制权和现金流权分离而拥有超额控制权的控股股东掠夺中小股东利益的问题已非常严重(冯旭南、李心愉和陈工孟,2011),并且控股股东的超额控制权越大,其越偏好持有大量现金(沈艺峰等,2008)。

"联盟效应"则认为,对家族企业而言,家族的声誉和利益与企业的声誉和利益紧密相连,家族的延续和企业的延续息息相关。当家族或家族成员成为企业的实际控制者时,企业不再是可以随意买卖的资产,而是家族财富和地位的象征,家族有意愿将家族企业持续经营下去、代代相传(Ellul et al., 2009;陈德球和钟昀珈,2011),并希望通过良好的企业声誉与外部投资者维持长期有益的关系(Anderson et al., 2003),使企业具有较高的生存价值,保证家族企业的绵延发展。从另一方面来说,尽管通过侵害中小股东的利益,控股股东可以得到经济上的好处,但由此产生的企业声誉损失或法律诉讼的成本是巨大的(Dyck & Zingales, 2004),这都会增加企业日后外部融资的难度,不利于企业的持续发展。所以,家族控股股东的超额控制权越大,越能激励其以长期的经营视野做出长期有益的决策(陈德球、肖泽忠和董志勇,2013),而不会通过短视的投机行为来侵占非控股股东的利益,从而缓解了第二类代理问题,有利于股东价值最大化的实现。

10.2.4 文献评述

综上所述,家族企业治理层面的家族参与可以降低企业的现金持有水平,因为家族经理人的决策或者家族管理层对外部职业经理人的监督会产生"利益协同效应",降低第一类代理成本。家族企业控制权层面的家族控制既可能加剧第二类代理问题进而提高企业的现金持有水平,也可能缓解第二类代理问题进而降低企业的现金持有水平,具体哪类机制发挥作用已有文献尚未给出明确结论,因而需要进一步研究。

已有文献大多考虑家族参与和家族控制对企业绩效等宏观层面指标的影响，尚未细化到影响企业绩效的具体指标，且没有考虑两类代理问题之间的相互作用。此外，针对中国上市家族企业的实际，在第二类代理问题方面，"壕沟效应"还是"联盟效应"发挥主导作用仍不明确。基于此，本章将采用更大的样本、更精细的度量指标、更全面的理论分析来考察中国上市家族企业治理层面的家族参与和控制权层面的家族控制对影响家族企业业绩的具体机理——现金持有水平的影响。

10.3 理论分析与研究假说

本章将以家族企业代理问题及现金持有领域已有的文献为基础，对家族企业治理层面的家族参与、控制权层面的家族控制与现金持有水平之间的相关关系和作用机理做出理论分析，并提出相应的研究假说。

10.3.1 第一类代理问题——治理层面的家族参与

当家族聘请外部职业经理人经营家族企业时，家族企业的所有权在家族成员手中，而经营权则落入外部职业经理人手中，所有权和经营权的分离就会导致第一类代理问题。根据代理理论和"自利人"假说，外部职业经理人的利己主义动机会使其为最大化个人利益或最小化个人风险而按机会主义行事，摒弃股东利益最大化的目标，滥用公司资源以满足个人私利（Jensen et al., 1976）。由于现金是公司资产中流动性最强的资产，能被以更低的成本转换为私人收益，企业所有者和外部职业经理人之间的代理冲突会激励外部职业经理人偏好持有大量的现金用于在职消费、职业关注和帝国构建（Jensen et al., 1976；沈艺峰等，2008）。因此，当聘请外部职业经理人担任总经理时，企业的现金持有往往维持在一个较高的水平。

如果家族成员参与企业治理，以上情况是否会发生改变？有研究表明，在东亚国家和地区，有57.1%的家族上市公司的董事和高管来自控制性家族（Claessens et al., 2000），这说明家族成员参与公司治理的现象是普遍存在的。家族企业在治理层面的家族参与体现了家族对企业日常管理的影响能力，主要表现在两个方面：一是家族成员通过直接决策管理企业，比如家族成员担任总经理；二是家族成员通过有效监督参与企业的经营管理，比如在外部职业经理人担任总经理时，家族成员在管理层任职，这种途径往往还涉及家族管理层的任职比例问题。已有的研究普遍认为，家族企业治理层面的家族参与能够有效缓解经营者和所有者之间的代理冲突，降低第一类代理成本。理由如下：第一，家族企业与非家族企业的根本区别在于家族企业的最终控制人是自然人或家族。家族成员参与企业治理可以使所有权与经营权合二为一（Bertrand & Schoar, 2006），尽管所有者与经营者可能不是同一个人，但均属于同一家族，相对于外部职业经理人这些"外人"而言，家族成员是"自己人"，家族企业不必在监督、激励管理层等方面耗费过多的成本。第二，家族亲缘关系将家族成员的个人利益与家族的整体利益、家族企业的价值紧密结合（Bertrand et al., 2006），家族成员视企业为自己乃至整个家族的事业成就，这会使参与企业治理的家族成员成为具有集体主义行为倾向的"管家"，致力于实现企业整体价值的最大化，而不是过多地关注个人私利。第三，由于家族高管不大可能被解雇，同时出于维护家族声誉和持续经营的考虑，家族高管往往有着比外部职业经理人更长期的经营视野，能有效避免短视行为，致力于企业的长期稳定发展（陈德球、叶陈刚和李楠，2011）。

总而言之，在家族企业中，家族成员参与公司治理可以发挥家族参与这一内部治理机制的作用，无论是家族成员担任总经理还是在管理层任职，都会通过"利益协同效应"实现更有效的企业管理或经理人监督，进而缓解第一类代理问题（魏志华、吴育辉和李常青，2011；陈德球、杨佳欣和董志勇，2013）。如前所述，第一类代理问题的加剧致使家族企业持有高水平的现金，而家族成员参与企业治理可以有效缓解第一类代理问题。由此，本书提出以下研究假设：

H1：家族成员担任总经理或在管理层任职会降低家族企业的现金持有水平，即家族成员担任总经理或在管理层任职与家族企业的现金持有水平负相关。

H2：家族成员在管理层的任职比例越高，家族企业的现金持有水平越低，即家族成员在管理层的任职比例与家族企业的现金持有水平负相关。

10.3.2 第二类代理问题——控制权层面的家族控制

企业大小股东之间的利益冲突问题构成了企业的第二类代理问题。有研究表明,创始家族更易通过金字塔式持股、双重股权结构和交叉持股等机制获得远高于现金流权的控制权,对企业实行超额控制(La Porta et al.,1999;Claessens et al.,2000;Faccio & Lang,2002)。现金流权即财产分红权,控制权即投票表决权。如图10-1所示,A家族持有B公司60%的股权,而B公司同时持有C公司30%的股权和D公司20%的股权,C公司又持有D公司20%的股权,那么A家族对D公司的现金流权为每一链条上持股比例的乘积之和,即(60%*20%+60%*30%*20%)=15.6%,而A家族对D公司的控制权为每一链条上持股比例最小值之和,即20%+20%=40%。也就是说,A家族仅用15.6%的现金流权便取得了对D公司40%的控制权,现金流权和控制权的分离使得A家族对D公司存在超额控制。

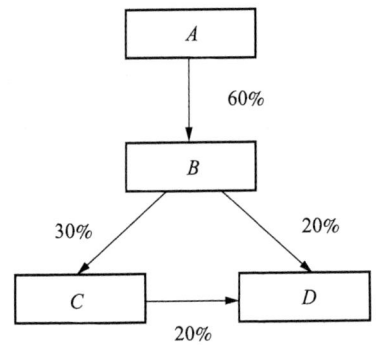

图 10-1 金字塔持股结构示意图

在我国,家族企业大部分通过金字塔和多层控制的方式获取远大于现金流权的控制权(邓建平和曾勇,2005),且我国上市家族企业的两权分离度非常高(谷祺、邓德强和路倩,2006)。

关于家族控股股东的超额控制对企业经营业绩的影响有两种理论——"壕沟效应"和"联盟效应"(Wang,2006)。"壕沟效应"认为,家族控股股东的超额控制权越大,越有动机、有能力从事掏空等道德风险行为,通过关联交易、转移利润、支付高额报酬等方式对非控股股东进行"利益侵占",以牺牲中小股东利益为代价攫取公司利益,实现自身利益的最大化(Fama et al., 1983; Shleifer et al., 1997; Faccio, Lang & Young, 2001)。并且,家族控股股东有能力在获取全部收益的同时,不需承担全部的经济后果(Lin et al., 2012)。由于现金是流动性极强的资产,更容易以低成本被用以牺牲非控股股东利益、谋求控股股东的个人私利。所以,当家族控股股东拥有超额控制权时,其侵占非控股股东利益的"隧道挖掘"行为使得企业倾向于持有更多的现金。此外,超额控制的家族企业往往难以获得外部股东和债权人的信任,因而面临更加严重的外部融资约束,为了降低风险、维持稳定发展,企业会维持一个较高的现金持有水平。综上所述,在"壕沟效应"的作用下,家族超额控制会加剧第二类代理问题,使家族企业维持较高的现金持有水平。

"联盟效应"则认为,家族控股股东的超额控制程度越大,其自身利益与企业价值越紧密相关,出于永续经营和企业声誉的考虑,家族控股股东越有动机、有能力追求企业价值的最大化,实现所有股东的共同利益(Demsetz et al., 1985; Anderson et al., 2003; Wang, 2006)。从另一方面来说,尽管通过侵害中小股东的利益,控股股东可以得到经济上的好处,但由此产生的企业声誉损失或法律诉讼的成本是巨大的(Dyck & Zingales, 2004),这会增加企业日后外部融资的难度,而企业并不希望增加融资约束。因此,从这个角度来看,家族控股股东不存在掏空的动机,家族企业也不会面临更加严重的外部融资约束,家族企业会倾向于将现金持有维持在一个较低的水平,以降低持有现金的成本。综上所述,在"联盟效应"的作用下,家族控股股东的超额控制权越大,越会缓解第二类代理问题,家族企业的现金持有越会维持在一个较低的水平。

基于以上分析,本书提出一对竞争性假设:

H3(a):家族企业控股股东的超额控制权越大,家族企业的现金持有水平越高,即二者正相关。

H3(b):家族企业控股股东的超额控制权越大,家族企业的现金持有水平越低,即二者负相关。

对于以上两个竞争性假设,如果实证结果发现家族企业控股股东的超额控制权与家族企业的现金持有水平正相关,则表明在中国上市家族企业中,"壕沟效应"发挥主导作用。若实证结果为负相关,则表明"联盟效应"发挥主导作用。

10.4 研究设计

10.4.1 样本选择与数据来源

根据已有文献（苏启林和朱文，2003；贺小刚和连燕玲，2009；陈德球、李思飞和雷光勇，2012），本章将上市家族企业界定为上市公司的最终实际控制人为自然人或家族的企业，实际控制人以上市公司年报中的披露为准。本章选取2002年至2010年间中国A股上市家族企业为研究样本，并执行了以下筛选程序：①剔除了存在行业特殊性的金融行业样本；②剔除ST和PT行业的公司，因为其财务数据的极端值会对研究结果产生影响；③剔除样本期间关键数据缺失的样本。最终得到了3023个观测样本。此外，本章对所有连续变量样本中1%以下和99%以上的分位数进行了缩尾处理（Winsorize），以控制极端值和异常值对回归结果的影响。本章家族企业治理结构和控制权结构相关的数据均通过年报人工收集整理而得，公司财务方面的数据均来自RESSET数据库。

10.4.2 变量设置

本章考察的是家族企业的现金持有水平。借鉴已有研究（Opler et al., 1999；Steijvers et al., 2013；杨兴全和孙杰，2007），我们选择现金持有比例（Cashratio）来度量家族企业的现金持有水平。现金持有比例等于现金及现金等价物与净资产之比，净资产为总资产扣除现金及现金等价物的余额。

针对第一类代理问题，本章主要考虑家族成员担任总经理、参与管理层以及家族第二代成员参与企业治理对家族企业现金持有水平的影响。针对第二类代理问题，本章借鉴了已有文献（La Porta，1999；Villalonga & Amit，2006；陈德球等，2012；陈德球、肖泽忠和董志勇，2013）的测度方法，对家族企业的控制权结构进行了股东大会和董事会两个层面的分解。

详细解释变量标识、定义及计量见表10-1。

第 10 章　家族参与企业、家族传承与现金持有决策

表 10-1　解释变量

变量名称		变量标识	变量定义及计算公式
家族参与	总经理类型哑变量	CEO	当家族企业的总经理为家族成员时，变量取值为 1，否则为 0
	管理层类型哑变量	F-Management	当家族成员担任管理层职位（除总经理外）时，变量取值为 1，否则为 0
	家族成员参与管理层比例	FM-Ratio	家族成员担任管理层数量与管理层规模之比
	总经理类型哑变量	Sec-CEO	当家族企业的总经理为第二代家族成员时，变量取值为 1，否则为 0
	董事长类型哑变量	Sec-Chairman	当家族企业的董事长为第二代家族成员时，变量取值为 1，否则为 0
	董事会类型哑变量	Sec-Board	当董事会成员中有家族第二代成员时，变量取值为 1，否则为 0
	董事会类型细分哑变量	Sec-Board Son	当董事会成员中有家族第二代儿子时，变量取值为 1，否则为 0
		Sec-Board Daughter	当董事会成员中有家族第二代女儿时（无儿子），变量取值为 1，否则为 0
		Sec-Board Others	当董事会成员中有家族第二代女婿或儿媳时（无儿子、女儿），变量取值为 1，否则为 0
第二代家族控制	家族股东大会超额控制	Wedge	家族控股股东的终极控制权与现金流权之差
	家族董事席位超额控制	Excess Board	家族对公司董事席位控制比例与终极控制权之差 其中，家族对公司董事席位的控制比例等于公司董事会成员中家族成员和在家族控制链的公司中担任职务的非家族成员人数之和与董事会规模的比例
	家族总超额控制	Excess Control	家族股东大会超额控制与董事席位超额控制之和

影响企业现金持有水平的因素复杂多样。本章根据已有的相关研究（Steijvers et al., 2003；胡国柳和王化成，2007；杨兴全等，2007），控制了以下变量：公司规模（Size）、投资机会（Mb）、现金流量（Cashflow）、债务结构（Debtstr）、股利分配哑变量（Dividend）、行业哑变量（Industry）和年份哑变量（Year）。

详细控制变量标识、定义及计量见表 10-2。

表 10-2 控制变量

变量名称	变量标识	变量定义及计算公式
公司规模	Size	公司年末总资产的自然对数
财务杠杆	Lev	公司负债总额与资产总额之比
投资机会	Mb	公司总资产市场价值与公司总资产账面价值之比 其中,资产的市场价值为非流通股股数与每股净资产的乘积加上流通股的市场价值和负债的账面价值
现金流量	Cashflow	公司经营活动净现金流与净资产之比
债务结构	Debtstr	公司流动负债总额与全部负债总额之比
股利分配哑变量	Dividend	公司支付现金股利取值为1,否则为0
行业哑变量	Industry	行业分类按照中国证监会行业分类标准,其中制造业"C"字头代码取2位,其他行业取一位代码,剔除金融行业,一共有18个行业
年份哑变量	Year	2002年至2010年,共9年

10.4.3 模型建立

为了检验前文提出的假设,本章构建了如下模型以检验家族企业在治理层面的家族参与和控制权层面的家族控制对家族企业现金持有水平的影响:

根据 H1 和 H2,构建如下模型:

$$\text{Cashratio} = \beta_0 + \beta_1 \text{FamilyInvolvement} + \sum_{i=2}^{9} \beta_i \text{Control}_i + \varepsilon \quad (1)$$

其中,Family Involvement 指表 10-1 中家族参与的相关变量,包括家族成员是否担任总经理、家族成员是否在管理层任职、家族成员管理层任职比例等。

根据 H3（a）和 H3（b）,构建如下模型:

$$\text{Cashratio} = \beta_0 + \beta_1 \text{FamilyControl} + \sum_{i=2}^{9} \beta_i \text{Control}_i + \varepsilon \quad (2)$$

其中,Family Control 指表 10-1 中家族控制的相关变量,包括股东大会层面的两权分离度、董事会层面家族董事席位超额控制、总超额控制。

β_0 为常数项;β_1 和 β_i 是各相关变量的系数;Control 表示前文所指所有控制变量;ε 为扰动项,表示随机误差。

10.5 实证结果与分析

10.5.1 描述性统计

表10-3列示了家族参与、家族控制以及家族企业财务方面数据的描述性统计结果。在家族治理结构相关变量中，平均有13.73%的家族企业总经理由家族成员担任，说明在中国上市家族企业中，大多数家族企业仍聘请外部职业经理人经营企业；家族成员在管理层任职的比例平均为48.1%，但家族成员在管理层任职数与管理层规模之比平均为7.87%，说明尽管家族成员在管理层任职这一现象相对广泛存在，但是任职比例仍处于低水平。表中数据也显示，目前家族第二代成员对家族企业的管理涉入较少，说明在2002年至2010年间，中国的上市家族企业尚未进入代际传承的高峰期。在家族控制权结构相关变量中，家族股东大会层面控制权与现金流权的分离度的均值为10.47%，董事会层面的超额控制均值为-22.19%，家族的总超额控制均值为-11.70%。此外，从表中可以看出，中国上市家族企业现金持有的平均比例为18.69%，最小值为0.15%，最大值为72.52%，标准差为15.03%，说明上市家族企业的现金持有水平存在着一定的差距。

表10-3 描述性统计

变量	均值	标准差	最小值	最大值	数量
CEO	0.1373	0.3442	0	1	3023
F-Management	0.4810	0.4997	0	1	3023
FM-Ratio	0.0787	0.1127	0	0.8000	3023
Sec-CEO	0.0281	0.1653	0	1	3023
Sec-Chairman	0.0179	0.1325	0	1	3023
Sec-Board	0.0576	0.2329	0	1	3023
Sec-Board Son	0.0490	0.2158	0	1	3023
Sec-Board Daughter	0.0056	0.0748	0	1	3023
Sec-Board Others	0.0030	0.0545	0	1	3023

续表

变量	均值	标准差	最小值	最大值	数量
Wedge	0.1048	0.1428	0	0.7013	3023
Excess Board	-0.2220	0.2081	-0.7889	0.3199	3023
Excess Control	-0.1171	0.1993	-0.5482	0.3875	3023
Cashratio	0.1869	0.1503	0.0015	0.7252	3023
Market	8.8651	2.1728	0.7900	11.7100	3023
Size	20.9764	0.9347	17.4950	24.5054	3023
Lev	0.4688	0.1979	0.0091	0.9995	3023
Cashflow	0.0439	0.0991	-0.5655	1.3086	3023
Mb	2.6277	1.8994	0.9013	11.0850	3023
Debtstr	0.8822	0.1542	0.0977	1	3023
Dividend	0.4039	0.4908	0	1	3023

10.5.2 家族企业治理层面的家族参与与现金持有水平

表10-4列示了中国上市家族企业治理层面的家族参与和现金持有水平的实证检验结果。第一列为家族成员担任总经理与现金持有水平的回归结果，二者之间存在负相关的关系，且在1%的水平上显著。第二列为家族成员在管理层任职与现金持有水平的回归结果，二者之间存在负相关的关系，但这一关系并不显著。第三列为家族成员在管理层任职与现金持有水平的回归结果，二者之间存在负相关的关系，且在1%的水平上显著。

以上结果部分验证了H1，说明在中国上市家族企业中，当家族成员担任总经理时，由于其自身利益与企业利益趋同，会以更长期的视野实行更有效的管理，而不会像外部职业经理人那样为了谋求个人私利采取短视行为，从而缓解了第一类代理问题，降低了家族企业的现金持有水平。家族成员在管理层任职对家族企业现金持有水平的影响不如家族成员担任总经理那样显著，可能的解释是，管理层的权力不及总经理的权力，在制定企业决策时，总经理更高的权威会弱化管理层的监督作用，从而无法有效降低第一类代理成本。但值得注意的是，随着家族成员在管理层任职比例的增大，其对家族企业现金持有水平有负影响且作用显著，这个结果完全验证了H2。说明在管理层任职的家族成员越多，其监督作用就越有效，越能缓解第一类代理问题，使家族企业维持一个较低的现金持有水平。以上回归结果启示我们，单靠有家族成员在管理层任职是不能够有效缓解第一类代理问题的，还需要保证家族成员在管理层任职的比例达到一定的水平，这样才能充分发挥家族高管对外部职业经理人的监督作用，进而有效缓解第一类代理问题，降低家族企业的现金持有水平，提高资金利用率。

此外，从控制变量的回归结果可以看出，对中国上市家族企业而言，公司规模、投资机会、现金流量和债务结构与现金持有水平显著正相关，这与已有研究（Dittmar et al.，2003；杨兴全等，2007）的结论一致。同时，我们可以看到，财务杠杆与现金持有水平负相关，这与Ozkan A & Ozkan D（2004）的研究结果一致，说明财务杠杆越低的企业，举债能力越弱，需要通过持有大量现金满足交易性动机和预防性动机的需要。另外，股利分配哑变量与现金持有水平正相关，但不具有显著性，说明在我国上市家族企业中，是否派发现金股利与现金持有水平没有明显的相关关系。

表10-4　家族参与与现金持有水平回归结果

Cashratio	(1) CEO	(2) F-Management	(3) FM-Ratio
CEO	-0.025*** (-4.078)		
F-Management		-0.003 (-0.660)	
FM-Ratio			-0.114*** (-5.930)
Size	0.014*** (4.259)	0.013*** (4.159)	0.014*** (4.319)
Lev	-0.309*** (-19.565)	-0.309*** (-19.455)	-0.310*** (-19.646)
Mb	0.007*** (3.469)	0.007*** (3.544)	0.007*** (3.487)
Cashflow	0.130*** (4.881)	0.127*** (4.723)	0.127*** (4.815)

续表

Cashratio	(1) CEO	(2) F-Management	(3) FM-Ratio
Debtstr	0.098*** (6.029)	0.099*** (6.105)	0.097*** (5.987)
Dividend	0.007 (1.283)	0.007 (1.279)	0.008 (1.515)
Constant	-0.125 (-1.610)	-0.122 (-1.569)	-0.117 (-1.514)
Industry & Year	Controlled	Controlled	Controlled
N	3023	3023	3023
Adj. R-square	0.313	0.310	0.317

注：*表示显著性程度，*，**，***分别代表在10%、5%和1%的水平上显著。括号内为相关回归系数的t值。

10.5.3 家族企业控制权层面的家族控制与现金持有水平

表10-5列示了中国上市家族企业控制权层面的家族控制和现金持有水平的实证检验结果。第一列为股东大会层面家族控股股东的控制权与现金流权的分离度与现金持有水平的回归结果，二者之间存在负相关的关系，且在1%的水平上显著。第二列为董事会层面家族董事席位超额控制与现金持有水平的回归结果，二者之间存在负相关的关系，且在1%的水平上显著。第三列为家族控股股东的总超额控制与现金持有水平的回归结果，二者之间存在负相关的关系，且在1%的水平上显著。

以上结果完全验证了H3（a），表明在中国上市家族企业中，"联盟效应"发挥了主导作用。家族企业作为家族成员和企业的纽带，将家族控股股东的个人利益与企业的利益紧密相连，出于持续经营、代代传承和维护企业声誉的考虑，控股股东会摒弃"隧道掏空"等攫取中小股东利益的短视行为，转而致力于提升企业的整体价值，与中小股东维持良好的关系，实现全体股东财富的最大化，从而有效缓解了第二类代理问题，使企业的现金持有维持在一个较低的水平。

表 10-5 家族控制与现金持有水平回归结果

Cashratio	(1) Wedge	(2) Excess Board	(3) Excess Control
Wedge	-0.086*** (-5.778)		
Excess Board		-0.063*** (-6.003)	
Excess Control			-0.121*** (-10.519)
Size	0.015*** (4.624)	0.012*** (3.770)	0.013*** (4.195)
Lev	-0.302*** (-19.251)	-0.306*** (-19.348)	-0.295*** (-19.020)
Cashflow	0.131*** (4.853)	0.129*** (4.774)	0.134*** (4.937)
Mb	0.007*** (3.677)	0.007** (3.231)	0.006** (3.144)
Debtstr	0.101*** (6.193)	0.094*** (5.755)	0.090*** (5.570)
Dividend	0.006 (1.083)	0.005 (0.999)	0.003 (0.574)
Constant	-0.159* (-2.032)	-0.098 (-1.263)	-0.125 (-1.644)
Industry & Year	Controlled	Controlled	Controlled
N	3023	3023	3023
Adj. R-square	0.316	0.318	0.333

注：*表示显著性程度，*，**，***分别代表在10%、5%和1%的水平上显著。括号内为相关回归系数的t值。

10.5.4 家族参与、家族控制与现金持有水平

有研究发现，即使创始人在家族企业中担任总经理，金字塔式持股、交叉持股等控制权增强机制也会降低家族企业的价值（Villalonga et al., 2006）。但对欧洲11国的研究显示出完全相反的结果：即使广泛采用控制权增强机制，创始人担任总经理的家族企业的市场价值也会远高于非家族企业（Barontini & Caprio, 2005）。这表明，两类代理问题是相互影响的，

但两者具体如何相互作用,已有的研究无法给出肯定的答案。基于此,本章将进一步研究治理层面的家族参与和控制权层面的家族控制对现金持有水平的共同影响,以探究两类代理问题对中国上市家族企业现金持有决策影响的主导性。

本章此前的回归结果表明,相比家族成员在管理层任职,家族成员担任总经理对家族企业经营管理的作用更直接、更明显,对家族企业的现金持有水平有更显著的负影响,因而,本章选用总经理类型哑变量作为这一部分研究的解释变量。我们按照均值对家族控制的相关变量进行分组,小于均值意味着家族企业面临着较为严重的第二类代理问题,大于均值意味着家族企业的第二类代理问题得到有效缓解,以考察家族企业控制权结构一定的情况下,总经理类型对中国上市家族企业现金持有水平的影响。

表10-6至表10-8列示了家族企业控制权结构一定的情况下,总经理类型和现金持有水平的实证检验结果。表10-6的回归结果显示,当股东大会层面家族控股股东的控制权与现金流权的分离度小于均值时,家族成员担任总经理与家族企业的现金持有水平负相关,且在1%的水平上显著;当其大于均值时,家族成员担任总经理与家族企业的现金持有水平负相关,但不显著。表10-7的回归结果显示,当董事会层面家族董事席位超额控制小于均值时,家族成员担任总经理与家族企业的现金持有水平负相关,且在5%的水平上显著;当其大于均值时,家族成员担任总经理与家族企业的现金持有水平负相关,但不显著。表10-8的回归结果显示,当家族企业的总超额控制小于均值时,家族成员担任总经理与家族企业的现金持有水平负相关,且在5%的水平上显著;当其大于均值时,家族成员担任总经理与家族企业的现金持有水平负相关,但不显著。

以上回归结果均表明,当第二类代理问题得到缓解时,家族成员担任总经理对家族企业现金持有水平的负相关关系才显著;当第二类代理问题比较严重时,家族成员担任总经理与家族企业现金持有水平的负相关关系不显著。这就说明,对中国上市家族企业而言,第二类代理问题比第一类代理问题对家族企业的现金持有水平的影响更明显,即第二类代理问题占优。这与已有文献(La Porta et al.,1999)的研究结论一致,认为对于世界上大多数企业来说,面临的最主要的代理问题是第二类代理问题而非第一类代理问题,这在家族企业尤为明显。

第 10 章 家族参与企业、家族传承与现金持有决策

表 10-6 总经理类型、两权分离度与现金持有水平回归结果

Cashratio	Wedge 小于均值	Wedge 大于均值
CEO	-0.036*** (-4.724)	-0.005 (-0.452)
Size	0.022*** (4.864)	0.004 (0.823)
Lev	-0.357*** (-15.757)	-0.216*** (-10.497)
Cashflow	0.135*** (4.044)	0.164*** (4.114)
Mb	0.007** (2.655)	0.006 (1.832)
Debtstr	0.115*** (5.086)	0.068** (2.937)
Dividend	-0.002 (-0.354)	0.026*** (3.325)
Constant	-0.323** (-2.982)	0.121 (1.129)
Industry & Year	Controlled	Controlled
N	1911	1112
Adj. R-square	0.339	0.269

注：*表示显著性程度，*，**，*** 分别代表在 10%、5% 和 1% 的水平上显著。括号内为相关回归系数的 t 值。

表 10-7 总经理类型、董事会席位超额控制与现金持有水平回归结果

Cashratio	Excess Board 小于均值	Excess Board 大于均值
CEO	-0.032** (-3.073)	-0.011 (-1.413)
Size	0.011* (2.392)	0.013** (3.158)
Lev	-0.337*** (-13.651)	-0.250*** (-12.014)
Cashflow	0.133*** (3.611)	0.118** (2.903)
Mb	0.009** (3.091)	0.004 (1.412)

续表

Cashratio	Excess Board 小于均值	Excess Board 大于均值
Debtstr	0.136*** (5.345)	0.059** (2.821)
Dividend	-0.004 (-0.585)	0.014* (2.071)
Constant	-0.095 (-0.818)	-0.110 (-1.090)
Industry & Year	Controlled	Controlled
N	1466	1557
Adj. R-square	0.382	0.205

注：* 表示显著性程度，*，**，*** 分别代表在10%、5%和1%的水平上显著。括号内为相关回归系数的 t 值。

表10-8 总经理类型、总超额控制与现金持有水平回归结果

Cashratio	Excess Control 小于均值	Excess Control 大于均值
CEO	-0.030** (-2.895)	-0.008 (-1.041)
Size	0.017** (3.207)	0.011** (2.887)
Lev	-0.394*** (-14.591)	-0.191*** (-10.208)
Cashflow	0.120*** (3.610)	0.141*** (3.404)
Mb	0.006* (2.313)	0.004 (1.317)
Debtstr	0.119*** (4.690)	0.071*** (3.456)
Dividend	-0.010 (-1.366)	0.020** (3.116)
Constant	-0.207 (-1.723)	-0.094 (-0.979)
Industry & Year	Controlled	Controlled
N	1506	1517
Adj. R-square	0.372	0.201

注：* 表示显著性程度，*，**，*** 分别代表在10%、5%和1%的水平上显著。括号内为相关回归系数的 t 值。

10.5.5 家族第二代成员参与企业治理与现金持有水平

传承是家族企业面临的一个非常重要的事项，家族企业传承一直是社会各界关注的焦点。虽然本书前述描述性统计结果显示，中国大多数上市家族企业在 2002—2010 年并没有进入代际传承的高峰期，但家族第二代成员的确已经开始参与企业治理。此外，根据 2014 年福布斯中文版发布的《中国现代家族企业调查报告》，在所有 747 家上市家族企业中，完成二代接班的企业有 74 家，占比 9.9%，一二代交接的步伐仍在不断加快。这说明，中国上市家族企业已开始逐渐步入代际传承期，家族第二代成员应得到足够的关注。

已有研究对家族第二代成员参与企业治理的影响持有不同意见。有人认为，家族第二代成员的管理涉入和治理涉入能够对家族企业产生积极影响，这是因为：第一，作为家族成员的二代参与企业治理可以缓解所有者和经营者之间的信息不对称，从而降低第一类代理成本（Chrisman et al., 2004；Le Breton-Miller & Miller, 2006）。第二，家族第二代成员的管理涉入和治理涉入能产生明显的家族效应，家族财富与企业绩效的一致性会激励其采取长期的发展战略，有效利用创始人提供的机会和平台，实现家族企业利益最大化，从而有效避免了损害企业价值的短视行为（Casillas et al., 2010）。第三，由于成长背景以及接受教育的差异，年轻一代的家族成员往往更富有新想法、更敢于尝试，其国际化视野和不同于父辈的管理思路有利于家族企业的创新、转型与不断发展（Litz & Kleysen, 2001）。

但也有人持相反的意见，认为家族第二代成员参与企业治理会对家族企业产生消极作用，理由如下：第一，"资源基础论"（Resource Based View）认为企业拥有的独特资源是企业核心竞争力的源泉，家族企业的独特资源可能与创始人个人相关而与家族企业整体无关，这种对家族企业而言至关重要的资源难以传承给创始人的后代。第二，"任人唯亲"这种缺乏竞争机制的传承方式会使一些缺乏管理经验和技能而不擅长管理企业的后代接管企业，不利于企业绩效的提升（Burkart et al., 2003）。第三，当家族企业中存在多个第二代家族成员时，传承可能会使管理权分散在不同的家族后代手中，易引发家族第二代成员之间的权力争斗，导致家族管理者做出没有效率的决策,这种情况在创始人去世后尤为突出(Bertrand et al.,2008)。第四,有些家族第二代成员仅将继承的家族企业当作个人财富而非家族资产,更关注在家族企业中积累的个人利益的多少,而不是致力于家族企业的存续与发展(Villalonga et al.,2006;Bertrand et al.,2008)。

为验证以上哪种观点适用于中国上市家族企业,本章将家族第二代成员在家族企业治理方面的涉入单独细化出来,进一步考察家族第二代成员担任总经理、担任董事长和在董事会任职对现金持有水平的影响。

表10-9列示了家族第二代成员参与企业治理和现金持有水平的实证检验结果。第一列为家族第二代成员担任总经理与现金持有水平的回归结果,二者之间存在负相关的关系,且在5%的水平上显著。第二列为家族第二代成员担任董事长与现金持有水平的回归结果,二者之间存在负相关的关系,但这一关系并不显著。第三列为家族第二代成员在董事会任职与现金持有水平的回归结果,二者之间存在负相关的关系,且在5%的水平上显著。以上结果总体上印证了家族第二代成员管理涉入和治理涉入的"积极观"。对于第二代家族成员担任董事长与现金持有水平的负相关关系不显著的一个可能的解释是,从某种意义上来说,总经理是企业的直接经营者,而董事长则是企业的间接经营者,董事长的监督对企业的影响不及总经理的决策快速直接,使得董事长在缓解第一类代理问题方面的作用不如总经理的作用明显。该解释是否合理仍需进一步研究。

表10-9　家族第二代成员参与企业治理与现金持有水平回归结果

Cashratio	(1) Sec-CEO	(2) Sec-Chairman	(3) Sec-Board
Sec-CEO	-0.035^{**} (-3.030)		
Sec-Chairman		-0.016 (-1.391)	
Sec-Board			-0.026^{**} (-3.112)
Size	0.013^{***} (4.197)	0.013^{***} (4.132)	0.013^{***} (4.125)

续表

Cashratio	(1) Sec-CEO	(2) Sec-Chairman	(3) Sec-Board
Lev	-0.308*** (-19.449)	-0.308*** (-19.454)	-0.308*** (-19.460)
Cashflow	0.128*** (4.772)	0.128*** (4.758)	0.128*** (4.762)
Mb	0.007*** (3.443)	0.007*** (3.464)	0.007*** (3.353)
Debtstr	0.099*** (6.073)	0.100*** (6.130)	0.100*** (6.148)
Dividend	0.007 (1.354)	0.006 (1.226)	0.007 (1.365)
Constant	-0.125 (-1.609)	-0.122 (-1.565)	-0.121 (-1.551)
Industry & Year	Controlled	Controlled	Controlled
N	3023	3023	3023
Adj. R-square	0.312	0.310	0.312

注：*表示显著性程度，*，**，***分别代表在10%、5%和1%的水平上显著。括号内为相关回归系数的t值。

在中国上市家族企业中，"子承父业"的现象非常普遍。2011年发表的《中国家族企业发展报告》指出，"子承父业"等内部传承，是目前和未来一段时间内中国上市家族企业传承的主流模式。从表10-3的描述性统计可以看出，家族第二代成员中，儿子在董事会任职的平均比例为4.9%，远高于女儿的0.56%和其他家族二代成员的0.3%，说明目前在中国上市家族企业中，儿子对家族企业治理的参与度更大。有研究认为，相比女儿和其他第二代家族成员，儿子对家族企业经营发展的影响更大（Bertrand et al., 2008）。基于此，我们推断，相对于其他家族第二代成员，儿子参与企业治理与现金持有水平的负关系更为显著。

目前，大部分中国上市家族企业仍处于创始人管理阶段，创办时间较长的正由第一代和第二代共同治理，或正在进行由第一代向第二代的传承（陈凌和应丽芬，2003）。由于中国上市家族企业并未进入代际传承的高峰期，家族第二代成员对家族企业的参与仍以担任董事为主。因此，本书对家族第二代成员参与董事会这一哑变量进行了细分，进一步考察家族第二代成员中的儿子、女儿以及女婿和儿媳对家族企业现金持有水平的影响。

表10-10列示了家族第二代成员中的儿子、女儿以及女婿和儿媳参与董事会和现金持有水平的实证检验结果。第一列为儿子参与董事会与现金持有水平的回归结果，二者之间存在负相关的关系，且在5%的水平上显著。第二列和第三列分别为女儿或者女婿和儿媳担任董事会成员与现金持有水平的回归结果，均为负相关关系，但这一关系并不显著。这个结果与我们的推断一致，说明相较于其他家族第二代成员，儿子参与董事会能更有效地监督家族企业的运行，从而显著降低第一类代理成本，使家族企业的现金持有维持在较低水平。之所以女儿参与董事会对现金持有水平影响不显著，可能的解释是，女儿相对保守、规避风险的特征削弱了其作为董事的监督作用，无法显著缓解第一类代理问题。之所以女婿和儿媳对现金持有水平影响不显著，可能的解释是，尽管女婿和儿媳也是家族的一分子，但其与家族的亲缘关系并不如儿子那样近，其自身利益与企业利益并不像儿子那般紧密相连，因而其涉入家族企业治理时所起到的监督作用相对较弱，进而无法显著降低第一类代理成本。但上述解释是否可靠有待进一步研究。

表10-10　家族第二代成员参与董事会类型细分与现金持有水平回归结果

Cashratio	(1) Sec-Board Son	(2) Sec-Board Daughter	(3) Sec-Board Others
Sec-Board Son	-0.026** (-2.839)		
Sec-Board Daughter		-0.028 (-1.003)	
Sec-Board Others			-0.022 (-0.777)
Size	0.013*** (4.133)	0.013*** (4.162)	0.013*** (4.119)
Lev	-0.308*** (-19.458)	-0.308*** (-19.447)	-0.308*** (-19.438)
Cashflow	0.128*** (4.772)	0.127*** (4.743)	0.127*** (4.748)
Mb	0.007*** (3.371)	0.007*** (3.542)	0.007*** (3.533)

续表

Cashratio	(1) Sec-Board Son	(2) Sec-Board Daughter	(3) Sec-Board Others
Debtstr	0.100*** (6.164)	0.099*** (6.093)	0.099*** (6.092)
Dividend	0.007 (1.341)	0.006 (1.207)	0.006 (1.236)
Constant	-0.122 (-1.564)	-0.124 (-1.589)	-0.121 (-1.555)
Industry & Year	Controlled	Controlled	Controlled
N	3023	3023	3023
Adj. R-square	0.311	0.310	0.310

注：*表示显著性程度，*、**、***分别代表在10%、5%和1%的水平上显著。括号内为相关回归系数的t值。

10.5.6 制度环境、家族参与与现金持有水平

制度环境，或地方政府环境，指一系列用来建立生产、交换和分配基础的政治、社会和法律规则，是一个地区正式制度与非正式制度对经济产生影响的因素总和（周建等，2009）。制度环境对经济增长发挥着非常重要的作用（North & Thomas，1973；La Porta et al.，1998）。企业总是处于特定的地方政府环境中，且企业的行为倾向于趋利避害，适应并利用所处的环境来谋求持续发展，因而企业的行为在很大程度上内生于所在地的制度环境（罗党论和唐清泉，2009；陈德球、李思飞和王丛，2011）。李增权和孙铮（2009）认为，在现有的制度环境下，中国企业的行为不仅受到企业内部人和外部投资者之间代理关系的影响，还是企业的利益相关者与具有强制力的政府之间相互博弈的结果。已有研究表明，在现金持有方面，地方政府的"扶持之手"效应显著占优于"掠夺之手"效应，高质量的政府可以帮助企业获得更多的外部融资（陈德球等，2011）。这说明，家族企业所处的制度环境与现金持有水平负相关。此前，本章已有实证结果表明，家族成员参与企业治理与现金持有水平负相关。既然制度环境和家族参与都能够影响家族企业的现金持有，那二者是否相互影响以及如何相互作用就值得进一步研究。

基于此，本章考察了家族企业所处制度环境一定的情况下，家族企业治理层面的家族参与与现金持有水平的关系。本章采用以往研究广泛使用的市场化指数（Market），即樊纲指数，来度量家族企业所处制度环境的情况，并按照均值将其分组，小于均值表明家族企业面临较为薄弱的制度环境，政府质量较低；大于均值表明家族企业处于良好的制度环境中，政府质量较高。

表 10-11 列示了制度环境一定的情况下，中国上市家族企业家族参与和现金持有水平的实证检验结果。第一、第四列的回归结果显示，当市场化指数小于均值时，家族成员担任总经理与企业的现金持有水平显著负相关，且在 10% 的水平上显著；而当市场化指数大于均值时，家族成员担任总经理与企业的现金持有水平显著负相关，且在 1% 的水平上显著。这说明，制度环境对家族成员担任总经理与家族企业现金持有水平之间的负关系存在放大效应。第二、第五列的回归结果显示，当市场化指数小于均值时，家族成员在管理层任职与企业的现金持有水平负相关，但不显著；而当市场化指数大于均值时，家族成员在管理层任职与企业的现金持有水平显著负相关，且在 5% 的水平上显著。这说明，制度环境对家族成员在管理层任职与家族企业现金持有水平之间的负关系存在放大效应。第三、第六列的回归结果显示，无论市场化指数小于均值还是大于均值，家族成员参与管理层比例与家族企业的现金持有水平均负相关，且在 1% 的水平上显著。这就说明，制度环境对家族成员参与管理层比例与家族企业现金持有水平之间的负关系有显著影响。

表 10-11　制度环境、家族参与与现金持有水平回归结果

Cashratio	Market 小于均值			Market 大于均值		
CEO	-0.021* (-2.093)			-0.034*** (-4.175)		
F-Management		-0.003 (-0.451)			-0.020** (-2.860)	
FM-Ratio			-0.118*** (-3.632)			-0.141*** (-5.815)
Size	0.008 (1.847)	0.009 (1.925)	0.009* (2.033)	0.015*** (3.403)	0.014** (3.147)	0.014** (3.245)

续表

Cashratio	Market 小于均值			Market 大于均值		
Lev	-0.265*** (-13.669)	-0.266*** (-13.685)	-0.268*** (-13.805)	-0.360*** (-14.389)	-0.359*** (-14.360)	-0.357*** (-14.378)
Cashflow	0.190*** (4.486)	0.189*** (4.382)	0.191*** (4.610)	0.097** (2.755)	0.089* (2.550)	0.090* (2.566)
Mb	0.003 (0.867)	0.003 (0.899)	0.003 (0.903)	0.009** (3.243)	0.009*** (3.424)	0.009*** (3.341)
Debtstr	0.067*** (3.349)	0.067*** (3.371)	0.065*** (3.299)	0.104*** (4.111)	0.106*** (4.208)	0.101*** (4.004)
Dividend	0.026*** (3.458)	0.025*** (3.363)	0.027*** (3.588)	-0.020** (-2.725)	-0.018* (-2.427)	-0.018* (-2.567)
Constant	0.029 (0.257)	0.020 (0.182)	0.021 (0.191)	-0.156 (-1.466)	-0.130 (-1.229)	-0.125 (-1.183)
Industry & Year	Controlled	Controlled	Controlled	Controlled	Controlled	Controlled
N	1418	1418	1418	1605	1605	1605
Adj. R-square	0.261	0.258	0.266	0.371	0.368	0.376

注：* 表示显著性程度，*，**，*** 分别代表在10%、5%和1%的水平上显著。括号内为相关回归系数的 t 值。

10.6 研究结论

金融危机爆发以来，世界经济复苏艰难，国内经济下行压力加大，如何维持经济的稳定发展成为社会各界普遍关注的问题。民营经济是国民经济中最具活力的增长极，家族企业又是民营经济最重要的组成部分，所以家族企业的永续经营和健康发展必然会对后金融危机时期的经济恢复产生积极影响。鉴于现金在企业日常经营和应对危机方面的重要作用，在当前经济背景下，如何进行有效的现金管理对企业而言尤为关键。本章在借鉴前人已有研究的基础上，结合中国上市家族企业的实际，从两类代理问题的角度出发，实证检验了家族企业治理层面的家族参与和控制权层面的家族控制对家族企业现金持有水平的影响，得出了极具现实意义的结论，有助于中国上市家族企业实现更有效的现金管理和公司治理。

在第一类代理问题方面，治理层面的家族参与能够降低家族企业的现金持有水平，这在家族成员担任总经理时尤为突出；随着家族成员在管理层任职比例的增大,其降低家族企业现金持有水平的作用越显著;家族第二代成员参与家族企业治理与家族企业的现金持有水平显著负相关,其中,儿子的治理涉入对家族企业现金持有水平的负影响更为明显;制度环境能放大家族成员担任总经理或在管理层任职与家族企业现金持有水平之间的负关系,但对家族成员在管理层任职比例与家族企业现金持有水平之间的关系无明显影响。在第二类代理问题方面,家族控股股东对家族企业的超额控制与家族企业的现金持有水平显著负相关,这说明在中国上市家族企业中,"联盟效应"占据了主导地位。此外,在中国上市家族企业的现金持有决策方面,第二类代理问题占优于第一类代理问题。

本章的意义及建议有以下几点:第一,印证了家族成员和家族第二代成员(尤其是儿子)参与企业治理对家族企业的积极作用。中国上市家族企业可以通过任命家族成员担任管理要职或者提高家族成员在管理层任职比例等方式,发挥家族成员参与企业治理的直接决策或监督作用,实现更有效的现金管理,提升企业经营管理的效率和效果。第二,鉴于良好的制度环境通常能够放大家族成员参与企业治理对家族企业现金持有水平的负效应,中国上市家族企业应致力于寻求良好的外部环境,加强与地方政府的合作。第三,家族成员参与管理层比例与家族企业现金持有水平之间的负关系不受制度环境的影响,因而加大家族成员参与管理层的比例就成为处于薄弱制度环境中的中国上市家族企业有效缓解第一类代理问题、提高资金利用效率的好办法。第四,由于"联盟效应"目前在中国上市家族企业中发挥主导作用,所以外部投资人应摆脱对家族超额控制的偏见,与家族企业维持良好有效的合作关系,通过家族企业的繁荣来促进民营经济乃至整个国民经济的发展。第五,鉴于第二类代理问题对现金持有水平的影响占优于第一类代理问题,在制定现金持有决策时,中国的上市家族企业应更重视家族控股股东与中小股东之间的利益冲突。

本研究还存在一定的局限。由于数据的限制,本研究在研究家族成员参与企业治理时,未考虑家族成员担任董事长和参与董事会相关的哑变量和连续变量,在考察家族第二代成员的作用时,未考虑任职比例连续变量,而这些度量方式均属于家族参与的范畴,因而需要进一步收集相关数据进行后续研究。此外,在解释家族成员在管理层任职和家族第二代成员担任董事长对现金持有水平的影响不显著,以及儿子参与董事会比其他家族第二代成员对家族企业现金持有水平的影响更显著时，本章所给出的只是可能的解释，其有效性和可靠性还有待进一步验证。

本章主要参考文献

[1] Anderson, R. C., Reeb, D. M., 2003. Founding-family ownership and firm performance: evidence from the S&P 500. Journal of Finance 58 (3), 1301-1327.

[2] Barontini, R., Caprio, L., 2006. The effect of family control on firm value and performance: Evidence from continental Europe. European Financial Management 12 (5), 689-723.

[3] Berle, A. A, . Means, G. G. C. , 1968. The modern corporation and private property. McMillan, New York, NY.

[4] Bertrand, M., Schoar, A., 2006. The role of family in family firms. Journal of Economic Perspectives 20, 73-96.

[5] Bertrand. M., Johnson, S., Samphantharak, K., Schoar, A., 2008. Mixing family with business: A study of Thai business groups and the families behind them. Journal of Financial Economics 88 (3), 466-498.

[6] Brandt, L., Li, H., 2003. Bank discrimination in transition economies: ideology, information or incentives. Journal of Comparative Economics 31 (3), 387-413.

[7] Burkart. M., Panunzi, F., Shleifer, A., 2003. Family firms. Journal of Finance 58 (5), 2167-2202.

[8] Casillas, J. C., Moreno, A. M., Barbero, J. L., 2010. A configurational approach of the relationship between entrepreneurial orientation and growth of family firms. Family Business Review 23, 27-44.

[9] Chrisman, J. J., Chua, J. H., Litz, R. A., 2004. Comparing the agency costs of family firms and non-family firms: Conceptual issues and exploratory evidence. Entrepreneurship: Theory & Practice 28 (4), 335-354.

[10] Claessens, S., Djankov, S., Lang, L. H. P., 2000. The separation of ownership and control in East Asian Corporations. Journal of Financial Economics 58 (1), 81-112.

[11] Demsetz, H., Lehn, K., 1985. The structure of corporate ownership: Causes and consequences. Journal of Political Economy 93, 1155-1177.

[12] Dittmar, A., Mahrt-Smith, J., Servaes, H., 2003. International corporate governance and corporate cash holdings. Journal of Financial and Quantitative Analysis 38 (1), 111-133.

[13] Dyck, A., Zingales, L., 2004. Private benefits of control: An international comparison. Journal of Finance 59 (2), 537-600.

[14] Fama, E. F., Jensen, M. C., 1980. Separation of ownership and control. Journal of Law and Economics 26, 301-325.

[15] Faccio, M., Lang, L. H. P., Young, L., 2001. Dividends and expropriation. American Economic Review 91, 54-79.

[16] Faccio, M., Lang, L. H. P., 2002. The ultimate ownership of western european corporations. Journal of Financial Economics 65 (3), 365-395.

[17] Jensen, M. C., Meckling, W., 1976 Theory of the firm: Managerial behavior, agency costs, and ownership structure. Journal of Financial Economics 3, 305-360.

[18] La Porta, R., Lopez-de-Silanes, F., Shleifer, A., 1999. Corporate ownership around the world. Journal of Finance 54 (2), 471-517.

[19] LaPorta, R., Lopez-de-Silanes, F., Shleifer, A., Vishny, R. W., 1998. Law and finance. Journal of Political Economy 106, 1113-1115.

[20] Lin, C., Ma, Y., Malatesta, P., Xuan, Y., 2012. Corporate ownership structure and bank loan syndicate structure. Journal of Financial Economics 104 (1), 1-22.

[21] Lins, Karl, 2003. Equity ownership and firm value in emerging markets. Journal of Finance and Quantitative Analysis 38 (1), 159-184.

[22] Le Breton-Miller, I., Miller, D., 2006. Why do some family business out-compete? Governance, long-term orientations, and sustainable capa-

bility. Entrepreneurship: Theory & Practice 30 (6), 731-746.

[23] North, D. C., Thomas, R. P., 1973. The rise of the western world: A New Economic History. Cambridge University Press.

[24] Ozkan, A., Ozkan, D., 2004. Corporate cash holdings: An empirical investigation of UK companies. Journal of Banking & Finance 28 (9), 2103-2134.

[25] Opler, T., Pinkowitz, L., Stulz, R., Williamson, R., 1999. The determinants and implications of corporate cash holdings. Journal of Financial Economics 52 (1), 3-46.

[26] Shleifer, A., Vishny, R. W., 1997. A survey of corporate governance. Journal of Finance 52 (2), 737-783.

[27] Steijvers, T., Niskanen, M., 2013. The determinants of cash holdings in private family firms. Accounting & Finance 53 (2), 537-560.

[28] Villalonga, B., Amit, R., 2006. How do family ownership, control and management affect firm value. Journal of Financial Economics 80 (2), 385-417.

[29] Wang, D., 2006. Founding family ownership and earnings quality. Journal of Accounting Research 44 (3), 619-656.

[30] 陈德球,李思飞,雷光勇.政府治理、控制权结构与投资决策——基于家族上市公司的经验证据.金融研究,2012 (3): 124-138.

[31] 陈德球,李思飞,王丛.政府质量、终极产权与公司现金持有.管理世界,2011 (11): 127-141.

[32] 陈德球,肖泽忠,董志勇.家族控制权结构与银行信贷合约:寻租还是效率? 管理世界,2013 (9): 130-188.

[33] 陈德球,叶陈刚,李楠.控制权配置、代理冲突与审计供求——来自中国家族上市公司的经验数据.审计研究,2011 (5): 67-64.

[34] 陈德球,杨佳欣,董志勇.家族控制、职业化经营与公司治理效率——来自CEO变更的经验证据.南开管理评论,2013 (16): 55-67.

[35] 陈凌,应丽芬.代际传承:家族企业继任管理和创新.管理世界,2003 (6): 89-97.

[36] 邓建平,曾勇.上市公司家族控制与股利决策研究.管理世界,

2005 (7): 139-147.

[37] 谷祺, 邓德强, 路倩. 现金流权与控制权分离下的公司价值——基于我国家族上市公司的实证研究. 会计研究, 2006 (4): 30-36.

[38] 胡国柳, 王化成. 上市公司现金持有影响因素的实证研究. 东南大学学报: 哲学社会科学版, 2007 (9): 57-64.

[39] 贺小刚, 连燕玲. 家族权威与企业价值: 基于家族上市公司的实证研究. 经济研究, 2009 (4): 90-102.

[40] 李增权, 孙铮. 制度、治理与会计——基于中国制度背景的实证会计研究. 上海三联出版社, 2009.

[41] 罗党论, 唐清泉. 中国民营上市公司制度环境与绩效问题研究. 经济研究, 2009 (2): 106-118.

[42] 苏启林, 朱文. 上市公司家族控制与企业价值. 经济研究, 2003 (8): 36-45.

[43] 沈艺峰, 况学文, 聂亚娟. 终极控股股东超额控制与现金持有量价值的实证研究. 南开管理评论, 2008 (11): 15-23.

[44] 万良勇, 饶静. 不确定性、金融危机冲击与现金持有价值——基于中国上市公司的实证研究. 经济与管理研究, 2013 (5): 63-71.

[45] 王文京. 家族企业对中国经济社会发展的贡献作用——《中国家族企业发展报告》综述. 中央社会主义学院学报, 2012 (2): 59-61.

[46] 魏志华, 吴育辉, 李常青. 家族控制、双重委托代理冲突与现金股利——基于中国上市公司的实证研究. 金融研究, 2012 (7): 168-181.

[47] 徐新华, 王怡鸿. 董事会特征与企业现金持有水平的实证研究. 企业经济, 2012 (8): 160-163.

[48] 杨兴全, 孙杰. 企业现金持有量影响因素的实证研究——来自我国上市公司的经验数据. 南开管理评论, 2007 (10): 47-54.

[49] 张金隆, 吴从锋. 家族企业现金持有量影响因素分析. 武汉金融, 2012 (1): 59-61.

[50] 周建, 方刚, 刘小元. 制度环境, 公司治理对企业竞争优势的影响研究——基于中国上市公司的经验证据. 南开管理评论, 2009 (12): 18-27.

第11章 家族企业传承与现金股利政策[①]

11.1 引言

家族企业在我国的经济领域中占据着非常重要的地位。黄孟复等（2007）调查认为，目前民营经济占我国国内生产总值的65%左右，占经济总量的70%~80%，是我国经济发展的重要来源，而且在民营经济中，家族企业占据了十分重要的位置。据《2014年中国现代家族企业调查报告》显示，到2014年7月末，我国家族企业在A股上市的达到747家，占民营上市公司总数的50%左右。

我国目前经济发展尚不成熟，而且没有形成完善的职业经理人市场。除此之外，家族企业内部的治理结构还存在缺陷，外部监督机制也难以真正发挥作用。在这种外部市场尚不成熟、内部治理仍存缺陷的情况下，我国家族企业首选的传承模式仍是内部传承，最为常见的即二代接班。而且家族企业将领导权传递给后代也是家族对公司进行管理控制并保护其社会情感财富的主要途径，是家族的重要特征之一（Luis et al., 2011）。

国际家族企业协会2016年12月统计数据表明，未来五到十年，将迎来第一次代际传承的中国家族企业占比达到75%以上，这代表着我国家族企业已经进入二代继承的重要节点。虽然家族企业二代继承是给企业带来新鲜元素的重要时期，但同时也是影响家族企业未来成长和发展的关键节点，家族企业能否长久发展在很大程度上取决于家族企业代际传承能否顺利进行。

目前，关于家族企业代际传承的研究主要集中在影响家族企业成功传

---

① 本章内容中，孙苗苗在作者指导下进行了理论研究和数据分析的主要工作。

承的要素上，如窦军生和贾生华（2008）、余向前和张正堂等（2013）强调的隐性知识在传承中的重要作用，但是对家族企业发生代际传承之后二代对企业决策影响的研究却微乎其微。在我国，家族企业股利分配一直是学者比较关注的问题。学者魏建华等（2012）从代理理论出发，研究了家族控制以及双重代理冲突问题对家族企业股利分配的影响。同时，邓建平和曾勇（2005）、雷光勇和刘慧龙（2007）、陈其安和方彩霞（2013）等分别研究了两权分离系数、制度环境以及高管人员过度自信等对家族企业股利分配的影响，但是对家族企业代际传承对现金股利支付影响的研究却远远不足。所以本书旨在通过研究家族代际传承对家族企业股利分配的影响来确定两者之间的联系，进一步明确代际传承对企业股利决策的影响方向。

本章以2007—2014年1005家中国A股上市公司为样本，考察了家族企业代际传承对现金股利支付政策的影响。本章认为当家族企业发生代际传承时，由于企业家社会关系网络在传承过程中的缺失、二代个人管理能力的缺乏以及二代个人权威和信誉较家族企业一代的下降会导致投资者担心二代继承会损害到自身的利益，从而影响企业获取资源的能力。为了降低投资者的疑虑，增加企业获取资源的能力进而顺利地完成代际传承，二代继承时会选择多发股利来传递企业的盈利能力。而且本章认为当家族企业一代不担任董事长时，这种增发股利的意向更加明显。因为一代不担任董事长时，创业者的社会关系网络不再为公司所受用，公司的凝聚力、团队信念减弱，而且关系冲突更加严重，投资者对二代继承的担忧会更加严重，公司通过发放股利来传递企业盈利能力的意图也会更加强烈。

本章实证结果也表明：①家族企业发生代际传承时，对现金股利支付意愿以及支付水平有显著的正向影响；②当家族企业一代不担任董事长时，二代继承对现金股利支付意愿和支付水平的影响更加显著。

本章接下来的结构安排如下：第二部分为文献回顾及相关理论分析和假设提出；第三部分为研究设计；第四部分为实证结果与分析；第五部分为研究结论和启示。

11.2 文献回顾与假设推导

11.2.1 已有文献回顾

作为一种非常重要的经济组织形式，家族企业在社会经济中的作用逐渐加强，家族企业现金股利支付问题也一直是学者们关注的热点。目前，我国家族企业正面临着三重机遇和挑战：传承、创新和转型。Birley (1986) 等学者根据美国家族企业数据进行研究发现，在家族企业中约有 1/3 的企业能够传承到第二代，但是能够成功传承到第三代的比例不足 15%。由于我国家族企业起步较晚，大多数企业还没有实现从一代到二代的传递（陈凌等，2017），所以家族企业代际传承对我国的经济有着重要的影响。

一方面，很多学者通过实证分析证明股利的支付有利于减轻由自由现金流引发的第一类代理问题。公司不断地支付现金股利会减少经理人控制的资源，从而减弱经理人的权利，使得当企业自身需要资金时，只能从外部进行筹集，从而会受到资本市场严格的控制和审查，进而减少代理成本（Easterbrook，1984）。杨熠和沈艺峰（2004）发现现金股利的支付有助于降低自由现金流较多公司的代理问题，并起到监督治理作用。但学者魏志华等（2012）认为家族上市公司中，因为内部监督制度的不完善，家族股东有机会挥霍公司资源来以公谋私，这会导致公司第一类代理成本增加，使得股利发放减少，并且通过实证分析证明了家族控制加剧了第一类代理冲突进而降低了上市公司的现金股利支付意愿以及支付水平。

La Porta et al.（1999）提出在大多数国家的公司中，相比股东和管理者之间的冲突，公司更主要的代理问题是控股股东和中小股东之间的利益冲突。这种代理问题主要是因为大股东有着较高的控制权比例，而且当控制权与现流量权的分离程度越大，越会加剧大股东侵害的激励（Claessens et al.，2002）。Chen et al.（2009）经过实证分析发现，我国上市公司现金股利的发放不是单纯地为了分配自由现金流，而可能是控股股东用来掏空公司的工具。Lee & Xiao（2005）发现，中国上市公司的控股股东通过放弃配股权以及在配股后增加现金股利支付的方式来实现非流通股的变现,侵害了中小股东的利益。

Xu et al. (2015) 发现二代参与企业管理可以降低企业的代理成本。作为一种内部机制,家族控制可以对经理人进行更有效的监督和管理,即存在"利益协同效应",二代参与管理能够有助于降低第一类代理成本,并推动公司将自有现金流返还给外部股东(魏志华等,2012)。但同时,代际传承会增加参与企业的家庭成员数量,增加家庭成员内部矛盾(Davis & Harveston, 1999; Harvey & Evans, 2010),加深家族内部的代理问题。

目前,很多学者研究了企业家社会资本在企业代际传承中的重要作用(Steier, 2001;储小平,2003)。余向前和张正堂(2013)认为目前大部分研究都集中在了企业所有权和管理权的传承上,缺乏对其他要素的研究。对第一代家族企业来说,那些赋予企业竞争优势的要素通常由创始人所有,并以创始人隐性知识的形式存在(Lee & Lim, 2003)。这些企业家的隐性知识在代际传承过程中向继承人的过渡会对家族企业的成长和发展产生十分重大的影响。但是 Smith & Amoako-Adu (1999) 发现家族企业二代继承对企业的股价有着显著的负面影响。而且二代年轻、缺乏管理经验,且声誉不如一代,使得债权人担心二代因缺乏领导企业的能力而损害自身的利益,进而不愿意提供债券融资。所以二代继承企业如何吸引融资也是我们应该关注的问题。我国上市公司的现金股利政策具有一定的信息含量,能够在一定程度上反映出公司内在的盈余质量(王静等,2014)。La Porta et al. (2000) 认为公司上市是为了实现融资,公司即使面临着外部融资的约束,仍然会将企业内部的自由现金流作为红利进行发放,以便通过声誉的培养来达到缓解融资约束的目的。所以本章旨在从股利信号理论出发,研究家族企业代际传承对企业现金股利决策的影响,进而丰富我国现有的家族企业研究文献。

现金股利是家族企业的一项重要决策。有很多研究表明现金股利发放有利于降低股东和经理人之间的代理问题。除此之外,股利信号理论认为,由于市场的不完善,股利政策可以成为公司对外界传递其未来盈利能力的一种信号。Lintner(1956)最早通过实证分析证明了这一观点,即公司的股利与未来的持续性盈利有关。同时李卓和宋玉(2007)也发现发放现金股利的公司通常有着较高的盈余质量。所以家族企业在代际传承中选择如何发放股利是本章研究的重点。

从现金股利的角度我们发现,现有研究大多以家族整体为研究对象,从两类代理问题、两权分离等角度阐述家族企业的现金股利问题,对代际传承过程中的现金股利问题缺乏研究。从家族企业代际传承角度看,现有研究主要集中在管理权和控制权等的传承,对现金股利的研究也较少。所以本章旨在通过研究家族企业代际传承过程中的现金股利支付的情况,来确定家族企业代际传承对现金股利支付意愿以及支付水平的影响,进而丰富现有文献。

11.2.2 理论分析与假设推导

Drozdow（1998）、Kaye（2010）认为家族企业代际传承不是一个简单的一维现象,而是一个多维的现象,家族企业的成功传承意味着一系列核心要素的保留和转移。对于第一代家族企业,那些赋予企业竞争优势的要素通常由创始人所有,并以创始人隐性知识的形式存在（Lee & Lim, 2003）。这些企业家的隐性知识在传承过程中向继承人的过渡会对家族企业的成长和发展产生十分重要的影响

Steier（2001）认为企业家社会关系网络是家族企业组织社会资本中最为重要的组成部分。企业家的社会网络主要有两种不同的类型,即"政治网络"和"商业网络"（Peng & Luo, 2000；Li & Zhang, 2007；Acquaah, 2007）。企业家的"政治网络"主要是指企业家与政府及相关职能部门组成的关系网络。而企业家的"商业网络"则是指企业家和客户、供应商以及竞争对手或其他企业高管人员的关系网络。除此之外,信誉在企业家社会关系网络中也起着非常重要的作用,企业家信誉是企业家关系网络的基础。企业家的社会网络对于企业的发展和绩效有着积极的正向影响。

企业家的社会关系网络可以帮助企业获取信息（储小平,2003）,企业家与政府、原材料供应商以及客户或经销商等的关系可以帮助企业获得更多高质量的信息,减少制定决策时所面临的信息缺口（郭立新和陈传明,2011）,因此对企业的决策和绩效有着正向的影响。同时,企业家的社会资本可以帮助家族企业在一定程度上节省信息收集费用和寻价费用,并且因为长期合作,网络成员之间建立起一定的信任,进而节省讨价还价

和执行等费用（Peng，2004）。除此之外，企业家的社会关系资本可以在很大程度上帮助企业获取成长和发展所需的关键资源，包括市场、技术、资金、知识等。如企业家的政治关系可以帮助企业从银行或国家的其他机构获得贷款（Li et al.，2008），而且贷款的利息率较一般公司低（Uzzi，1999）。同时，Khwaja & Mian（2009）通过对9000多家巴基斯坦公司进行实证研究发现，有政治关联的公司在贷款方面能够获得大量的优惠待遇。

Smith & Amoako-Adu（1999）发现家族企业二代继承对企业的股价有着显著的负面影响，说明投资者对家族成员继承企业持否定的态度。一方面，对家族企业来说，那些赋予企业竞争优势的要素通常由创始人所有（窦军生和贾生华，2008）。企业家隐性知识的独占性、难规范性和不容易转移等特性使得在任企业家没有办法将这些隐性知识和能力直接传递给接班人（Barney，1991），必须经过长期的认知和领会来实现隐性知识的代际传承（Fang et al.，2012），这使得家族企业的隐性知识在代际传承过程中会有所损失。以企业家社会网络为例，家族企业的关系融资是以创始人和银行的长期关系为基础的，在发生代际传承时，家族企业的领导中心逐渐发生变化，由创始人建立的关系型格局随之打破，银行过去用来做出决定的软信息不再有效。由于存在着较高的接班风险，在家族企业以继任者为主导的利益相关者的关系没有理清之前，银行在做出信贷决策时会增加对家族企业硬信息的需求，家族企业能够获得的贷款规模会因此降低，家族企业与银行的密切度也会有所下降。Molly et al.（2000）也通过实证分析证实了家族企业由一代传到二代时，企业的资产负债率和增长率都显著下降，说明二代进行债务融资的能力有所下降。除此之外，二代年轻、缺乏管理经验，声誉不如一代，使得债权人担心二代因缺乏领导企业的能力而损害自身的利益（Smith & Amoako-Adu，1999）。而且公司控制人声誉不佳在一定程度上也预示着控制人能力不足，企业的财务报告质量较低，或未来经营风险较高等（Orlitzky & Benjiamin，2001），债权人会怀疑其未来的掠夺动机很可能上升（Gopalan et al.，2005），使得外部投资者不愿意向公司提供融资，企业获取资金的能力下降。另一方面，虽然家族企业二代是公司财产和权利的继承人，符合法律依据，但是这不代表着二代继承人具有被他人认可的能力和权威（李新春等，2015）。在华人家族企业中，创业者作为家族企业的主人,通常拥有很高的个人权威,而二代作为继承者,通常没有一家之主的身份,因此个人权威相对较低;而且与家族元老相比,二代继承人既年轻、经验不足,还缺少与企业共同成长的经历,很难获得组织中的其他管理层和员工的认同(李新春等,2015)。所以无论从外部投资人的角度,还是从内部公司员工以及管理层角度,二代继承企业时对企业的绩效都有着负面的影响。

由此可见,家族企业代际传承会导致企业可利用的社会资本在代际过程中迅速减少,为获取社会资本并且顺利地完成传承,企业可以通过增发股利的形式吸引投资,其中增发股利既包括增加股利发放次数也包括增加股利支付水平。我国上市公司的现金股利分红政策蕴含着一定的信息内容,能够在一定程度上反映出公司内在的盈余质量(王静等,2014)。公司在制定股利决策时已将持久盈利的信息考虑在内,所以股利可以看作是公司持久盈利的一个信号(魏刚,2000)。而且 Aggarwal(2012)发现,当公司的信息不对称程度越高时,越偏向利用股利向外界发送信号,其股利的增加和下一年盈利的增加存在着正相关关系。所以当家族企业发生代际传承时,股利的发放可以在一定程度上反映公司的经营状况,降低投资者为企业未来发展的担忧,进而改善企业获取资源的能力。同时 La Porta et al.(2000)发现,我国上市公司可以通过增发现金股利进行声誉的培养,这在一定程度上可以帮助企业在证券市场上进行再融资。为了实现融资,公司即使面临着外部融资的约束,仍然会将企业内部的自由现金流作为红利进行发放,通过培养声誉来达到缓解融资约束的目的。所以本章提出如下假设:

假设1:家族企业代际传承对现金股利发放意愿以及发放水平有着显著的正向影响。

而且本章认为,当家族企业一代担任董事长时,代际传承对股利支付的影响要比一代不担任董事长时的影响小。因为与一代不担任董事长的家族企业相比,一代担任董事长的公司有着更强的团队信念、更强的凝聚力、更强的共同战略认知以及更少的关系冲突,因此有着更好的业绩表现(Ensley & Pearson,2005)。而且当代际传承处于参与管理和共同管理阶段时,企业的决策多数仍由一代决定,一代的信誉和所建立的社会关系网络仍然为公司所受用,外部投资者、供应商以及客户等做出决定所依赖的信息仍然适用,公司获取资源的能力不会减弱,外部投资者对企业未来的担忧小,所以企业通过增加股利来传递企业正面信息的意图没有那么强烈。但是当家族其他成员或非家族成员担任董事长时,公司的团队信念、凝聚力和战略认知减弱,而且家族内部关系冲突会更加强烈,导致外部投资者更加担心企业发生代际传承时自己的利益会受到损害,所以企业通过发放现金股利来传递企业盈利能力的意图会更加明显,所以本章提出如下假设:

假设2:当家族企业一代不担任董事长时,二代继承对现金股利支付决策的正向影响更加明显。

11.3 研究设计

11.3.1 数据来源与样本选择

本章以2007年至2014年中国A股上市公司作为研究样本。为了保证数据的可靠性和有效性,本章做了以下方式的筛选:①剔除当年亏损却仍然发放股利的公司;②剔除上市不满一年的公司,因为这些公司可能存在IPO效应;③剔除金融行业上市公司,因为这些公司存在行业特殊性;④为了控制极端值对回归结果的影响,我们对自变量中的连续变量1%以下和99%以上的分位数进行了缩尾处理。最后,本章获得了1005家上市公司的样本。本章的研究数据主要来源于CSMAR数据库。

11.3.2 变量定义

本章主要是对现金股利支付意愿以及支付水平分别进行研究,因此取两类因变量。其中现金股利支付意愿采用虚拟变量Divwilling来度量,当上市公司发放现金股利时,Divwilling取1,没有发放现金股利则取0。现金股利支付水平用现金股利支付率(Dividend)来衡量,为每股现金股利与每股净利润之比(魏志华和李常青,2012)。

家族企业的继任模式有很多,如引进外部职业经理人或者是家族内部继承。本书采纳Lansberg(1999)的说法,认为父母一般会将自己沥尽心血所建立的事业传递给他们的后代,并且代代相传,这是人类的天性。而且大多数专家也认为家族企业只有在代与代之间传递才是一个典型的家族企业(陈凌和应丽芬,2003),所以本章将家族企业的代际传承锁定到"子承父业"的模式下,也就是直系二代继承。

晁上(2002)发现家族企业的代际传承是一个长时间的过程,而不是一个事件。代际传递需要持续一段时间,短则三至五年,长则十到二十年。Lansberg(1999)将家族企业代际传承的过程分为4个阶段,即年轻企业家庭、中年管理进入、共同共事、放手与接收阶段,由于我国家族企业完全由二代接管的数量较少,加上年轻企业家庭二代对企业决策的影响很小,所以本章主要研究家族企业直系二代中年管理进入以及共同共事阶段,我们将这两个阶段分别用"参与管理"和"共同管理"表示。而且为了初步探究二代是不是直系是否会对家族企业现金股利决策产生不同的影响,本章也将非直系二代进行对照,最终自变量如表11-1所示:

表11-1 自变量定义表

家族企业代际传承		二代经营管理权涉入程度
共同管理	ZC_management	家族企业直系二代(儿子和女儿)担任总经理
	FC_management	家族企业其他二代成员担任总经理
参与管理	Z_Involvement	家族企业直系二代(儿子和女儿)担任董事
	F_Involvement	家族企业其他二代成员担任董事
	T_Involvement	家族企业二代成员(直系和非直系)担任董事

通过借鉴现有文献,本章将控制变量确定为以下六个:公司规模、负债水平、盈利能力、现金持有水平、公司成长性、公司年龄,并控制了年份和行业效应。变量定义如表11-2所示:

表11-2 变量定义一览表

变量类型	变量名称	变量符号	变量描述
因变量	现金股利支付意愿	Divwilling	当上市公司发放现金股利时取1,否则取0
	现金股利支付水平	Dividend	每股现金股利/每股净利润

续表

变量类型	变量名称	变量符号	变量描述
自变量	共同管理	ZC_management	虚拟变量,家族直系二代担任总经理为1,否则为0
	共同管理	FC_management	虚拟变量,家族其他二代成员担任总经理为1,否则为0
	参与管理	Z_Involvement	虚拟变量,家族直系二代担任董事为1,否则为0
	参与管理	F_Involvement	虚拟变量,家族其他二代成员担任董事为1,否则为0
	参与管理	T_Involvement	虚拟变量,家族二代成员(直系和非直系)担任董事为1,否则为0
调节变量	董事长	Dongshizhang	虚拟变量,当一代担任董事长时为1,否则为0
控制变量	公司规模	Size	总资产的自然对数
	负债水平	Lev	总负债与总资产之比
	盈利能力	ROE	净资产收益率(净利润/净资产)
	现金持有水平	Cashlevel	每股经营活动现金净流量=经营活动现金净流量/总股数
	公司成长性	Growth	营业收入增长率=(本期营业收入−上期营业收入)/上期营业收入
	公司年龄	Lnage	公司成立至本年度所经历的年数的自然对数
	时间效应	Year	8个研究年度取7个年份虚拟变量
	行业效应	Ind	行业哑变量,以证监会2012年行业分类标准进行划分

11.3.3 实证检验模型

$$\text{Logit}(\text{Divwilling}) = \alpha + \beta_i \text{ExplanatoryVariables} + \sum \gamma_j \text{ControlVariables} + \varepsilon \quad (1)$$

$$\text{Tobit}(\text{Dividend}) = \alpha + \beta_i \text{ExplanatoryVariables} + \sum \gamma_j \text{ControlVariables} + \varepsilon \quad (2)$$

其中,Divwilling 及 Dividend 为被解释变量,分别表示现金股利支付意愿和现金股利支付水平;Explanatory Variables 是解释变量,主要包含五种情况:直系二代共同管理(ZC_management)、非直系二代共同管理(FC_management)、直系二代参与管理(Z_Involvement)、非直系二代参与管理

(F_Involvement)和二代参与管理(T_Involvement)。Control Variables 为表 11-2 中列示的各类控制变量;ε 为残差项。模型(1)和模型(2)考察了家族企业代际传承对现金股利支付意愿以及支付水平的影响。

11.4 实证结果与分析

11.4.1 描述性统计

各变量的统计性描述如表 11-3 所示。在 5138 个样本中,有 15.1%的家族企业二代(T_involvement)处于初步参与管理状态,其中直系二代(Z_involvement)占比达到 94%左右。同时有 6.2%直系二代处于共同管理阶段,相比之下非直系二代只有 0.5%,这说明我国家族企业目前一般处于代际传承的初始期,且一般会将企业传递给家族直系二代。从现金股利的发放情况看,有现金股利发放意愿的公司占比较多,达到了 63.0%左右,但是整体上看,现金股利支付水平差异较大。

表 11-3 描述性统计

Variable	N	mean	p50	min	max	sd
Divwilling	5138	0.630206	1	0	1	0.482796
Dividend	5138	0.341692	0.178571	0	3.333333	0.537487
Dongshizhang	5138	0.716232	1	0	1	0.45087
ZC_management	5138	0.062476	0	0	1	0.242041
FC_management	5138	0.004866	0	0	1	0.069592
Z_involvement	5138	0.142468	0	0	1	0.349563
F_involvement	5138	0.00506	0	0	1	0.070963
T_involvement	5138	0.151421	0	0	1	0.358493
Size	5138	21.29125	21.22917	18.3289	24.17825	1.043035
Lev	5138	0.44989	0.40919	0.035288	2.99177	0.369491
ROE	5138	0.079453	0.072615	-0.61623	0.887607	0.149185
Cashlevel	5138	0.227979	0.203205	-2.0351	2.058426	0.611613
Lnage	5138	2.950292	2.995732	2.302585	3.496508	0.296735
Growth	5138	0.289795	0.144998	-0.81475	7.591689	0.920752

11.4.2 相关性分析

表11-4是本书主要变量的相关系数矩阵表,说明各个变量之间存在的相关性。从表11-4中可以看到,家族企业现金股利支付意愿(Divwilling)与家族企业直系二代担任总经理(ZC_management)和董事(Z_involvement)呈显著正相关关系,且均在1%的水平上显著。同样,现金股利支付水平(Dividend)也与家族企业直系二代担任总经理(ZC_management)和董事(Z_involvement)呈显著正相关关系,显著性水平分别为5%和1%。而且可以看到,非直系二代担任总经理和董事与家族企业现金股利支付意愿以及支付水平几乎没有显著的相关性,由此我们可以推测非直系二代继承对家族企业现金股利政策没有显著性影响。

11.4.3 多元回归分析

表11-5和表11-6是家族企业代际传承的两个阶段对家族企业现金股利支付意愿以及支付水平影响的实证结果。我们发现,当家族企业直系二代担任总经理(ZC_management)或者董事(Z_involvement)时,对企业的现金股利支付意愿有显著的正向影响（β分别为0.255和0.297）。而且当家族企业直系二代担任董事(Z_involvement)时,对现金股利的支付水平也有显著的正向影响（β为0.082）,并且在1%的水平下显著。虽然直系二代担任总经理对现金股利支付水平的影响并不显著（β为0.045）,但是两者之间仍为正相关关系。所以从整体上看,家族企业直系二代继任时,对现金股利支付意愿以及支付水平有着显著的正向影响,证明了本章中的假设1。

除此之外,本章发现家族企业直系二代和非直系二代继任对现金股利支付意愿以及支付水平的影响是有所差异的。非直系二代担任董事(F_involvement)或者总经理时(FC_management),对家族企业现金股利支付意愿的影响是负向的（β分别为-0.316和-0.066）,而且非直系二代担任董事与股利支付水平也是负相关关系（β分别为-0.085）,虽然这种关系并不显著,但是在一定程度上说明了家族企业直系二代和非直系二代继承对于现金股利政策的影响存在差异。

表 11-4 自变量和因变量之间的相关系数

	Divwilling	Dividend	ZC_management	FC_management	Z_involvement	F_involvement	T_involvement	Dongshizhang	Size	Lev	ROE	Cashlevel	Lnage	Growth
Divwilling	1													
Dividend	0.487***	1												
ZCmanagement	0.068***	0.031**	1											
FCmanagement	0.019	0.018	−0.018	1										
Z_involvement	0.083***	0.049***	0.546***	0.068***	1									
F_involvement	−0.025*	−0.007	0.095***	−0.005	−0.029**	1								
T_involvement	0.082***	0.050***	0.584***	0.072***	0.965***	0.169***	1							
Dongshizhang	0.231***	0.139***	−0.052***	0.038***	−0.074***	−0.040***	−0.079***	1						
Size	0.278***	0.036**	0.108***	0.063***	0.121***	−0.040***	0.113***	0.094***	1					
Lev	−0.318***	−0.204***	−0.030**	−0.012	−0.019	0.006	−0.021	−0.204***	−0.075***	1				
ROE	0.150***	−0.037**	−0.006	−0.005	0.023	−0.026*	0.015	0.026*	0.116***	0.004	1			
Cashlevel	0.157***	0.021	0.052***	0.025*	0.038***	−0.007	0.032**	0.01	0.082***	−0.109***	0.113***	1		
Lnage	−0.326***	−0.213***	−0.006	−0.006	0.004	−0.006	−0.006	−0.300***	−0.071***	0.273***	0.018	−0.046***	1	
Growth	−0.101***	−0.106***	−0.026*	−0.014	−0.027**	0.001	−0.028**	0.02	0.048***	0.033**	0.172***	−0.018	0.046***	1

注：*表示显著性程度，*，**，***分别代表在 10%、5%和 1%水平上显著。

表11-5 家族企业代际传承对现金股利支付意愿的影响

VARIABLES	The Stage of Co_management		The Stage of Involvement		
	Divwilling	Divwilling	Divwilling	Divwilling	Divwilling
ZC_management	0.255* (0.1536)				
FC_management		-0.066 (0.5219)			
Z_involvement			0.297*** (0.1068)		
F_involvement				-0.316 (0.5195)	
T_involvement					0.287*** (0.1042)
Size	0.942*** (0.0472)	0.948*** (0.0471)	0.942*** (0.0471)	0.946*** (0.0471)	0.943*** (0.0471)
Lev	-4.505*** (0.2130)	-4.502*** (0.2129)	-4.520*** (0.2135)	-4.499*** (0.2128)	-4.521*** (0.2135)
ROE	4.028*** (0.3186)	4.013*** (0.3181)	4.018*** (0.3188)	4.013*** (0.3183)	4.018*** (0.3186)
Cashlevel	0.292*** (0.0605)	0.297*** (0.0604)	0.290*** (0.0604)	0.297*** (0.0605)	0.291*** (0.0604)
Lnage	-1.919*** (0.1387)	-1.911*** (0.1387)	-1.928*** (0.1389)	-1.914*** (0.1386)	-1.923*** (0.1388)
Growth	-0.421*** (0.0512)	-0.423*** (0.0512)	-0.418*** (0.0511)	-0.423*** (0.0512)	-0.418*** (0.0511)
Industry	Yes	Yes	Yes	Yes	Yes
Year	Yes	Yes	Yes	Yes	Yes
Constant	-12.132*** (1.0258)	-12.270*** (1.0251)	-12.090*** (1.0255)	-12.228*** (1.0246)	-12.126*** (1.0248)
Observations	5,138	5,138	5,138	5,138	5,138
Pseudo R-squared	0.280	0.280	0.281	0.280	0.281

注：*表示显著性程度，*，**，***分别代表在10%、5%和1%水平上显著，括号内为标准误差。

表 11-6 家族企业代际传承对现金股利支付水平的影响

VARIABLES	The Stage of Co_management		The Stage of Involvement		
	Dividend	Dividend	Dividend	Dividend	Dividend
ZC_management	0.045 (0.0427)				
FC_management		0.054 (0.1454)			
Z_involvement			0.082*** (0.0303)		
F_involvement				-0.085 (0.1635)	
T_involvement					0.078*** (0.0296)
Size	0.180*** (0.0138)	0.181*** (0.0138)	0.179*** (0.0138)	0.181*** (0.0138)	0.179*** (0.0138)
Lev	-1.161*** (0.0622)	-1.160*** (0.0623)	-1.161*** (0.0622)	-1.161*** (0.0622)	-1.162*** (0.0622)
ROE	0.316*** (0.1022)	0.315*** (0.1022)	0.310*** (0.1022)	0.313*** (0.1022)	0.311*** (0.1022)
Cashlevel	0.000 (0.0183)	0.001 (0.0183)	-0.001 (0.0183)	0.001 (0.0183)	-0.001 (0.0183)
Lnage	-0.457*** (0.0387)	-0.456*** (0.0387)	-0.462*** (0.0387)	-0.456*** (0.0386)	-0.460*** (0.0386)
Growth	-0.183*** (0.0211)	-0.183*** (0.0211)	-0.181*** (0.0211)	-0.183*** (0.0211)	-0.181*** (0.0211)
Industry	Yes	Yes	Yes	Yes	Yes
Year	Yes	Yes	Yes	Yes	Yes
Constant	-1.969*** (0.3042)	-1.989*** (0.3039)	-1.936*** (0.3037)	-1.989*** (0.3035)	-1.947*** (0.3035)
Observations	5,138	5,138	5,138	5,138	5,138
Pseudo R-squared	0.117	0.117	0.118	0.117	0.118

注：*表示显著性程度，*，**，***分别代表在10%、5%和1%水平上显著，括号内为标准误差。

为了进一步分析家族企业代际传承对现金股利支付决策的影响是否与一代担任董事长有关，本章以一代是否担任董事长为基准进行分组回归，回归结果如表 11-7 和表 11-8 所示。由于非直系二代担任总经理（FC_management）的数据都集中在董事长为一代的情况下，进行分组回归的可比性不强，所以在分组回归时，共同管理阶段我们主要研究的是直系二代担任总经理（ZC_management）的情况。表 11-7 和表 11-8 中的 Model1_1 到 Model1_4 研究的是分别在董事长为一代时，家族企业代际传承对现金股利支付意愿和支付水平的影响，Model2_1 到 Model2_4 研究的是一代不担任董事长时的回归结果。

从整体的回归结果我们可以看到，家族企业一代不担任董事长时，家族企业代际传承的参与管理和共同管理阶段对现金股利支付意愿以及支付水平的影响更加显著。在一代不担任董事长的情况下，家族企业直系二代担任总经理（ZC_management）与现金股利支付意愿（Divwilling）呈显著的正相关关系，并且在5%的水平下显著；相反当一代担任董事长时，两者之间的关系并不显著。除此之外，虽然家族企业二代担任董事（Z_involvement 和 T_involvement）在两种情况下均与现金股利支付意愿以及支付水平呈显著的正相关关系，但是我们可以看到，在一代不担任董事长的情况下显著性水平更高。为了进一步分析这种差异是否显著，我们对二代担任董事（Z_involvement 和 T_involvement）的两种情况分别进行了邹至庄检验，检验结果如 chi2 和 F 值所示，证明二代担任董事在一代担任/不担任董事长的两种情况下对现金股利支付意愿以及支付水平影响的差异是显著的。由此说明，当家族企业一代不担任董事长时，家族企业代际传承对现金股利支付意愿以及支付水平的影响更加显著，证明了文中的假设 2。

表 11-7 董事长是否为一代对代际传承和现金股利支付意愿的影响

VARIABLES	Dongshizhang = 1				Dongshizhang = 0			
	model1_1	model1_2	model1_3	model1_4	model2_1	model2_2	model2_3	model2_4
ZC_management	0.256 (0.1970)				0.587** (0.2478)			
Z_involvement		0.234* (0.1360)				0.672*** (0.1780)		
F_involvement			-0.825 (0.7186)				0.620 (0.7343)	
T_involvement				0.243* (0.1329)				0.643*** (0.1742)
Size	0.841*** (0.0596)	0.840*** (0.0596)	0.846*** (0.0595)	0.841*** (0.0596)	1.132*** (0.0856)	1.141*** (0.0860)	1.136*** (0.0855)	1.143*** (0.0860)
Lev	-4.504*** (0.2684)	-4.516*** (0.2688)	-4.498*** (0.2683)	-4.520*** (0.2688)	-4.036*** (0.3743)	-4.039*** (0.3773)	-4.034*** (0.3727)	-4.029*** (0.3768)
ROE	5.041*** (0.4627)	5.025*** (0.4624)	5.006*** (0.4617)	5.030*** (0.4626)	2.989*** (0.4726)	2.973*** (0.4785)	2.955*** (0.4710)	2.965*** (0.4771)
Cashlevel	0.190*** (0.0719)	0.191*** (0.0719)	0.195*** (0.0719)	0.192*** (0.0719)	0.568*** (0.1194)	0.557*** (0.1199)	0.577*** (0.1193)	0.557*** (0.1198)
Lnage	-1.872*** (0.1643)	-1.871*** (0.1642)	-1.864*** (0.1640)	-1.868*** (0.1641)	-0.890*** (0.2960)	-0.891*** (0.2956)	-0.968*** (0.2927)	-0.877*** (0.2959)
Growth	-0.485*** (0.0635)	-0.481*** (0.0635)	-0.487*** (0.0635)	-0.481*** (0.0635)	-0.384*** (0.0963)	-0.394*** (0.0960)	-0.387*** (0.0962)	-0.393*** (0.0960)

续表

VARIABLES	Dongshizhang = 1				Dongshizhang = 0			
	model1_1	model1_2	model1_3	model1_4	model2_1	model2_2	model2_3	model2_4
Year	Yes	Yes	Yes	Yes	Yes	Yes	Yes	Yes
Industry	Yes	Yes	Yes	Yes	Yes	Yes	Yes	Yes
Constant	-10.071*** (1.2746)	-10.051*** (1.2740)	-10.176*** (1.2698)	-10.070*** (1.2727)	-20.005*** (2.0044)	-20.196*** (2.0100)	-19.858*** (1.9988)	-20.270*** (2.0126)
Observations	3,680	3,680	3,680	3,680	1,458	1,458	1,458	1,458
PseudoR-squared	0.247	0.247	0.246	0.247	0.317	0.322	0.315	0.321
Chi2						51.63		51.13

注：*，**，***分别代表在10%，5%和1%水平上显著，括号内为标准误差。

表11-8 董事长是否为一代对代际传承和现金股利支付水平的影响

VARIABLES	Dongshizhang = 1				Dongshizhang = 0			
	model1_1	model1_2	model1_3	model1_4	model2_1	model2_2	model2_3	model2_4
ZC_management	0.090* (0.0519)				0.035 (0.0783)			
Z_involvement		0.081** (0.0361)				0.158*** (0.0580)		
F_involvement			-0.399* (0.2369)				0.328 (0.2346)	
T_involvement				0.075** (0.0352)				0.161*** (0.0571)

续表

VARIABLES	Dongshizhang=1				Dongshizhang=0			
	model1_1	model1_2	model1_3	model1_4	model2_1	model2_2	model2_3	model2_4
Size	0.126*** (0.0167)	0.125*** (0.0167)	0.127*** (0.0167)	0.126*** (0.0167)	0.295*** (0.0274)	0.296*** (0.0275)	0.297*** (0.0275)	0.297*** (0.0275)
Lev	-1.036*** (0.0741)	-1.039*** (0.0742)	-1.036*** (0.0742)	-1.040*** (0.0742)	-1.296*** (0.1269)	-1.279*** (0.1269)	-1.298*** (0.1267)	-1.276*** (0.1268)
ROE	0.117 (0.1372)	0.112 (0.1372)	0.105 (0.1372)	0.113 (0.1372)	0.580*** (0.1726)	0.561*** (0.1728)	0.575*** (0.1721)	0.560*** (0.1726)
Cashlevel	-0.023 (0.0206)	-0.023 (0.0205)	-0.021 (0.0205)	-0.023 (0.0205)	0.110*** (0.0398)	0.105*** (0.0397)	0.110*** (0.0397)	0.105*** (0.0397)
Lnage	-0.400*** (0.0435)	-0.401*** (0.0435)	-0.395*** (0.0434)	-0.399*** (0.0434)	-0.333*** (0.0960)	-0.317*** (0.0953)	-0.327*** (0.0953)	-0.311*** (0.0954)
Growth	-0.189*** (0.0252)	-0.188*** (0.0251)	-0.190*** (0.0252)	-0.188*** (0.0251)	-0.182*** (0.0413)	-0.183*** (0.0413)	-0.182*** (0.0413)	-0.183*** (0.0413)
Year	Yes	Yes	Yes	Yes	Yes	Yes	Yes	Yes
Industry	Yes	Yes	Yes	Yes	Yes	Yes	Yes	Yes
Constant	-0.961*** (0.3599)	-0.947*** (0.3596)	-0.998*** (0.3583)	-0.960*** (0.3593)	-4.974*** (0.6546)	-5.049*** (0.6551)	-5.035*** (0.6559)	-5.078*** (0.6557)
Observations	3,680	3,680	3,680	3,680	1,458	1,458	1,458	1,458
Pseudo R-squared	0.0876	0.0878	0.0876	0.0878	0.175	0.178	0.176	0.178
F						20.66		20.89

注：*表示显著性程度，*，**，***分别代表在10%、5%和1%水平上显著，括号内为标准误差。

为了保证上述结果的稳健性，我们做了以下检验：采用每股现金股利/每股净资产、每股现金股利/每股总资产以及每股现金股利代替每股现金股利/每股收益来衡量公司派现水平，实证结果的主体部分如表11-9所示，实证结果基本稳健。

表11-9 稳健性检验结果

Panel A	Cash Dividend Per Share/Net Asset Per Share				
	Model1_1	Model1_2	Model1_3	Model1_4	Model1_5
ZC_management	0.001 (0.0021)				
FC_management		−0.014* (0.0073)			
Z_involvement			0.004*** (0.0015)		
F_involvement				−0.010 (0.0084)	
T_involvement					0.004** (0.0015)
Control Variables	Yes	Yes	Yes	Yes	Yes
Panel B	Cash Dividend Per Share/Total Asset Per Share				
	Model1_1	Model1_2	Model1_3	Model1_4	Model1_5
ZC_management	0.000 (0.0014)				
FC_management		−0.009* (0.0049)			
Z_involvement			0.003*** (0.0010)		
F_involvement				−0.007 (0.0057)	
T_involvement					0.002** (0.0010)
Control Variables	Yes	Yes	Yes	Yes	Yes
Panel C	Cash Dividend Per Share				
	Model1_1	Model1_2	Model1_3	Model1_4	Model1_5
ZC_management	0.000 (0.0100)				

续表

FC_management		−0.054 (0.0343)			
Z_involvement			0.017** (0.0071)		
F_involvement				−0.043 (0.0401)	
T_involvement					0.014** (0.0069)
Control Variables	Yes	Yes	Yes	Yes	Yes

注：*表示显著性程度，*，**，*** 分别代表在10%、5%和1%水平上显著，括号内为标准误差。

11.5 研究结论

本章以2007—2014年1005家中国A股上市公司为样本，实证检验了家族企业代际传承对家族企业现金股利支付意愿以及支付水平的影响。研究发现：①在家族企业代际传承的参与管理和共同管理阶段，二代继承对现金股利的支付意愿以及支付水平有着显著的正向影响；②且当家族企业一代不担任董事长时，二代继承对现金股利支付意愿和支付水平的正向影响更加显著。

根据本章分析，我们得到如下启示：一方面，家族企业要制定一套完善的代际传承计划，保障代际传承的有效进行，这样能够使继承人更好地领导公司，减少投资者的疑虑，帮助公司平稳地度过代际传承期。另一方面，家族企业要注重对继承人的培养，在培养继承人学习能力的同时，也要注重将企业家的隐性知识向继承人过渡，这样家族企业二代才能更好地引领公司。

应当指出，本章研究存在一定的局限性。第一，影响代际传承和现金股利发放关系的因素有很多，比如代理理论、利他主义等，本章仅从股利信号理论出发，有一定的局限性，未来可以从其他的角度进行分析；第二，由于目前非直系二代担任董事或者总经理的数据太少，所以本章未对非直系二代继承进行深入的分析，未来当非直系二代的数据足够时，可以对直系二代和非直系二代继承对现金股利政策的影响进行比较，进一步研究两者之间是否有差异。

本章主要参考文献

［1］Aggarwal, R., 2012. Information environment, dividend changes, and signaling: Evidence from ADR firms. Contemporary Accounting Research 29 (2), 403-431.

［2］Acquaah, M., 2007. Managerial social capital, strategic orientation, and organizational performance in an emerging economy. Strategic Management Journal 28 (12), 1235-1255.

［3］Barney, J., 1991. Firm resources and sustained competitive advantage. journal of management 17 (1), 99-120.

［4］Claessens, S., Djankov, S., 2002. Disentangling the incentive and entrenchment effects of large shareholdings. Journal of Finance 57 (6), 2741-2771.

［5］Chen. D., Jian. M., Xu. M., 2009. Dividends for tunneling in a regulated economy: The case of China. Pacific-Basin Finance Journal 17 (2), 209-223.

［6］Drozdow. N., 1998. What is continuity? Family Business Review 11 (4), 337-347.

［7］Davis, P.S., Harveston, P.D., 1999. In the founder's shadow: Conflict in the family firm. Family Business Review 12 (4), 311-323.

［8］Ensley, M.D., Pearson, A.W., 2005. An exploratory comparison of the behavioral dynamics of top management teams in family and nonfamily new ventures: Cohesion, conflict, potency, and consensus. Entrepreneurship Theory & Practice 29 (3), 267-284.

［9］Easterbrook, F.H., 1984. Two agency-cost explanation of dividends. American Economic Review 74 (4), 650-659.

［10］Fang, H., Memili, E., Chrisman, J.J., 2012. Family firms's professionalization: A resource-based view and institutional theory perspective. Small Business Institute Journal 8 (2).

[11] Gopalan, R., Nanda, V. K., Seru, A., 2005. Reputation and spillovers: Evidence from Indian business groups. SSRN Electronic Journal.

[12] Harvey, M., Evans, R., 2010. Life after succession in the family business: Is it really the end of problems? Family Business Review 8 (1), 3-16.

[13] Ivan, L., 1999. Succeeding generations, realizing the dreams of families in business Boston. Harvard Business School Press.

[14] Kaye, K., 2010. When the family business is a sickness. Family Business Review 9 (4), 347-368.

[15] Khwaja, A. I., Mian. A., 2005. Do lenders favor politically connected firms? Rent provision in an emerging financial market. Quarterly Journal of Economics 120 (4), 1371-1411.

[16] Luis, R., Gomez, M., Cristina. C., Pascual B., 2011. The bind that ties, socioemotional wealth preservation in family firms. Academy of Management Annals 5 (1), 653-707.

[17] Lee, K. S., Lim, G. H., Lim, W. S., 2003. Family business succession, appropriation risk and choice of successor. Academy of Management Review 2003, 28 (4), 657-666.

[18] Li, H., Meng, L., Wang, Q., 2008. Political connections, financing and firm performance, Evidence from Chinese private firms. Journal of Development Economics 87 (2), 283-299.

[19] Li, H., Zhang, Y., 2007. The role of managers' political networking and functional experience in new venture performance: Evidence from China's transition economy. Strategic Management Journal 28 (8), 791-804.

[20] La, P. R., Lopez, S. F., Shleifer, A., 1999. Corporate ownership around the world. Journal of Finance 54 (2), 471-517.

[21] La, P. R., Shleifer, A., Vishny, R. W., 2000. Agency problems and dividend policies around the world. Journal of Finance 55 (1), 1-33.

[22] Lee, C. W. J., Xiao, X., 2005. Tunneling dividends. SSRN Electronic Journal.

[23] Molly, V., Laveren, E., Deloof, M., 2010. Family business succession and its impact on financial structure and performance. Family Business Review 23 (2), 131-147.

[24] Orlitzky, M., Benjamin, J. D., 2010. Corporate social performance and firm risk: A meta-analytic review. Business & Society Founded at Roosevelt University 40 (4), 369-396.

[25] Peng, Y., 2004. Kinship networks and entrepreneurs in China's transitional economy. American Journal of Sociology 109 (5), 1045-1074.

[26] Peng, M. W., Luo, Y., 2000. Managerial ties and firm performance in a transition economy: The nature of a micro – macro link. Academy of Management Journal 43 (3), 486-501.

[27] Steier L., 2001. Next-generation entrepreneurs and succession: An exploratory study of modes and means of managing social capital. Family Business Review 14 (3), 259-276.

[28] Smith, B. F., Amoako, B., 1999. Management succession and financial performance of family controlled firms. Journal of Corporate Finance 5 (4), 341-368.

[29] Skinner, D. J., Soltes, E., 2011. What do dividends tell us about earnings quality? Review of Accounting Studies 16 (1), 1-28.

[30] Uzzi, B., 1999. Embeddedness in the making of financial capital: How social relations and networks benefit firms seeking financing. American Sociological Review 64 (4), 481-505.

[31] Xu, N., Yuan, Q., Jiang, X., 2015. Founder's political connections, second generation involvement, and family firm performance: Evidence from China. Journal of Corporate Finance 33 (3), 243-259.

[32] 储小平. 社会关系资本与华人家族企业的创业及发展. 南开管理评论, 2003 (6): 8-12.

[33] 李新春, 韩剑, 李炜文. 传承还是另创领地? ——家族企业二代继承的权威合法性建构. 管理世界, 2015 (6): 110-124.

[34] 杨熠, 沈艺峰. 现金股利: 传递盈利信号还是起监督治理作用. 中国会计评论, 2014 (1): 61-76.

[35] 魏志华, 吴育辉, 李常青. 家族控制、双重委托代理冲突与现金股利政策——基于中国上市公司的实证研究. 金融研究, 2012 (7): 168-181.

[36] 邓建平, 曾勇. 上市公司家族控制与股利决策研究. 管理世界, 2005 (7): 139-147.

[37] 余向前, 张正堂, 张一力. 企业家隐性知识、交接班意愿与家族企业代际传承. 管理世界, 2013 (11): 77-88.

[38] 郭立新, 陈传明. 企业家社会资本与企业绩效——以战略决策质量为中介. 经济管理, 2011 (12): 43-51.

[39] 王静, 张天西, 郝东洋. 发放现金股利的公司具有更高盈余质量吗?——基于信号传递理论新视角的检验. 管理评论, 2014 (6): 50-59.

[40] 魏刚, 2000. 非对称信息下的股利政策. 经济科学, 2000 (22): 69-76.

[41] 黄孟复, 胡德平, 全哲洙. 中国民营经济发展报告. 社会科学文献出版社, 2007.

[42] 窦军生, 贾生华. "家业"何以长青?——企业家个体层面家族企业代际传承要素的识别. 管理世界, 2008 (9): 105-117.

[43] 雷光勇, 刘慧龙. 市场化进程、最终控制人性质与现金股利行为——来自中国A股公司的经验证据. 管理世界, 2007 (7): 120-128.

[44] 陈其安, 方彩霞. 高管人员过度自信对股利分配决策的影响: 来自中国上市公司的经验证据. 中国管理科学, 2013 (1): 227-230.

后 记

每一位成功走到今天的企业家，都是这个伟大时代的英雄。这是我在对家族企业进行学术研究和咨询实践的工作中的深刻体会。他们通过几十年的努力，打造了一个又一个生机勃勃的企业，为我国改革开放以来经济的高速发展提供了强大的推动力。然而，这些英雄们大多已近暮年，他们所面临的，是如何将投入自己毕生心血的企业交接给继承人们这一巨大的挑战。这一或将持续三年、五年，甚至更长时间的企业变革将对未来企业的发展产生重大影响，而第一代的创业企业家无一不希望他们的企业可以经过一代又一代的不断传承。

我国众多的家族企业，已经或即将开始第一代向第二代的传承过程，在这一过程中有些企业顺利交班，有些企业历经波折后完成传承，而有些企业则就此退出历史舞台。本书的研究正是立足于这样的现实背景，力图通过构建一个从动因到经济后果的分析框架，为我国家族企业的传承决策提供有益的借鉴。

当然，家族企业传承是一项重大且复杂的企业决策，本书研究的动因与经济后果可能只是涉及这项决策的一小部分。在后续的研究中，我将以本书的研究框架作为基础，进行更多的探索和研究，力图为我国家族企业的传承提供更多来自学术研究和应用性研究的成果。

最后，在这个伟大的时代，祝福所有的家族企业永续传承！基业长青！

重要术语索引表

D
代理理论 …………………… 116
第一类代理问题 …………… 005
第二类代理问题 …………… 005

F
非经济目标 ………………… 074
父权制 ……………………… 024
非效率投资 ………………… 005

G
公司治理 …………………… 004
高层梯队理论 ……………… 010
管家理论 …………………… 116
股利信号理论 ……………… 226

H
壕沟效应 …………………… 132

J
家族企业 …………………… 001
家庭价值 …………………… 005
接班意愿 …………………… 003
家族参与管理 ……………… 005
家族控制 …………………… 003

继任模式 …………………… 230

K
控制权 ……………………… 007

L
利益相关者理论 …………… 075
利他主义 …………………… 116
联盟效应 …………………… 005
两权分离 …………………… 121

Q
企业传承 …………………… 001
企业社会责任 ……………… 005

S
商业信用环境 ……………… 005
社会情感财富理论 ………… 056
社会资本投资 ……………… 003
社会关系网络 ……………… 055

W
无形资产 …………………… 002

X
现金持有决策 ……………… 003
现金股利决策 ……………… 226